PRIVACIDADE
É PODER

Carissa Véliz

PRIVACIDADE
É PODER

Por que e como você deveria retomar
o controle de seus dados

Ricardo Campos
(Prefácio)

Samuel Oliveira
(Tradução)

Copyright © Carissa Véliz 2021
Translation Copyright © 2021, by Editora Contracorrente
Alameda Itu, 852 | 1º andar |
CEP 01421 002
www.loja-editoracontracorrente.com.br
contato@editoracontracorrente.com.br

EDITORES

Camila Almeida Janela Valim
Gustavo Marinho de Carvalho
Rafael Valim

EQUIPE EDITORIAL

COORDENAÇÃO DE PROJETO: Juliana Daglio
REVISÃO: Marcelo Madeira
REVISÃO TÉCNICA: Lisliane Pereira
PROJETO GRÁFICO: Marina Avila

EQUIPE DE APOIO

Fabiana Celli
Carla Vasconcelos
Fernando Pereira
Lais do Vale
Valéria Pucci
Regina Gomes

DADOS INTERNACIONAIS DE CATALOGAÇÃO NA PUBLICAÇÃO (CIP)
(CÂMARA BRASILEIRA DO LIVRO, SP, BRASIL)

Véliz, Carissa
  Privacidade é poder : por que e como você deveria retomar o controle de seus dados / Carissa Véliz ; tradução Samuel Oliveira ; Ricardo Campos (prefácio). -- 1. ed. -- São Paulo : Editora Contracorrente, 2021.

  Título original: Privacy is power
  ISBN 978-65-88470-72-5

  1. Direito civil 2. Direito à privacidade - Brasil 3. Proteção de dados - Leis e legislação 4. Proteção de dados pessoais I. Oliveira, Samuel. II. Campos, Ricardo. III. Título.

21-74531   CDU-342.721(81)

ÍNDICES PARA CATÁLOGO SISTEMÁTICO:
1. Brasil : Proteção de dados pessoais : Direito
342.721(81)

Aline Graziele Benitez - Bibliotecária - CRB-1/3129

@editoracontracorrente
Editora Contracorrente
@ContraEditora

*A mi madre, tierra
firme que me dio alas*

SUMÁRIO

AGRADECIMENTOS 9

PREFÁCIO 13

INTRODUÇÃO 21

CAPÍTULO I – ABUTRES DE DADOS 27

CAPÍTULO II – COMO CHEGAMOS AQUI? 53

CAPÍTULO III – PRIVACIDADE É PODER 77

CAPÍTULO IV – DADOS TÓXICOS 129

CAPÍTULO V – DESLIGANDO DA TOMADA 163

CAPÍTULO VI – O QUE VOCÊ PODE FAZER 229

CONCLUSÃO 259

REFERÊNCIAS BIBLIOGRÁFICAS 265

AGRADECIMENTOS

Retomar o controle de nossos dados pessoais é um esforço colaborativo. Este livro é o resultado de inúmeros atos de bondade de inúmeras pessoas, e a lista a seguir está fadada a ser incompleta. Espero que aqueles que estão faltando me perdoem e ainda aceitem meus mais calorosos agradecimentos por sua generosidade.

Eu escrevi a maior parte deste livro enquanto estava em *lockdown* durante a pandemia de coronavírus. Minha sincera gratidão a todos os trabalhadores essenciais que arriscaram suas vidas para que outros pudessem ficar em casa.

Gostaria de agradecer ao *Uehiro Centre for Practical Ethics*, ao *Wellcome Centre for Ethics and Humanities*, à *Christ Church* e à Faculdade de Filosofia da Universidade de Oxford pelo apoio durante os últimos três anos. Agradecimentos especiais a Julian Savulescu, por tornar o *Uehiro Centre* um porto seguro para pesquisas de ponta em ética aplicada.

Uma escritora não poderia ter uma agente melhor do que Caroline Michel. Caroline foi a primeira a ver o potencial em *Privacidade é poder* quando o livro não passava de uma ideia — sem ela, a ideia seria apenas uma ideia. Minha gratidão a toda a equipe da Peters Fraser + Dunlop. Tim Binding sempre foi encorajador e incrivelmente útil na transformação de um projeto incipiente no começo de um livro. Obrigada também a Laurie Robertson, Rose Brown e Rebecca Wearmouth.

Sou grata a todos na Transworld. Susanna Wadeson e Patsy Irwin imediatamente partilharam de minha inquietação sobre o estado da nossa privacidade, e se propuseram a trabalhar com tanta urgência quanto eu escrevendo este livro. Stephanie Duncan foi uma excelente editora com quem trabalhei; meticulosa, paciente e solícita. Obrigada por ir além do dever. Daniel Balado habilmente editou a versão final. Agradeço a Katrina Whone, Vivien Thompson, Dan Prescott e Cat Hillerton por produzir um livro tão bem acabado, Richard Ogle por produzir uma capa elegante, e Sally Wray, Lilly Cox, e as equipes de venda e marketing por fazer todo o possível para ajudar a transmitir as mensagens para um público tão amplo quanto possível.

Obrigada a Nigel Warburton, por me convidar a escrever um artigo sobre privacidade para *a Aeon* que me fez pensar na relação entre privacidade e poder, e à *Aeon* (aeon.co) por me permitir usar esse artigo como base para o terceiro capítulo.

No tempo em que tenho pesquisado a privacidade, tenho me beneficiado de conversas esclarecedoras com muitos mentores e colegas brilhantes. Meus supervisores do Departamento de Filosofia, Roger Crisp e Cécile Fabre, foram cruciais para testar e refinar minhas ideias sobre privacidade. Outros interlocutores importantes incluem Anabelle Lever, Antonio Diéguez, Carina Prunkl, Ellen Judson, Evan Selinger, Gemma Galdon Clavell, Gina Neff, Gopal Sreenivasan, Katrien Devolder, James Williams, Jeff McMahan, Julia Powles, Julian Savulescu, Kevin Macnish, Lindsay Judson, Marjolein Lanzing, Peter Millicane, todos os palestrantes do Seminário de Ética em IA da Universidade de Oxford, Tom Douglas, Václav Janeček e Yves-Alexandre de Montjoye, entre muitos outros.

As seguintes pessoas muito gentilmente leram partes do livro ou o manuscrito completo, e o tornaram melhor com seus feedbacks. Obrigada a Bent Flyvbjerg, Javier de la Cueva, Ian Preston, Jo Wolff, Jorge Volpi, Diego Rubio, Yves-Alexandre de Montjoye, Mark Lewis, Marta Dunphy-Moriel e Peter Millican por me ajudarem a procurar por erros. Quaisquer erros restantes são de minha inteira responsabilidade, é claro.

AGRADECIMENTOS

Sou grata a todos os meus amigos e entes queridos, que vivem perto e longe, pelo apoio em cada situação. Muito obrigado a Aitor Blanco, Alberto Giubilini, Areti Theofilopoulou, Daniela Torres, David Ewert, Diego Rubio, Hannah Maslen, Javier de la Cueva, Josh Shepherd, Kyo Ikeda, Luciano Espinosa, María Teresa López de la Vieja, Marina López-Solà, Marisol Gandía, Rafo Mejía, Ricardo Parellada, Rosana Triviño, Silvia Gandía, Sole Vidal, Stella Villarmea, Susan Greenfield e Txetxu Ausín, entre muitos outros que me ajudaram ao longo dos anos.

Gratidão não representa nem a primeira parte do que eu devo à minha família. Héctor, María, Iván, Julián — palavras não seriam suficientes. Agradecimentos de coração a Ale e Alexis, e aos pequenos. Finalmente, obrigado a Bent Flyvbjerg por sempre me encorajar a escrever, por ler ao meu lado, por escrever mais do que palavras comigo. Serei sempre grata por, apesar da escuridão e ansiedade que a pandemia trouxe, eu ter sido uma das pessoas sortudas para quem o *lockdown* teve um lado positivo: eu tive a sorte de ficar presa em casa com a pessoa certa, escrevendo o livro certo.

PREFÁCIO

Partindo do título de Carissa Véliz, para melhor compreendermos o contexto em que vivemos, deveríamos primeiramente nos questionar: em que contexto social a privacidade se torna um poder? Ou, dito de outra forma: partindo de uma premissa normativa, em qual contexto social a privacidade deveria ser vista como um poder conferido ao indivíduo? Para respondermos à essa questão, ou ao menos para oferecermos uma possível resposta ao problema, faz-se necessário lançar um olhar sobre a relação entre técnicas culturais e o ser humano e, especialmente, sobre como a privacidade é construída e, ao mesmo tempo, de forma paradoxal, colocada em perigo por essas técnicas culturais.

No contexto da privacidade, a semântica brasileira tem girado curiosamente em torno de uma dicotomia entre sigilo vs. fluxo comunicacional.[1] Por detrás dessa dicotomia há, por um lado, uma percepção contra-intuitiva de uma possibilidade de aprisionamento da

---

[1] No Brasil, o tema inicia-se na década de 90 com um importante parecer do Prof. Tercio Sampaio Ferraz Jr. sobre sigilo de dados na Receita Federal acatado pela jurisprudência do STF. Num segundo momento, o debate regulatório da proteção de dados iniciando na Alemanha na década de 70 e 80 e migrado em suas categorias centrais para o plano europeu com a diretiva europeia de 1995 e de 2016, chega no Brasil a partir dos anos 2000 pela via acadêmica com a tese de doutorado de Danilo Doneda, entretanto abordando o tema a partir do debate italiano. Diversas obras sucederam nos últimos anos impondo inclusive uma forte influência da diretiva de 2016 na atual legislação brasileira sobre o tema.

comunicação como forma de delimitação dos contornos jurídicos de um direito. Por outro lado, há uma ideia de repartição entre estática e dinâmica da comunicação, na qual o sigilo protegeria informações estáticas enquanto que o direito do fluxo comunicacional protegeria a dinâmica da informação de uma nova economia. Essa semântica centrada na dicotomia entre sigilo vs. fluxo comunicacional, estática vs. dinâmica, escapa por sua vez a uma rápida reconstrução do sentido da privacidade quando se parte de um marco metodológico centrado nos contatos e interseções entre o ser humano, novas tecnologias e as mudanças dos meios do Direito.[2] Desde o início, a questão da privacidade, hoje majoritariamente materializada no direito à proteção de dados como uma espécie de semítica subsequente, está ligada aos fluxos comunicacionais propiciados por determinada técnica, que por sua vez, exige do direito novas formas de reflexão conceitual para a proteção do indivíduo. A própria diferenciação e especialização das categorias jurídicas seria, nesse contexto, muito mais um produto da transformação dos meios do Direito e dessas técnicas culturais do que uma expressão de uma essencialidade inerente ao direito ou à pessoa.

Assim, falar em privacidade exige, dando-se um passo atrás, refletir sobre as diversas pré-condições da própria privacidade. Primeiramente, esta pressupõe a emergência de uma forma de vida privada, assim como assinalou no contexto francês Étienne Picard.[3] A emergência de uma forma de vida privada, por sua vez, pressupõe técnicas sociais como construções e segmentação de moradas, surgimento do indivíduo moderno e a necessidade de sua proteção, e outras técnicas de fomento do cultivo da interioridade moderna como as técnicas das cartas, imprensa, literatura etc. Nesse contexto também, a privacidade precisa antes de mais nada ser criada ou posta à disposição pelas técnicas sociais e somente num segundo momento pode ser operacionalizada pelo direito. Isso fica especialmente claro numa rápida reconstrução da semântica

---

2 VESTING, Thomas. *Medien des Rechts.* Computernetzwerke, Weilerswist 2015, pp. 49 e ss. STEINHAUER, Fabian ; SCHEIDEN, Vom. Berlin, 2015, pp. 165 e ss.

3 PICARD, Étienne. *The right to privacy in French Law. In:* Markesinis (Org.).Protecting Privacy, Oxford 1999, pp. 49 e ss.

da privacidade como reflexão jurídica e sua relação com o surgimento de novas técnicas culturais.

No contexto do século XVIII, as ações de injúria, por exemplo, já revelavam a temática do tangenciamento de aspectos privados e a dimensão pública da comunicação enquanto forma de reflexão jurídica de novas técnicas sociais. Isso fica claro no artigo do teólogo Karl Friedrich Bahrdt, do ano de 1787, intitulado "Ueber Pressfreiheit und derem Gränzen", no qual ele acentua aspectos da esfera privada e doméstica como critério para permissão ou vedação do fluxo comunicacional via imprensa. Pouco tempo depois, no ano de 1788, o jurista Ernst Ferdinand Klein também se vale da privacidade como critério de delimitação para o publicável pela imprensa.[4]

Do ponto de vista dogmática jurídica, o instituto da injúria cristalizava no século XVIII o ponto de interseção, ou melhor, uma zona de indiferença entre fluxo comunicacional privado e público, na qual o direito, através da estruturação de conceitos dogmáticos e decisões jurídicas, atuava como um mediador e delimitador dos contatos entre público e privado dentro desta zona de indiferença. Isso deu-se especialmente pela influência das fontes do direito canônico-romano da *actio iniuriarum*, a qual sempre era aplicada quando o direito consuetudinário local não previa uma regra especial para os casos em questão[5]. Fato que ocorria com frequência especialmente nos casos das ações por injúria, as quais apresentavam-se como um mecanismo de direito civil para proteção de informações de natureza privada perante uma publicização inoportuna. No decorrer do século XIX, entretanto, a ação por injúria e a vedação de revelação de segredos tornam-se pouco complexas para

---

[4] "Da es nicht von sonderlichem Nutzen seyn kann, Thatsachen aus dem Privatleben eines Menschen auszuheben, und öffentlich zu jedermanns Wissenschaft zu bringen, so wird eine dergleichen Bekanntmachung nicht leicht zu entschuldigen seyn; es wäre denn, dass ein überwiegender Nutzen für das Publicum daraus zu erwarten wäre." Ernst Ferdinand Klein, Nachricht von einem merkwürdigen Injuren-Processe, Annalen der Gesetzgebung und Rechtsgelehrsamkeit in den preussischen Staaten, tomo II, 1788, pp. 36-49.

[5] COING, Helmut. *Europäisches Privatrecht*, Tomo I, Munique 1985, § 100 III, p. 507.

lidar com o aumento do fluxo comunicacional e o surgimento de novas técnicas de comunicação.[6] Especialmente dentro do movimento de codificações penais da época, a proteção de informações privadas passou cada vez mais a ser vinculada à proteção da construção e manutenção de relações de confiabilidade decorrentes da diferenciação e especialização de algumas profissões, como a de médicos, doulas, farmacêuticos etc.[7]

Assim, ao longo do século XIX, por um lado, a questão da privacidade e seu tratamento passa a ser consequência da crescente diferenciação social, e por outro, a privacidade apresentava-se como uma expressão do desenvolvimento de novas técnicas e tecnológicas de comunicação e o delineamento de seu contato com formas de desenvolvimento da personalidade e surgimento da subjetividade moderna. Isso fica claro com o aumento do número de processos judiciais exemplares dentro do contexto de popularização da utilização de novas técnicas de comunicação interpessoal e privada, como primeiramente as cartas[8] e depois a invenção de outras técnicas culturais, como a fotografia. Casos como *Gee v. Prichard* (1818),[9] caso das cartas da Corte de Apelação de Paris (1850),[10] e, talvez o mais proeminente, com a invenção da técnica fotográfica, o famoso caso alemão do Imperador Otto von Bismarck fotografado em seu leito de morte na própria casa (1899).[11]

---

[6] JEHRING, Rudolf v. *Rechtsschutz gegen injuriose Rechtsverletzungen*, Jher. Jharb. 23 (1885), pp. 155 - 338.

[7] "Die Verletzung eines Geheimnisses ist nicht als Injure aufzufassen, sondern begründet u.U. ein eigenes Verbrechen, und zwar entweder in der Richtung, dass es Verletzung eines auf unerlaubte Weise erlangten fremden Geheimnisses ist (...) oder Verletzung des den Ärzten, Hebammen, Apothekern in Rücksicht auf ihren Beruf anvertraute Geheimnisse". P. J. A. von Feuerbach, Lehrbuch des Gemeinen in Deutschland gültigen peinlichen Rechts, mit Anmerkungen von K. J. A. Mittermaier, 14.ª Ed. Gießen 1847, reimpressão Aalen 1973, §287 anotações VIII, pp. 469 e ss.

[8] L. Jagemann, Art. Briefe, em: WEISKE, Julius (Org.) Rechtslexikon für Juristen aller teutschen Staaten, tomo 2, 2ª Ed. Leipzig, 1844, pp. 487 e ss.

[9] *Gee v. Pritchard* (1818), 2 Schwans. 402 (405), 36 E. R. 670 (671).

[10] *Cour d'appel Paris*, 10.12.1850, aff. Constant, Sirey 1850, 2, Sp. 625.

[11] RG, Urt. v. 28.12.1899 – VI 259/99; RGZ 45, pp. 270 - 273 – Bismark. Ver também caso francês correlato Trib. Seine, 16.06.1858, VER ISSO AQUI. O'Connel,

PREFÁCIO

Não por acaso, a forma de reflexão jurídica que o direito do século XIX encontrou para lidar com esse desenvolvimento tecnológico e de novas técnicas de comunicação distanciou-se paulatinamente da ação por injúria (como no século XVIII), passando a ter como núcleo essencial a invenção um novo direito: o direito da personalidade. Especialmente autores como Josef Kohler (1849 - 1919) e Otto von Gierke (1841 - 1921) cunharam a doutrina dos direitos da personalidade em *status nascendi*. Nesse contexto inicial, não se tratava de contornar um direito geral à proteção contra a indiscrição, mas de traçar parâmetros delineadores do fluxo comunicacional entre as dimensões privada e pública da sociedade.[12]

Assim, essa nova direção da doutrina afastava-se da famosa posição de Savigny de uma rejeição de um "direito a si próprio" ("Recht auf sich selbst"), especialmente porque, aos poucos, um regime jurídico da propriedade tradicional não conseguia mais abarcar o aumento das interseções entre pessoa e novas tecnologias de comunicação.[13] Não por acaso, passado mais de um século e meio, a decisão do censo alemão de 1983 distanciou-se da privacidade ou proteção de dados como expressão eminentemente advinda do direito de propriedade, apoiando-se fortemente em aspectos de indisponibilidade advindos do direito da personalidade[14].

D. 1858, pp. 3 e 62. No caso Bismarck a protecao da personalidade foi vista como um direito reflexo do tipo penal de invasão de domicilio (Hausfriedensbruch).

12 Kohler pontua nesse contexto, por exemplo, que nem toda e qualquer indiscrição poderia levar à uma sanção jurídica ou contra ação, mas que ao mesmo tempo um direito que permitisse que a vida interior continuasse como interior e não fosse extraída pela esfera da comunicação pública. KOHLER, Josef. Das Individualrecht als Namensrecht, ArchbürgR, 1891 , pp. 77 - 110, 94 e 104. "Daher kann keine Rede davon sein, dass eine jede Indiskretion ihre rechtliche Ahndung oder Gegenwirkung finden könnte". "(...) Recht, dass ein Innenleben Innenleben bleiben und nicht in die Sphäre des öffentlichen Gesprächs gezogen werden soll".

13 F. C. SAVIGNY, Von. *System des heutigen römischen Rechts*, tomo 1, Berlin 1840, pp. 335 e ss.

14 Para uma crítica ao julgamento alemão, ver: Hans Peter Bull. *Informationelle Selbstbestimmung - Vision oder Illusion?* Tübingen 2011, pp. 40 e ss.

No contexto do século XIX, porém, a terminologia do direito da personalidade é pela primeira vez utilizada numa decisão do Tribunal do Império, datada de fevereiro de 1989, que trata das cartas deixadas pelo músico Richard Wagner no contexto de sua publicação. O Tribunal então, valendo-se da terminologia do direito da personalidade, rejeitou a queixa do postulante argumentando que tal direito se extinguira com a morte.[15] Cartas íntimas do compositor Richard Wagner, uma fotografia do imperador no seu leito de morte: o novo tangenciamento das pessoas com as novas tecnologias impõe ao direito a necessidade de normatizar, através de novos conceitos, maneiras adequadas de se lidar com um mundo em constante transformação. Novos espaços e experiências humanas passam a ser mediatizadas por novas tecnologias e o direito, como um típico fenômeno social, é forçado a dar uma resposta à proteção do indivíduo.

Partido do marco metodológico aqui esboçado de observar a relação entre técnicas culturais, ser humano e transformação da semântica jurídica, não faria sentido afirmar, como comumente se faz, que a privacidade fora criada pelos dois bostonianos Louis Brandeis e Samuel Warren no final do século XIX, no lendário artigo *The Right to Privacy*, de 1890.[16] Interessante aqui não é tanto notar, como recorrente, um *"right to be let alone"*, mas que todo o debate em torno de uma nova proteção ao indivíduo surge também – como nos séculos XVIII e XIX na Europa – da relação entre ser humano, novas tecnologias e novos modelos de negócios. No caso de Warren and Brandeis, a nova tecnologia era a popularização da máquina fotográfica polaróide interligada com a ascensão do jornalismo *boulevard* (ou, em português, jornais de "fofoca") como modelo promissor de negócios. Nas palavras dos autores: *"Recent inventions and business methods call attention to the next*

---

[15] WAGNER, Richard. RG, Urt. v. 28.2.1898 – I 4/98. RGZ 41, 43, p. 50.

[16] Mais interessante ainda que partir dos USA e/ou Europa seria abrir uma nova frente de pesquisa sobre privacidade na época do império e seus cortes ao longo do século XIX dentro do contexto brasileiro. Certamente um leque enorme de material poderia embasar melhor como o Brasil tratou à época a interseção entre ser humano e novas tecnologias dentro da tradição jurídica brasileira desta época.

*step which must be taken for the protection of the person, and for securing to the individual ...**The right 'to be let alone'**... Numerous mechanical devices threaten to make good the prediction that 'what is whispered in the closet shall be proclaimed from the house-tops'"*.[17]

Cartas, máquinas fotográficas portáteis, escandalização como modelo de negócio jornalístico, e atualmente ferramentas de busca e redes sociais são técnicas culturais[18] que criam novas formas de mediatização da experiência humana trazendo ganhos e também, ao mesmo tempo, perigos inerentes. A fabricação do direito nesses contextos está muito mais ligada, em um primeiro plano, à "materialidade da comunicação" [19] propriamente dita e às suas externalidades do que a efeitos normativos decorrentes de textos da tradição da hermenêutica ou de uma essencialidade imutável de direitos.

O livro de Carissa Veliz "Privacidade é Poder", agora disponibilizado em língua portuguesa pela E ditora Contracorrente, traz uma forte mensagem a partir da filosofia nesse sentido. Com a completa migração do mundo offline para o mundo online nas últimas duas

---

[17] "Recent inventions and business methods call attention to the next step which must be taken for the protection of the person, and for securing to the individual what Judge Cooley calls the right "to be let alone" Instantaneous photographs and newspaper enterprise have invaded the sacred precincts of private and domestic life; and numerous mechanical devices threaten to make good the prediction that "what is whispered in the closet shall be proclaimed from the house-tops." For years there has been a feeling that the law must afford some remedy for the unauthorized circulation of portraits of private persons; and the evil of invasion of privacy by the newspapers, long keenly felt, has been but recently discussed by an able writer. The alleged facts of a somewhat notorious case brought before an inferior tribunal in New York a few months ago, directly involved the consideration of the right of circulating portraits; and the question whether our law will recognize and protect the right to privacy in this and in other respects must soon come before our courts for consideration." WARREN, Samuel ; BRANDEIS, Lous. *The Right to Privacy*. Harvard Law Review, 1890, p. 203.

[18] MAYE, Harun, ; SCHOLZ, Leander. (Orgs.) Einführung in die Kulturwissenschaft. Munique, 2011, p. 103.

[19] GUMBRECHT, Hans Ulrich , SINN, Rhythmus und. *In*: Gumbrecht, Pfeiffer (Orgs.). Materialität der Kommunikation: Frankfurt am Main, 1995, pp. 714 e ss.

décadas e com o surgimento de novas técnicas culturais, a privacidade ganha um contorno próximo ao cunhado por Hannah Arendt com a expressão "direito a ter direitos". Enquanto Arendt procura ilustrar como o direito à cidadania, a partir de sua experiência com o nacional--socialismo, passou a ser um pré-requisito para o exercício dos demais direitos, como liberdade de expressão, direito à propriedade, à vida, e assim por diante, Carissa Veliz demonstra como a privacidade atualmente é uma questão de direito que antecede as demais num sentido próximo ao cunhado por Arendt.

Outro aspecto inovador do livro de Véliz reside na discussão sobre a onipresença da vigilância, capturada e representada pelos olhos abertos figurados na capa da edição brasileira. Antes, a vigilância se apresentava como um privilégio do Estado. No cenário atual, entretanto, ela fragmenta-se, multiplica-se e migra para novos modelos de negócios digitais. Tanto na literatura quanto no direito, notadamente no célebre "1984" de George Orwell e no importante e recente marco fundacional da matéria com a decisão de 1983 sobre o censo do Tribunal Constitucional Alemão, o Estado sempre foi o horizonte de projeção da proteção jurídica. Atualmente a articulação do direito e da proteção do indivíduo apresenta-se como um desafio ainda maior comparado com a era em que a onipresença da vigilância emanava unicamente do Estado e de seus mecanismos de poder. O presente livro aponta para o novo desafio da privacidade numa sociedade em que os perigos emergem do próprio cotidiano da população mediatizado por negócios baseados em dados do mundo digital. Nessa conjuntura, cabe a nós nos perguntarmos: qual seria o poder da privacidade?

> **Ricardo Campos**, docente na Faculdade de Direito da Goethe Universität Frankfurt am Main, Alemanha. Mestre e Doutor pela Goethe Universität e Diretor do Instituto Legal Grounds for Privacy Design.

 @RRCampos10   @campos.ricardo1

INTRODUÇÃO

Eles estão nos observando. Eles sabem que estou escrevendo estas palavras. Eles sabem que você as está lendo. Governos e centenas de empresas estão espionando você e eu, e todos que conhecemos. A cada minuto de cada dia. Eles rastreiam e registram tudo o que podem: nossa localização, nossas conversas, nossas buscas na internet, nossas informações biométricas, nossas relações sociais, nossas compras e muito mais. Eles querem saber quem nós somos, o que pensamos, o que nos machuca. Eles querem prever e influenciar nosso comportamento. Eles têm muito poder. O poder deles vem de nós, de você, de seus dados. Chegou a hora de retomar o controle. Reclamar a privacidade é a única maneira de recuperarmos o controle de nossas vidas e de nossas sociedades.

A internet é financiada principalmente pela coleta, análise e comércio de dados — a economia de dados. Grande parte desses dados são dados pessoais — dados sobre você. O comércio de dados pessoais como modelo de negócios está sendo cada vez mais exportado para todas as instituições da sociedade — a sociedade de vigilância, ou o capitalismo de vigilância.[20]

---

20 Ao longo de todo o livro eu utilizo "a economia de dados", "a economia de vigilância", "o capitalismo de vigilância" e "a sociedade de vigilância" quase de maneira intercambiável. Poderíamos, em teoria, ter uma economia de dados que excluísse os dados *pessoais*. Poderíamos comercializar dados que são sobre assuntos impessoais. Mas, no momento em que escrevo, quando as pessoas escrevem sobre

Para chegar até você, eu tive de passar pelo capitalismo de vigilância – sinto muito.[21] Como você tomou conhecimento deste livro? Você consegue se lembrar de quando ouviu falar sobre ele pela primeira vez, ou onde viu um anúncio para ele? Você pode ter sido classificado por uma plataforma ou outra como "pioneiro", alguém que está em busca de conhecimento e novos assuntos. Você gosta de livros que fazem pensar. Ou você pode ser um "ativista", alguém preocupado com questões sociais e politicamente engajado. Preenche os requisitos? O principal objetivo deste livro é empoderar você, mas a maioria dos usos de seus dados buscarão fazer o contrário.

Se a vigilância não pegou você antes de comprar este livro, provavelmente ela o pegou depois. Se você estiver lendo estas palavras no Kindle, no Google Books ou no Nook, alguém está medindo o tempo que você leva para ler cada palavra, onde você faz uma pausa e o que você destaca. Se você comprou este livro em uma livraria, o smartphone em seu bolso gravou a sua ida até lá, e por quanto tempo você ficou. Talvez, na livraria, a música estivesse enviando sinais ultrassônicos para o seu telefone para identificá-lo para identificá-lo como o *seu* telefone e rastrear seus interesses e as suas compras. Se você usou um cartão de débito ou crédito para comprar o livro, provavelmente, eles venderam essas informações para corretores de dados (*data brokers*), que depois as venderam para companhias de seguros, possíveis empregadores, governos, empresas, e quem mais pudesse se interessar. Ou você pode até ter vinculado seu cartão de pagamento a um sistema de fidelidade, que rastreia seu histórico de compras e usa essas informações para tentar vender-lhe mais coisas que o algoritmo considera que você poderia comprar.[22]

---

a "economia de dados", elas estão muitas vezes se referindo ao comércio de dados pessoais, então, eu uso a "economia de dados" como abreviatura para a "economia de dados pessoais".

21 Você lembra como, no primeiro filme da trilogia Matrix, Trinity e Morpheus tiveram de chegar ao Neo através da Matrix para tirá-lo de lá?

22 KAISER, Brittany. *Targeted*: my inside story of Cambridge Analytica and how Trump, Brexit and Facebook broke Democracy. New York: Harper Collins, 2019, p. 81.

INTRODUÇÃO

A economia de dados, e a vigilância onipresente da qual ela se alimenta, nos pegou de surpresa. As empresas de tecnologia não informaram aos usuários como nossos dados eram utilizados, muito menos pediram nossa permissão. Elas também não pediram aos nossos governos. Não havia leis para regular o rastro de dados deixado por cidadãos desavisados enquanto realizávamos nossos negócios em um mundo cada vez mais digital. Na época em que percebemos que isso estava acontecendo, a arquitetura de vigilância já estava em vigor. Grande parte da nossa privacidade já havia desaparecido. Na esteira da pandemia do coronavírus, a privacidade enfrenta novas ameaças, na medida em que as atividades antes feitas de modo offline se deslocaram para o online, e nos foi pedido que cedêssemos nossos dados pessoais em nome do bem comum. É hora de pensar com muito cuidado sobre que tipo de mundo queremos habitar quando a pandemia se tornar uma memória distante. Um mundo sem privacidade é perigoso.

A privacidade diz respeito à capacidade de manter certas coisas íntimas para si mesmo — seus pensamentos, suas experiências, suas conversas, seus planos. O ser humano precisa de privacidade para se desprender do fardo de estar com outras pessoas. Precisamos de privacidade para explorar livremente novas ideias, para tomarmos nossas próprias decisões. A privacidade nos protege de pressões indesejadas e abusos de poder. Precisamos dela para sermos indivíduos autônomos, e, para que as democracias funcionem bem, precisamos de cidadãos autônomos.

Nossas vidas, traduzidas em dados, são a matéria-prima da economia de vigilância. Nossas esperanças, nossos medos, o que lemos, o que escrevemos, nossas relações, nossas doenças, nossos erros, nossas compras, nossas fraquezas, nossos rostos, nossas vozes — tudo é usado como alimento para abutres de dados que coletam tudo, analisam tudo e vendem tudo a quem der o maior lance. Muitos daqueles que adquirem nossos dados os querem para fins nefastos: para trair nossos segredos em benefício de companhias de seguros, empregadores e governos; para nos vender coisas que não temos interesse em comprar; para nos colocar uns contra os outros em um esforço de implodir nossa sociedade; para nos desinformar e tomar o controle de nossas democracias. A sociedade de vigilância transformou *os cidadãos* em *usuários* e *titulares* de dados.

Chega! Aqueles que violaram nosso direito à privacidade abusaram de nossa confiança, e é hora de desligar da tomada a fonte que alimenta o poder deles — nossos dados.

É tarde demais para impedir que a economia de dados venha a se desenvolver — mas não é tarde demais para reivindicar nossa privacidade. Nossas liberdades civis estão em jogo. As decisões que tomamos hoje e nos próximos anos sobre a privacidade moldarão o futuro da humanidade nas próximas décadas. As escolhas da sociedade sobre privacidade influenciarão como as campanhas políticas serão dirigidas, como as corporações se sustentarão, o poder que governos e empresas privadas poderão exercer, o avanço da medicina, o cumprimento de metas para saúde pública, os riscos aos quais estamos expostos, como interagiremos uns com os outros e, não menos importante, se nossos direitos serão respeitados ao longo de nossa vida diária.

Este livro é sobre o estado da privacidade hoje, como surgiu a economia de vigilância, porque devemos acabar com o comércio de dados pessoais e como fazê-lo. O primeiro capítulo acompanha uma pessoa durante um dia na sociedade de vigilância para ilustrar o quanto a privacidade está sendo tirada de nós. O segundo capítulo explica como se desenvolveu a economia baseada em dados, na esperança de que a compreensão de como nos metemos nesta confusão seja útil para nos tirar dela. No terceiro capítulo, eu defendo que a privacidade é uma forma de poder, e que quem tiver mais dados pessoais dominará a sociedade. Se entregarmos nossos dados às empresas, os ricos dominarão. Se entregarmos nossos dados aos governos, o resultado será alguma forma de autoritarismo. Somente se as pessoas mantiverem seus dados é que a sociedade será livre. A privacidade importa porque dá poder ao povo.

A economia de vigilância não só é ruim porque ela cria e aumenta assimetrias de poder indesejáveis. Ela também é perigosa porque comercializa uma substância tóxica. O quarto capítulo examina por que os dados pessoais são tóxicos e como eles estão envenenando nossas vidas, nossas instituições e nossas sociedades. Precisamos pôr um fim à economia de dados como pusemos um fim a outros tipos de exploração econômica no passado. Sistemas econômicos que dependem da

INTRODUÇÃO

violação de direitos são inaceitáveis. O quinto capítulo trata de como as sociedades podem desligar a economia de vigilância da tomada. O sexto capítulo é sobre o que você pode fazer enquanto indivíduo para retomar o controle de seus dados pessoais e de nossas democracias.

Não estamos testemunhando a morte da privacidade. Mesmo que a privacidade esteja em perigo, estamos agora em uma melhor posição para defendê-la do que estivemos durante a última década. Este é apenas o início da luta para salvaguardar os dados pessoais na era digital. Muito está em jogo para deixar a privacidade definhar — nosso próprio modo de vida está em risco. A vigilância ameaça a liberdade, a igualdade, a democracia, a autonomia, a criatividade e a intimidade. Temos sido constantemente enganados, e nossos dados estão sendo roubados para serem usados contra nós. Chega. Ter tão pouca privacidade é inconciliável com ter sociedades que funcionem adequadamente. O capitalismo de vigilância precisa acabar. Levará algum tempo e esforço, mas nós podemos e vamos recuperar a privacidade. Eis como.

CAPÍTULO I
ABUTRES DE DADOS

Se você estiver lendo este livro, provavelmente, já sabe que seus dados pessoais estão sendo coletados, armazenados e analisados. Mas você está ciente de toda a extensão das invasões de privacidade em sua vida? Vamos começar do início.

Qual é a primeira coisa que você faz quando acorda de manhã? Você provavelmente verifica seu telefone. *Voilà*: esse é o primeiro ponto de dados que você perde no dia. Ao pegar seu telefone logo pela manhã, você está informando a grande quantidade de bisbilhoteiros — o fabricante do seu smartphone, todos aqueles aplicativos que você instalou em seu telefone e a sua empresa de telefonia móvel, bem como as agências de inteligência, caso você seja uma pessoa "interessante" — a que horas você acorda, onde você tem dormido e com quem (assumindo que a pessoa com quem você divide a cama também mantém o telefone perto dela).

Se por acaso você usar um relógio inteligente no pulso, então, você terá perdido alguma privacidade mesmo antes de acordar, pois ele registra todos os seus movimentos na cama — incluindo, é claro, qualquer atividade sexual.[23] Suponha que seu empregador tenha lhe presenteado esse relógio como parte de um programa de bem-estar

---

[23] Para mais informações sobre o autorrastreamento, veja NEFF, Gina; NAFUS, Dawn. *Self-tracking*. Cambridge, Ma: MIT Press, 2016.

para incentivar hábitos saudáveis que podem baratear as apólices de seguro. Você pode ter certeza de que seus dados não serão utilizados contra você? Você está confiante de que seu empregador não os verá?[24] Quando seu empregador lhe fornece um dispositivo, ele continua como o proprietário legal — seja um *fitness tracker*, um notebook ou um telefone — e ele pode acessar os dados desse dispositivo a qualquer momento sem a sua permissão.[25]

Após verificar seu ritmo cardíaco durante a noite (se estiver muito acelerado, você precisa se exercitar mais) e enviar esses dados para o seu smartphone, você se levanta e escova os dentes com uma escova elétrica. Um aplicativo informa que você não está escovando os dentes com a frequência que deveria.

Você dormiu demais esta manhã e seu cônjuge já foi trabalhar. Você vai para a cozinha e procura açúcar para o café, mas logo percebe que acabou. Você decide pedir à vizinha se ela pode lhe emprestar um pouco. Parado do lado de fora de porta dela, você percebe algo incomum — há uma câmera. Quando abre a porta, ela explica: é uma nova campainha, uma campainha inteligente. Se for uma campainha da Ring, empresa de propriedade da Amazon, os funcionários da Ring provavelmente revisarão essas imagens de vídeo a fim de identificar objetos manualmente, num esforço para treinar o software a realizar tarefas de reconhecimento. Esses vídeos são armazenados sem criptografia, tornando-os extremamente vulneráveis a hackers.[26] A Amazon registrou uma patente para usar um software de reconhecimento facial em campainhas. O Nest, da Google, já utiliza reconhecimento facial em suas câmeras. Em algumas cidades, como Washington D.C., a polícia

---

24 RAM, Aliya; BOYDE, Emma. "People love fitness trackers, but should employers give them out?". *Financial Times*, 16 abr. 2018.
25 AJUNWA, Ifeoma; CRAWFORD, Kate; SCHULTZ, Jason. "Limitless worker surveillance". *California Law Review*, vol. 105, 2017, pp. 766-767.
26 BIDDLE, Sam. "How Peter Thiel's Palantir helped the NSA spy on the whole world". *Intercept*, 22 fev. 2017.

quer registrar, e até mesmo subsidiar, câmeras de segurança privada.[27] Qualquer um é capaz de adivinhar onde as imagens das campainhas inteligentes pararão e para que serão usadas.

Sua vizinha não tem açúcar — ou talvez ela não queira lhe dar depois de você ter zombado da campainha nova. Você é obrigado a se contentar com um café sem açúcar. Você liga a TV (uma *smart TV*, claro) para esquecer do gosto amargo do café. Seu programa de TV favorito está passando — aquele seu prazer secreto, que você jamais admitiria assistir.

Você recebe uma ligação. É o seu cônjuge. Você silencia a TV.

"Por que você ainda está em casa?"

"Como você sabia?"

"Meu telefone está conectado ao nosso medidor de energia inteligente. Eu pude ver que você estava usando eletricidade".

"Eu dormi demais", você diz.

Ele não parece muito convencido com a sua explicação, mas ele tem um compromisso e precisa encerrar a chamada.

Você se pergunta se esta é a primeira vez que você foi espionado através de seu medidor de energia inteligente. Os medidores inteligentes não são apenas um risco à privacidade das pessoas com quem você divide a casa. Eles são dispositivos notoriamente inseguros.[28] Um criminoso pode hackear o seu medidor, e descobrir quando você está longe de casa para furtar a sua propriedade.[29] Além disso, os dados dos medidores inteligentes são armazenados e analisados por fornecedores de

---

27 FOWLER, Geoffrey. "The doorbells have eyes: the privacy battle brewing over home security cameras". *Washington Post*, 31 jan. 2019.
28 HERN, Alex. "Smart electricity meters can be dangerously insecure, warns expert". *Guardian*, 29 dez. 2016.
29 VÉLIZ, Carissa; GRUNEWALD, Philipp. "Protecting data privacy is key to a smart energy future". *Nature Energy*, vol. 3, jul. 2018, pp. 702-704.

serviços de energia. Alguns destes dados podem ser bastante sensíveis. Por exemplo, sua pegada energética é tão precisa que pode revelar qual canal de televisão você está assistindo.[30] Os dados podem, então, ser vendidos ou compartilhados com terceiros interessados.

Seu filho adolescente entra de repente e interrompe seus pensamentos. Ele quer conversar com você sobre algo. Alguma coisa sensível. Talvez seja sobre um problema relacionado a drogas, sexo ou bullying na escola. Você não desliga a TV. Ela permanece no mudo, exibindo as imagens em segundo plano. Sua *smart TV* provavelmente está coletando informações através de uma tecnologia chamada "reconhecimento automático de conteúdo" (RAC). Ela tenta identificar tudo o que você assiste na TV e envia os dados para o fabricante da TV, para terceiros, ou para ambos. Pesquisadores descobriram que uma *smart TV* da Samsung havia se conectado a mais de 700 endereços distintos na internet após ter sido usada por quinze minutos.[31]

E isso é o de menos. Se você tivesse tempo para ler as políticas de privacidade dos objetos que você compra, você teria notado que sua TV Samsung incluía o seguinte aviso: "Por favor, esteja ciente que se as palavras que você diz incluírem informações pessoais ou outras informações sensíveis, essas informações estarão entre os dados capturados e transmitidos a um terceiro".[32] Mesmo quando você pensa que desligou sua TV, ela ainda pode estar ligada. Agências de inteligência como a CIA e o MI5 podem fazer com que sua TV pareça estar desligada enquanto gravam você.[33]

---

[30] STANOKVIC, L.; STANOKVIC, V.; LIAO, J.; WILSON, C. "Measuring the energy intensity of domestic activities from smart meter data". *Applied Energy*, vol. 183, n. 1, dez. 2016, pp. 1565-1580.

[31] HERN, Alex. "UK homes vulnerable to 'staggering' level of corporate surveillance". *Guardian*, 1 jun. 2018.

[32] "Samsung Privacy Policy – SmartTV Supplement". Disponível em: https://www.samsung.com/hk_en/info/privacy/smarttv/. Acesso em: 7 mai. 2020.

[33] NGUYEN, Nicole. "If you have a smart TV, take a closer look at your privacy settings". *CNBC*, 9 mar. 2017.

CAPÍTULO I – ABUTRES DE DADOS

Depois que seu filho compartilhou os pensamentos mais íntimos dele com você, com o fabricante da TV e com centenas de terceiros desconhecidos, ele vai para a escola, onde ele será forçado a perder ainda mais privacidade através da vigilância escolar sobre o uso da internet.[34] Você tira a TV do mudo. Os comerciais estão passando. Você pensa que finalmente vai ter um momento de privacidade. Você está errado. Sem que você saiba, sinais sonoros inaudíveis são transmitidos através desses comerciais de TV (e rádio) (assim como através das músicas nas lojas), e são captados pelo seu celular. Estes sinais de áudio funcionam como *cookies* sonoros que permitem que empresas triangulem seus dispositivos e hábitos de compra através da localização. Ou seja, eles ajudam as empresas a rastrear você através de diferentes dispositivos. Graças a esse rastreamento ultrassônico de dispositivos cruzados, uma empresa é capaz de descobrir se a pessoa que vê determinado anúncio de um produto pela manhã na TV, e, uma hora depois, pesquisa por ele no notebook, e acaba comprando-o em uma loja do bairro, ou encomendando pela internet.[35]

Você recebe outra ligação. Desta vez é um colega do trabalho.

"Olá! Não sei como isso aconteceu, mas acabei de receber uma gravação de uma conversa muito particular que você teve com o seu filho. Parece que sua assistente digital Alexa a enviou".

Você o agradece por informar e desliga o telefone, perguntando-se se a Alexa pode ter enviado essa conversa para outras pessoas em sua lista de contatos. Furioso, você entra em contato com a Amazon. Eles explicam: "provavelmente, seu dispositivo Echo foi ativado por causa de uma palavra em sua conversa que soou como 'Alexa'. Depois, pensou que você estava dizendo 'envie mensagem'. O dispositivo deve ter perguntado 'para quem?' e o que quer que você estivesse dizendo,

---

[34] BURGESS, Matt. "More than 1,000 UK Schools found to be monitoring children with surveillance software". *Wired*, 8 nov. 2016.
[35] NEWMAN, Lily Hay. "How to block the ultrasonic signals you didn't know were tracking you". *Wired*, 03 nov. 2016.

então, foi interpretado como um nome".[36] Às vezes, os alto-falantes inteligentes são ativados ao ouvir um programa de televisão no qual uma palavra é pronunciada de forma semelhante à palavra de ativação. Se você ficasse com sua televisão ligada o dia todo, isso aconteceria entre uma vez e meia e dezenove vezes por dia (sem contar as vezes em que a verdadeira palavra de ativação é dita na televisão).[37] Quando Alexa enviou uma conversa privada de um usuário em Portland, no estado de Oregon, para um contato aleatório, o usuário jurou nunca mais ligar o aparelho.[38] Você dá um passo além e decide jogar seu Echo contra a parede. Seu cônjuge não vai ficar feliz com isso.

Agora, você está muito atrasado para o trabalho. Você entra em seu carro e dirige até o escritório. Você comprou seu carro usado de um conhecido. Provavelmente, isso nunca lhe passou pela cabeça, mas acontece que essa pessoa tem acesso aos seus dados, pois ela nunca desconectou o telefone dela do aplicativo do veículo.[39] Além disso, a montadora de seu carro está coletando todo tipo de dados sobre você — os locais que você visita, a velocidade que você dirige, seu gosto musical, seus movimentos oculares, se suas mãos estão no volante, e até mesmo o seu peso é medido pelo assento — que podem acabar nas mãos da sua seguradora, entre outros interessados.[40]

---

[36] Uma versão dessa explicação foi dada por um porta-voz da Amazon quando a Alexa gravou a conversa particular de alguém e a enviou para um contato aleatório (WOLFSON, Sam. "Amazon's Alexa recorded private conversation and sent it to random contact". *Guardian*, 24 mai. 2018).

[37] DUBOIS, Daniel J.; KOLCUN, Roman; MANDALARI, Anna Maria; PARACHA, Muhammad Talha; CHOFFNES, David; HADDADI, Hamed. "When speakers are all ears: characterizing misactivations of IoT smart speakers". *Proceedings on 20th Privacy Enhancing Technologies Symposium*, vol. 2020, n. 4, out. 2020, pp. 255-276.

[38] WOLFSON, Sam. "Amazon's Alexa recorded private conversation and sent it to random contact". *Guardian*, 24 mai. 2018.

[39] BAXTER, Michael. "Do connected cars pose a privacy threat?". *GDPR*: Report, 1 ago. 2018.

[40] BIBA, Erin. "How connected car tech is eroding personal privacy". *BBC News*, 9 ago. 2016; QUAIN, John R. "Cars suck up data about you. Where does it all go?". *New York Times*, 27 jul. 2017.

CAPÍTULO I – ABUTRES DE DADOS

Você chega ao trabalho. Tem havido protestos perto do seu local de trabalho ultimamente. Sem que você saiba, à medida que você passa por essas áreas, os dados do seu telefone podem ser aspirados como pó por interceptores IMSI da polícia, também chamados de *stingrays*[41] — torres de telefonia celular falsas que enganam os celulares para que eles se conectem a elas. Uma vez conectado, os interceptores IMSI coletam dados de identificação e localização. Eles também permitem a escuta de conversas telefônicas, mensagens de texto e navegação na web.[42] De acordo com a União Americana de Liberdades Civis (ACLU), pelo menos 75 agências em 27 estados possuem a tecnologia nos Estados Unidos (embora possa haver muitas mais que desconhecemos).[43] De acordo com um artigo no *Intercept*, os policiais por vezes "mentiram para juízes" e "enganaram os advogados de defesa" sobre o uso de *stingrays*, dizendo que obtiveram informações sobre o réu a partir de uma "fonte confidencial", por exemplo, quando na verdade eles utilizaram um *stingray*.[44] Ativistas acreditam que *stingrays* podem ter sido utilizados contra manifestantes do movimento *Black Lives Matter* em 2020.[45] Há evidências de que esse equipamento está sendo usado pela polícia em Londres para espionar pessoas, por exemplo, em protestos pacíficos e próximos ao Parlamento britânico.[46] Um conselho popular que tem sido dado online para proteger sua privacidade inclui deixar o telefone em casa quando for a um protesto, embora ter consigo um

---

[41] N. T.: Embora o termo possa ser traduzido literalmente para o português como "arraias", manteremos a opção em inglês em razão de "StingRay" ser o nome de uma marca popular de interceptores IMSI.

[42] SCHNEIER, Bruce. *Data and Goliath*. London: W.W. Norton & Company, 2015, p. 68. "IMSI" é o acrônimo de "international mobile subscriber identity", ou "identidade internacional de signatário móvel", em *tradução livre* (N.T.).

[43] AMERICAN CIVIL LIBERTIES UNION. "Stingray tracking devices: who's got them?". Disponível em: https://www.aclu.org/issues/privacy-technology/surveillance-technologies/stingray-tracking-devices-whos-got-them. Acesso em: 15 out. 2020.

[44] ZETTER, Kim. "How cops can secretly track your phone". *Intercept*, 31 jul. 2020.

[45] ZETTER, Kim. "How cops can secretly track your phone". *Intercept*, 31 jul. 2020.

[46] BRYANT, Ben. "VICE news investigation finds signs of secret phone surveillance across London". *Vice*, 15 jan. 2016.

telefone seja importante durante um protesto, para se manter a par de notícias importantes e em contato com as pessoas que você conhece. Embora sejam utilizados principalmente por governos, *stingrays* podem ser utilizados por qualquer pessoa, já que são vendidos por empresas privadas e, também, podem ser construídos em casa.

Enquanto os dados de seu telefone estão sendo aspirados, você entra no escritório. Um colega o cumprimenta e olha para o relógio, deixando claro que seu atraso está sendo observado. Você se senta em frente ao computador e tenta inalar profundamente, mas perde o fôlego ao ver centenas de e-mails não lidos.[47] Você abre o primeiro. É do seu chefe. "Notei que você não estava no escritório esta manhã. Você vai terminar a tempo aquele relatório que eu pedi?" Sim, você vai, mas você gostaria que seu chefe não estivesse pegando tanto no seu pé.

O próximo e-mail pede que você responda as avaliações anônimas sobre seus colegas de trabalho. Seu chefe acredita firmemente na vigilância do trabalho. Você sabe que ele rastreia cada movimento seu, mantendo registros de suas participações em reuniões, seminários e até mesmo em jantares informais e *happy hours* após o trabalho. Você sabe que ele monitora suas mídias sociais porque ele o advertiu no passado sobre a publicação de conteúdo político. Você se sente constrangido com a ideia de avaliar seus colegas de trabalho e de ser avaliado por eles.

Depois, há um e-mail de sua marca de sapatos favorita. Você pode pensar que é inofensivo para sua privacidade receber e-mails, mas cerca de 70% dos e-mails comerciais e 40% de todos os e-mails contêm rastreadores.[48] A abertura de um e-mail permite a terceiros rastreá-lo através da web e identificá-lo como um único usuário através de diferentes

---

[47] Perder o fôlego ao ver a tela ou e-mail acontece. Chama-se de "apneia de e-mail", ou "apneia de tela" (STONE, Linda. "The connected life: from email apnea to conscious computing". *Huffington Post*, 7 mai. 2012).

[48] ENGLEHARDT, Steven; HAN, Jeffrey; NARAYANAN, Arvind. "I never signed up for this! Privacy implications of email tracking". *Proceedings on Privacy Enhancing Technologies*, vol. 1, 2018, pp. 1-18; MERCHANT, Brian. "How email open tracking quietly took over the web". *Wired*, 11 dez. 2017.

dispositivos. Os rastreadores podem ser embutidos em uma cor, uma fonte, um pixel, ou um link. Até mesmo pessoas comuns estão usando rastreadores para saber se, quando e onde seus e-mails são lidos. Uma vez que os rastreadores podem revelar a localização de uma pessoa, assediadores podem usá-los para encontrar você.

O próximo e-mail é de seu irmão. Ele usou o seu endereço de e-mail corporativo mesmo que você tenha lhe pedido para que não o fizesse. Os empregadores, incluindo as universidades, têm acesso a seus e-mails[49] — um motivo, entre outros, para nunca usar o seu e-mail profissional para fins pessoais. No e-mail, seu irmão avisa que recebeu um kit de teste genético como presente de aniversário, foi em frente e se testou. Você pode ficar feliz em saber, escreve ele, que nossa família é 25% italiana. A má notícia é que ele tem 30% de chance de contrair doenças cardíacas; já que ele é seu irmão, isso provavelmente se aplica a você também. Você responde: "gostaria que você tivesse pedido meu consentimento. Esses são meus genes também, e os do meu filho. Você não sabia que nossa avó era italiana? Se você quiser saber mais sobre nossa família, pergunte-me".

Preocupado com seus dados genéticos, você conferiu a política de privacidade da empresa que seu irmão utilizou. Você não gosta do que viu. As empresas de testes genéticos podem reivindicar a propriedade da amostra de DNA que você lhes envia e usá-la da maneira que quiserem.[50] As políticas de privacidade das empresas de testes de DNA, geralmente, referem-se à "desidentificação" ou "pseudonimização" de informações para tranquilizar as pessoas. Entretanto, dados genéticos não são fáceis de serem desidentificados de forma eficaz. É na natureza dos dados genéticos que eles podem identificar de forma única os indivíduos e suas conexões familiares. A substituição de nomes por números de identificação gerados aleatoriamente não oferece muita segurança contra

---

[49] SANGHANI, Radhika. "Your boss can read your personal emails. Here's what you need to know". *Telegraph*, 14 jan. 2016.

[50] BROWN, Kristen V. "'What DNA testing companies' terrifying privacy policies actually mean". *Gizmodo*, 18 out. 2017.

a reidentificação. No ano 2000, os cientistas da computação Bradley Malin e Latanya Sweeney utilizaram dados disponíveis publicamente e conhecimentos sobre doenças específicas para reidentificar de 98 a 100% dos indivíduos em um banco de dados de DNA "anonimizado".[51]

Você se pergunta o que será dos dados genéticos de seu irmão, e se alguma vez isso poderá ser usado contra você ou seu filho se você se candidatar a um seguro ou a um emprego, por exemplo. O pior de tudo é que os testes genéticos caseiros são incrivelmente imprecisos. Cerca de 40% dos resultados são falsos positivos.[52] Seu irmão pode ter aberto mão de toda a privacidade genética da família em troca de falsas promessas que, no entanto, serão tratadas como fatos pelas companhias de seguros e por outros.

É hora de uma videoconferência de trabalho com um cliente, que solicitou uma reunião através do Zoom. Muitas pessoas não tinham ouvido falar do Zoom antes da pandemia do coronavírus, quando ele se tornou o aplicativo de videoconferência mais popular de todos. Durante o lockdown, você ficou horrorizado ao saber acerca das resmas de dados que o Zoom coletou sobre você, incluindo nome, localização física, endereço de e-mail, cargo, empregador, endereço IP, e muito mais.[53] Você tem uma vaga impressão de que o Zoom melhorou as políticas de privacidade e segurança agora, mas você pode confiar em uma empresa que alegou ter implementado criptografia ponta-a-ponta quando na realidade não o fez?[54]

---

[51] MALIN, Bradley; SWEENEY, Latanya. "Determining the identifiability of DNA database entries". *Journal of the American Medical Informatics Association*, nov. 2000, pp. 537-541.

[52] TANDY-CONNOR, Stephany; GUILTINAN, Jenna; KREMPELY, Kate; LADUCA, Holly; REINEKE, Patrick; GUTIERREZ, Stephanie; GRAY, Phillip; DAVIS, Brigette T. "False-positive results released by direct-to-consumer genetic tests highlight the importance of clinical confirmation testing for appropriate patient care". *Genetics in Medicine*, vol. 20, 2018, pp. 1515-1521.

[53] KOCH, Richie. "Using Zoom? Here are the privacy issues you need to be aware of". *ProtonMail*, 2020.

[54] Quando as comunicações são criptografadas de ponta a ponta, as empresas não podem acessar o conteúdo, mas o Zoom podia acessar vídeo e áudio das reuniões,

CAPÍTULO I – ABUTRES DE DADOS

Quando a chamada termina, em um esforço para relaxar, você faz login no Facebook. Vai ser por pouco tempo, você diz a si mesmo. Talvez as fotos de bons momentos de seus amigos o animem (elas não o farão). Como você suspeita que seu chefe monitora o que você faz no computador, você usa seu telefone pessoal.

O Facebook já violou nosso direito à privacidade tantas vezes que uma análise completa mereceria um livro em si. Aqui, eu menciono apenas algumas das maneiras através das quais ele invade nossa privacidade.

Tudo o que você faz enquanto está no Facebook é rastreado, desde os movimentos do seu mouse[55] até as coisas que você escreve e decide apagar antes de publicar (sua autocensura).[56] Você começa a navegar a seção intitulada "pessoas que talvez você conheça". Esse recurso tem sido crucial na expansão da rede social, que passou de 100 milhões de membros, quando a ferramenta foi lançada em 2008, para mais de 2 bilhões de usuários em 2018. Entre as pessoas que você pode ver lá, você pode reconhecer parentes distantes, ou pessoas que frequentaram a escola com você. Isso não parece muito ruim. Mas sugiro que você não vá muito mais fundo nesse *rabbit hole*.[57] Se o fizer, você provavelmente descobrirá que o Facebook está tentando conectá-lo com pessoas com as quais você não quer se conectar.

---

apesar do aplicativo para computador afirmar que o Zoom estava usando criptografia de ponta a ponta (LEE, Micah; GRAUER, Yael. "Zoom meetings aren't end-to-end encrypted, despite misleading marketing". *The Intercept*, 31 mar. 2020). Alguns meses depois, o Zoom corrigiu alguns de seus problemas de privacidade, mas anunciou que iria excluir chamadas gratuitas da criptografia de ponta a ponta. Depois de experimentar um *backlash* de privacidade, prometeu então a criptografia de ponta a ponta a todos os usuários (PAUL, Kari. "Zoom to exclude free calls from end-to-end encryption to allow FBI cooperation". *Guardian*, 4 jun. 2020; PAUL, Kari. "Zoom will provide end-to-end encryption to all users after privacy backlash". *Guardian*, 17 jun. 2020).

[55] GROTHAUS, Michael. "Forget the new iPhones: Apple's best product is now privacy". *Fast Company*, 13 set. 2018.

[56] JOHNSTON, Casey. "Facebook is tracking your 'self-censorship'". *Wired*, 17 dez. 2013.

[57] N. T.: A expressão pode ser traduzida literalmente como "toca de coelho", e se refere, resumidamente, a situações das quais é difícil sair.

Algumas conexões entre as pessoas são problemáticas, como quando as identidades reais de trabalhadores do sexo são reveladas a seus clientes.[58] Ou quando os pacientes de um psiquiatra são conectados, jogando o sigilo médico pela janela. A psiquiatra em questão não era amiga dos pacientes no Facebook, mas os pacientes, provavelmente, tinham ela em suas listas de contato.[59] Entre muitas outras conexões malfeitas, o Facebook também sugeriu como amigos um assediador para sua vítima (anteriormente anônima), um marido para o amante da esposa dele e uma vítima para o homem que roubou o carro dela.[60]

A missão atual do Facebook é "dar às pessoas o poder de construir uma comunidade e aproximar o mundo". Que tal dar às pessoas o poder de *se desligar* de relacionamentos tóxicos ou indesejáveis? "Aproximar o mundo" soa acolhedor até você se perguntar se quer uma proximidade forçada com pessoas que você teme, de que não gosta ou quer manter à distância por razões profissionais ou pessoais.

O Facebook provou sua falta de respeito pela privacidade de muitas outras maneiras. Cerca de 87 milhões de usuários do Facebook tiveram os dados analisados para fins políticos pela empresa de dados Cambridge Analytica.[61] Em 2018, quatorze milhões de contas tiveram os dados pessoais roubados em um hackeamento.[62] Durante anos, o Facebook permitiu que a ferramenta de busca Bing, da Microsoft, visse os amigos dos usuários do Facebook sem o consentimento deles, e deu à Netflix e ao Spotify a capacidade de ler e até mesmo apagar as

---

[58] HILL, Kashmir. "How facebook outs sex workers". *Gizmodo*, 10 nov. 2017.
[59] HILL, Kashmir. "Facebook recommended that this psychiatrist's patients friend each other". *Splinter News*, 29 ago. 2016.
[60] HILL, Kashmir. "'People You May Know': a controversial Facebook feature's 10-year history". *Gizmodo*, 8 ago. 2018.
[61] "Facebook Fined £500,000 for Cambridge Analytica Scandal". *BBC News*, 25 out. 2018.
[62] TYNAN, Dan. "Facebook says 14m accounts had personal data stolen in recent breach". *Guardian*, 12 out. 2018.

CAPÍTULO I – ABUTRES DE DADOS

mensagens "privadas" dos usuários do Facebook.[63] Em 2015, o Facebook começou a registrar todas as mensagens de texto e chamadas de usuários Android sem lhes pedir permissão.[64]

O Facebook provavelmente usou técnicas de reconhecimento facial em suas fotos sem obter o consentimento adequado. Quando a ferramenta de sugestão de marcações lhe perguntou "Este é o João?" e você respondeu "sim", o que você fez foi ceder a privacidade de seu amigo e trabalhar de graça treinando o algoritmo de reconhecimento facial do Facebook. O Facebook depositou pedidos de patentes de sistemas de reconhecimento de rostos dos compradores em lojas e combiná-los com seus perfis nas redes sociais.[65] Para completar, o Facebook pediu aos usuários os números de telefone como medida de segurança, e depois usou essa informação para seus próprios fins — para direcionar anúncios e unificar seus conjuntos de dados com o WhatsApp, seu aplicativo de mensagens.[66] Em 2019, centenas de milhões de números de telefone de usuários do Facebook foram expostos em um banco de dados online, de código aberto, porque o servidor em que eles estavam hospedados não era protegido por senha.[67] Estes são apenas alguns dos últimos desastres, mas a lista completa é longa, e tudo parece indicar que as violações do Facebook ao nosso direito à privacidade não estão prestes a parar.[68]

---

63 DANCE, Gabriel J. X.; LAFORGIA, Michael; CONFESSORE, Nicholas. "As Facebook raised a privacy wall, it carved an opening for tech giants". *New York Times*, 18 dez. 2018.
64 HILL, Kashmir. "Facebook was fully aware that tracking who people call and text is creepy but did it anyway". *Gizmodo*, 12 mai. 2018.
65 SINGER, Natasha. "Facebook's push for facial recognition prompts privacy alarms". *New York Times*, 9 jul. 2018.
66 HERN, Alex. "Facebook faces backlash over users' safety phone numbers". *Guardian*, 4 mar. 2019.
67 WHITTAKER, Zack. "A Huge database of Facebook users' phone numbers found online". *TechCrunch*, 4 set. 2019.
68 Para uma lista de desastres relacionados à privacidade no Facebook de 2006 a 2018, veja LOMAS, Natasha. "A brief history of Facebook's privacy hostility ahead of Zuckerberg's testimony". *TechCrunch*, 2018.

O Facebook pode parecer uma rede social em sua superfície, mas seu verdadeiro negócio é o comércio de influência através de dados pessoais. É mais uma plataforma de propaganda personalizada do que uma mídia social. Ele está disposto a se esforçar como puder para extrair o máximo possível de dados pessoais com o menor atrito possível para que possa vender aos anunciantes o acesso à sua atenção. A julgar pela sua história, se conseguir escapar — e até agora conseguiu — o Facebook não pedirá consentimento, não se esforçará para investigar quem está recebendo seus dados e como eles estão sendo usados, e está disposto a quebrar suas promessas.[69] Proteger a sua privacidade parece ser o item com menor prioridade em sua lista de tarefas. E você não pode nem mesmo ficar longe desse monstro faminto por dados, porque o Facebook possui um *perfil-sombra* baseado em você, mesmo que você não seja um usuário. Ele o segue pela web através de seus botões "curtir", mesmo que você não clique neles.[70] Não é de se admirar que um relatório parlamentar britânico tenha sugerido que o Facebook se comportou como um "gângster digital" nos últimos anos.[71]

Depois de navegar no Facebook por um tempo e de ficar "assustado" com os amigos que ele sugere e os anúncios que ele lhe mostra, você faz uma pausa. Você tenta trabalhar um pouco, mas não consegue se concentrar, pensando em como seu chefe provavelmente está monitorando cada movimento que você faz em seu computador. Felizmente para você, está na hora do almoço. A menos que você não esteja com

---

[69] SHERMAN, Len. "Zuckerberg's broken promises show Facebook is not your friend". *Forbes*, 23 mai. 2018. "Apesar das repetidas promessas feitas a seus bilhões de usuários no mundo inteiro de que eles poderiam controlar como as próprias informações pessoais são compartilhadas, o Facebook prejudicou as escolhas dos consumidores", disse o presidente da Comissão Federal de Comércio, Joe Simons. FEDERAL TRADE COMISSION. "FTC settlement imposes historic penalty, and significant requirements to boost accountability and transparency", 24 jul. 2019.

[70] ST. JOHN, Allen. "How Facebook tracks you, even when you're not on Facebook". *Consumer Reports*, 11 abr. 2018.

[71] DIGITAL, CULTURE, MEDIA AND SPORT COMMITTEE. "Disinformation and 'Fake News': final report". *House of Commons*, 2019.

dados anonimizados. Uma das primeiras lições de reidentificação veio de Latanya Sweeney, em 1996, quando a *Massachusetts Group Insurance Commission* publicou dados anonimizados mostrando as visitas hospitalares de funcionários públicos estaduais. O então governador William Weld garantiu ao público que a privacidade dos pacientes era segura. Sweeney provou que ele estava errado ao encontrar os registros médicos do governador no conjunto de dados e enviá-los para o seu gabinete. Mais tarde, ela mostrou que 87% dos americanos podiam ser identificados com três dados: data de nascimento, gênero e código postal.[85]

Outra maneira de ser identificado é através de sua localização. Cada pessoa tem uma pegada de localização diferente, portanto, mesmo que seu nome não conste no banco de dados, é fácil saber quem você é. A especificidade dos dados de localização não é surpreendente, já que geralmente há apenas uma pessoa que vive e trabalha onde você vive e trabalha. Yves-Alexandre de Montjoye, chefe do *Computational Privacy Group* da *Imperial College London*, estudou quinze meses de dados de localização de 1,5 milhão de indivíduos. De Montjoye e seus colegas descobriram que, em um conjunto de dados em que as localizações das pessoas são registradas de hora em hora com uma resolução espacial igual à dada pelos telefones celulares à medida que se conectam às torres de celular, é suficiente que se tenha quatro pontos de dados espaço-temporais para identificar de forma única 95% dos indivíduos.[86] Da mesma forma, quando os pesquisadores examinaram três meses de registros de cartões de crédito de mais de um milhão de pessoas, descobriram que precisavam apenas de quatro pontos de dados espaço-temporais para reidentificar 90% dos indivíduos.[87]

---

[85] SOLON, Olivia. "'Data is a fingerprint': why you aren't as anonymous as you think online". *Guardian*, 13 jul. 2018.

[86] DE MONTJOYE, Yves-Alexandre, HIDALGO, C. A.; VERLEYSEN, M.; BLONDEL, V. D. "Unique in the crowd: the privacy bounds of human mobility". *Scientific Reports,* vol. 3, 25 mar. 2013, p. 1376.

[87] DE MONTJOYE, Yves-Alexandre; RADAELLI, L.; SINGH, V.K.; PENTLAND, A.S. "Identity and privacy. Unique in the shopping mall: on the reidentifiability of credit card metadata". *Science*, vol. 347, n. 6221, pp. 536-539, 30 jan. 2015.

Os bancos de dados podem muitas vezes ser desanonimizados ao serem combinados com informações disponíveis ao público. Em 2006, a Netflix publicou 10 milhões de classificações de filmes feitas por meio milhão de clientes como parte de um desafio para as pessoas projetarem um melhor algoritmo para recomendação de filmes. Os dados deveriam ser anônimos, mas pesquisadores da Universidade do Texas, na cidade de Austin, provaram que podiam reidentificar as pessoas comparando *rankings* e registros de data/hora com informações públicas disponíveis no site conhecido como Internet Movie Database (IMDb). Em outras palavras, se você viu um filme em uma noite específica, avaliou o filme na Netflix, e então o avaliou também no IMDb, pesquisadores poderiam inferir que foi você. As preferências por filmes são sensíveis; elas podem revelar tendências políticas e sexuais. Uma mãe lésbica processou a Netflix por colocá-la em risco de ser exposta.[88]

Corretores de dados estão enganando o público quando afirmam que anonimizam os dados.[89] Eles negociam dados pessoais. Eles coletam todo tipo de informação extremamente sensível, embalam, e vendem para bancos, seguradoras, varejistas, empresas de telecomunicações, empresas de mídia, governos e, ocasionalmente, criminosos.[90] Estas empresas vendem informações sobre quanto de dinheiro você ganha, se você está grávida, divorciada ou tentando perder peso. Elas também são conhecidas por vender listas de vítimas de estupro, pacientes com AIDS e outras categorias problemáticas.[91]

Anúncios online também utilizam categorias questionáveis para alcançar indivíduos. O *Interactive Advertising Bureau*, um grupo comercial que estabelece normas do setor, utiliza categorias para anúncios

---

[88] SINGEL, Ryan. "Netflix spilled your brokeback mountain secret, lawsuit claims". *Wired*, 17 dez. 2009.
[89] RAM, Aliya; MURGIA, Madhumita. "Data brokers: regulators try to rein in the 'privacy deathstars'". *Financial Times*, 8 jan. 2019.
[90] SINGER, Natasha. "Facebook's push for facial recognition prompts privacy alarms". *New York Times*, 9 jul. 2018.
[91] HICKEN, Melanie. "Data brokers selling lists of rape victims, AIDS patients". *CNN*, 19 dez. 2013.

CAPÍTULO I – ABUTRES DE DADOS

direcionados que incluem apoio a incesto ou abuso, abuso de substâncias nocivas e AIDS/HIV. As categorias do Google para anúncios direcionados a pessoas incluem também abuso de substâncias, doenças sexualmente transmissíveis, impotência masculina e inclinações políticas.[92] Estas categorias mostram em que dados os abutres estão interessados: eles estão ansiosos para saber o que mais nos machuca. Como predadores, eles podem sentir o cheiro de sangue. Eles procuram por nossas vulnerabilidades para poder explorá-las.

Voltemos ao seu dia. Paramos quando você fazia as malas para sua viagem de trabalho à Londres. Quando você chegar ao aeroporto, talvez não lhe seja solicitado seu cartão de embarque quando passar pela segurança e depois embarcar no avião. Agora, o reconhecimento facial está sendo utilizado para verificar sua identidade.[93] Nos Estados Unidos, companhias aéreas como JetBlue e Delta já estão utilizando essa tecnologia. E o presidente Trump emitiu uma ordem executiva que exige o uso de identificação de reconhecimento facial para "100% de todos os passageiros internacionais", incluindo cidadãos americanos, nos 20 principais aeroportos dos EUA até 2021 (ainda que pareça haver dúvidas sobre a legalidade dessa ordem).[94]

De volta à sua viagem. Depois de passar um dia sendo vigiado em Londres, você volta para os Estados Unidos, para mais uma reunião de trabalho em Washington. Quando você chega ao seu destino, um oficial da Administração de Segurança de Transporte (TSA) pede que você entregue seu notebook e smartphone. Você tenta resistir, mas ele o informa que, se você negar seu pedido, você poderá ter problemas; se você for estrangeiro, sua entrada será recusada. Você participará de um evento de trabalho. Se seu chefe souber que você não participou dessa

---

[92] TIKU, Nitasha. "Privacy groups claim online ads can target abuse victims". *Wired*, 27 jan. 2019.
[93] KOBIE, Nicole. "Heathrow's facial recognition tech could make airports more bearable". *Wired*, 18 out. 2018; WALLACE, Gregory. "Instead of the boarding pass, bring your smile to the airport". *CNN*, 18 set. 2018.
[94] ALBA, Davey. "The US government will be scanning your face at 20 top airports, documents show". *BuzzFeed*, 11 mar. 2019.

reunião por ter sido detido por desobedecer a um oficial no controle de fronteiras, ele não ficará satisfeito, para dizer de forma delicada. Você se pergunta se ele pode até mesmo demiti-lo. A ideia de estar desempregado o motiva a entregar seus dados mais privados. Você tenta pensar sobre o tipo de dados que você tem ali. Você pensa nas fotos nuas com seu cônjuge, fotos de seus filhos, todas as suas informações financeiras.

Ocorre então que você também tem informações muito particulares a respeito de seu empregador. Talvez você tenha segredos comerciais que valem milhões. Como você pode ter certeza de que os dados não irão parar nas mãos de um concorrente americano? Ou talvez você tenha informações confidenciais sobre o seu governo que você produziu ou adquiriu quando trabalhou como consultor. Em 2017, um engenheiro da NASA foi forçado a desbloquear seu smartphone na fronteira, apesar de possuir conteúdo sensível nele.[95] Ou talvez você seja um médico que tem informações sensíveis sobre seus pacientes em seu notebook, ou um advogado protegendo seus clientes, ou um jornalista protegendo suas fontes.

Você diz ao oficial da TSA que tem de proteger as informações confidenciais que estão em sua posse — é seu dever profissional, e pode enfrentar consequências legais se você não o fizer. O oficial da TSA é indiferente. Você se recorda de ter lido algo na imprensa a respeito, caso seja deportado de um país, de ter de permanecer afastado por cinco ou dez anos. Isso seria fatal para o seu trabalho. Você não tem certeza se "recusa de entrada" é igual a deportação. Você pede um advogado. O oficial da TSA responde dizendo que, se você quer um advogado, você deve ser um criminoso. Ele pergunta se você tem alguma coisa a esconder. Cansado e intimidado, você acaba cumprindo e entregando o notebook e o telefone. Ele tira seus dispositivos eletrônicos de sua vista por um quarto de hora ou mais. Durante esse tempo, ele baixa seus dados.[96]

---

[95] WADDELL, Kaveh. "A NASA engineer was required to unlock his phone at the border". *The Atlantic*, 13 fev. 2017.

[96] VICTOR, Daniel. "What are your rights if border agents want to search your phone?". *New York Times*, 14 fev. 2017.

fome, você decide ir a uma loja próxima para comprar algo para seu filho para que possa ajudá-lo a se sentir melhor.

Você vai a uma loja de roupas para encontrar uma camisa. Negócios "tradicionais" se sentiram em desvantagem em comparação às lojas online porque estas foram as primeiras a coletar oceanos de dados dos clientes. Por isso, as lojas físicas estão tentando se atualizar. A loja em que você entra utiliza uma tecnologia que o identifica como um comprador que está retornando à loja através de seu sinal de Wi-Fi. Os dispositivos móveis enviam códigos de identificação exclusivos (chamados de endereços MAC) quando procuram por redes para se conectar. As lojas usam essa informação para estudar seu comportamento.[72]

Não satisfeitas com isso, as lojas também podem usar câmeras para coletar dados sobre você. Câmeras podem ajudar a mapear os caminhos dos clientes, estudar pelo que as pessoas são atraídas e como elas se movimentam pela loja. As câmeras se tornaram tão sofisticadas que podem analisar o que você está olhando e até mesmo qual é seu estado de espírito baseado em sua linguagem corporal e expressão facial.[73] A loja também pode estar usando reconhecimento facial. Entre outros usos, o reconhecimento facial permite às empresas cruzar seu rosto com um banco de dados que procura uma correspondência com ladrões de lojas previamente identificados ou criminosos conhecidos.[74]

Você põe os pés fora da loja e checa seu telefone. Um alerta que te lembra de uma consulta médica. Há um problema de saúde que te incomoda há algumas semanas. Você pesquisou online, tentando encontrar uma solução, e esperava que o problema fosse embora por conta própria, mas isso não aconteceu. Você não disse a ninguém de sua família para não causar preocupações desnecessárias. Nossas ferramentas

---

[72] FUNG, Brian. "How stores use your phone's WiFi to track your shopping habits". *Washington Post*, 19 out. 2013.
[73] CLIFFORD, Stephanie; HARDY, Quetin. "Attention, shoppers: store is tracking your cell". *New York Times*, 14 jul. 2013.
[74] FREY, Chris. "Revealed: how facial recognition has invaded shops – and your privacy". *Guardian*, 3 mar. 2016.

de busca sabem mais sobre nós que nossos cônjuges: nunca mentimos para elas ou escondemos nossas preocupações delas.

Você vai ao médico. Você recebe uma notificação enquanto está na sala de espera. Sua irmã postou a foto atual da sua sobrinha bebê. Suas mãos rechonchudas fazem você sorrir. Você faz uma nota mental para avisar sua irmã sobre os perigos de expor os filhos online. Você deveria dizer a ela que nossas fotografias online são usadas para treinar algoritmos de reconhecimento facial que depois são usados para todos os tipos de propósitos nefastos, desde a vigilância de populações vulneráveis por regimes autoritários até a expulsão de atores pornográficos e a identificação de estranhos no metrô da Rússia.[75] Mas o sorriso irresistível de sua sobrinha o distrai. Fotos dela são às vezes o ponto alto de seu dia, e o tipo de coisa que torna a economia de dados suportável, mesmo quando você sabe que conteúdo envolvente, como bebês encantadores, é exatamente o que alimenta os abutres dos dados.

Uma enfermeira avisa que o médico está pronto para vê-lo. Conforme faz perguntas sensíveis, sua médica registra as respostas no computador, e agenda alguns testes para você, você se pergunta onde esses dados podem parar. Seus dados médicos estão frequentemente à venda. Corretores de dados[76] — comerciantes de dados pessoais — podem adquirir dados médicos de farmácias, hospitais, consultórios médicos, aplicativos de saúde e pesquisas na internet, entre outras fontes. Seus dados médicos também podem acabar nas mãos de pesquisadores, companhias de seguros ou possíveis empregadores.[77] Um sistema de saúde como o NHS (Serviço Nacional de Saúde do Reino Unido) pode decidir doar seus registros a uma empresa como a DeepMind, de propriedade da Alphabet (a empresa matriz do Google). A transferência de dados pode ser feita sem o seu consentimento, sem que você se

---

[75] HILL, Kashmir; KROLIK, Aaron. "How photos of your kids are powering surveillance technology". *New York Times*, 11 out. 2019.

[76] GRAUER, Yael. "What are "data brokers," and why are they scooping up information about you?". *Motherboard*, 27 maio 2018.

[77] TANNER, Adam. *Our bodies, our data:* how companies make billions selling our medical records. Boston: Beacon Press, 2017.

beneficie de tal invasão de privacidade, e sem qualquer garantia legal de que o DeepMind não vinculará seus dados à sua conta do Google, corroendo assim ainda mais a sua privacidade.[78] Em 2019, a Universidade de Chicago e o Google foram processados. Na ação coletiva, o hospital foi acusado de compartilhar centenas de milhares de registros de pacientes com o Google sem apagar carimbos de datas ou anotações médicas identificáveis. O Google foi acusado de "enriquecimento sem causa".[79]

Você também pode vivenciar um vazamento de dados. Em 2015, mais de 112 milhões de registros de saúde foram expostos somente nos Estados Unidos.[80] Você poderia até mesmo ser vítima de extorsão. Em 2017, os criminosos tiveram acesso aos registros médicos de uma clínica e chantagearam os pacientes; eles acabaram publicando milhares de fotos particulares, incluindo fotos de nudez e dados pessoais, como digitalizações de passaportes e números relativos à seguridade social.[81]

Enquanto estes pensamentos correm pela sua mente, você se sente tentado a mentir para sua médica sobre informações sensíveis que (você espera) não são necessárias para obter um diagnóstico preciso. Você pode até sentir-se encorajado a não fazer os testes prescritos, mesmo precisando deles.

Depois da consulta, você volta para casa para fazer as malas para uma viagem de trabalho à Londres. O dia inteiro você foi rastreado pelos aplicativos em seu telefone. Se você permite que os serviços de localização estejam disponíveis para que você possa receber notícias locais, o clima local ou outras informações semelhantes, dezenas de empresas recebem seus dados de localização. Em alguns casos, estes aplicativos

---

[78] POWLES, Julia; HODSON, Hal. "Google DeepMind and healthcare in an age of algorithms". *Health and Technology*, vol. 7, n. 4, 2017, pp. 351-367.

[79] WAKABAYASHI, Daisuke. "Google and the University of Chicago are sued over data sharing". *New York Times*, 26 jun. 2019.

[80] MUNRO, Dan. "Data breaches in healthcare totaled over 112 million records in 2015". *Forbes*, 31 dez. 2015.

[81] HERN, Alex. "Hackers publish private photos from cosmetic surgery clinic". *Guardian*, 2017.

atualizam e recebem seus dados de localização mais de 14.000 vezes por dia. A publicidade baseada em localização é um negócio estimado em US$ 21 bilhões.[82]

Entre as muitas mãos que estão negociando seus dados de localização por aí estão as empresas de telecomunicação. Invejosas do sucesso comercial do Vale do Silício, essas empresas estão ansiosas para competir no mercado de comércio de dados.[83] Seu telefone celular está constantemente conectado à torre de telefonia celular mais próxima. Como resultado, seu provedor de serviços móveis sempre sabe onde você está. As redes móveis não apenas vendem dados de localização para outras empresas; jornalistas expuseram que pelo menos alguns provedores de serviços móveis também estão vendendo seus dados no mercado ilegal. O resultado é que qualquer pessoa com um telefone celular está vulnerável à vigilância por perseguidores, criminosos, policiais de baixa patente desprovidos de mandados judiciais, e outros terceiros curiosos que podem ter intenções muito questionáveis e nenhum direito de acesso a nossos dados sensíveis. Nos Estados Unidos, obter atualizações em tempo real sobre a localização de qualquer telefone celular custa cerca de US$ 12,95.[84] Enquanto esse mercado clandestino de dados de localização só foi confirmado nos Estados Unidos com relação à T-Mobile, Sprint e AT&T, ele pode muito bem estar acontecendo com outras empresas de telecomunicação e em outras partes do mundo.

Empresas de automóveis, corretores de dados, empresas de telecomunicação, lojas e gigantes tecnológicos, todos querem saber onde você está. Você pode achar reconfortante pensar que, mesmo que seja verdade que grandes quantidades de dados sobre você estão sendo coletados, muitos deles serão anonimizados. Infelizmente, muitas vezes é fácil reidentificar

---

[82] VALENTINO-DEVRIES, Jennifer; SINGER, Natasha; KELLER, Michael H.; KROLIK, Aaron. "Your apps know where you were last night, and they"re not keeping it secret". *New York Times*, 10 dez. 2018.

[83] STATT, Nick. "How AT&T's plan to become the new Facebook could be a privacy nightmare". *Verge*, 16 jul. 2018.

[84] COX, Joseph. "I gave a bounty hunter $300. then he located our phone". *Motherboard*, 8 jan. 2019.

CAPÍTULO II
COMO CHEGAMOS AQUI?

O contraste entre o cenário atual de privacidade e o da década de 1990 é evidente. No final do século XX, seu carro era um carro — não estava interessado na música que você gosta, não ouvia suas conversas, não acompanhava seu peso, não gravava suas idas e vindas. Seu carro o levou para onde você queria ir. Ele o serviu. Você não o serviu. Para alguns de nós, ao despertarmos para a vigilância na era digital, sentimos como se tivéssemos ido para a cama uma noite e encontrássemos um mundo completamente diferente na manhã seguinte — um mundo mais sombrio, pelo menos no que diz respeito à nossa privacidade e à nossa autonomia sobre os objetos que nos rodeiam. Como chegamos até aqui? Por que permitimos que a sociedade de vigilância criasse raízes? Pelo menos três elementos desempenharam um papel na erosão de nossa privacidade: a descoberta de que os dados pessoais resultantes de nossas vidas digitais poderiam ser muito lucrativos, os ataques terroristas de 11 de setembro de 2001 e a crença equivocada de que a privacidade era um valor ultrapassado.

Transformando poeira de dados em ouro em pó

Como suas experiências cotidianas acabam se tornando dados? Através da sua interação com computadores. A computação produz dados como subproduto. Usando tecnologias digitais, ou por meio de tecnologias digitais que usam você, um rastro de dados é criado a partir do que você fez, quando e onde. No início da era digital, esses dados não eram usados comercialmente — ou não eram usados de forma alguma, ou eram usados como *feedback* para melhorar o sistema para os usuários. O principal protagonista na história de transformação de poeira de dados em ouro em pó é o Google.[108]

Larry Page e Sergey Brin se conheceram na Universidade de Stanford em 1995, quando eram estudantes. Em 1996, eles desenvolveram o núcleo do Google — o algoritmo PageRank.[109] O PageRank conta o número e a qualidade de links para uma página para avaliar a confiabilidade desse website, classificando os resultados da pesquisa. O algoritmo presume que os sites mais importantes são aqueles que recebem mais links de outros sites confiáveis. Outros mecanismos de busca entregavam listagens irrelevantes, pois se concentravam apenas no texto, sem dar peso diferente a diferentes tipos de fontes. O algoritmo de Page e Brin, em contrapartida, poderia dar mais visibilidade aos jornais do que a blogs desconhecidos, por exemplo.

O PageRank foi inspirado pelas citações acadêmicas. Os acadêmicos escrevem artigos que se baseiam no trabalho de outras pessoas, que eles mesmos citam em seus próprios trabalhos. Quanto mais citações um artigo recebe, mais importante ele é considerado. Ao imitar a academia, o PageRank conseguiu estabelecer ordem a partir do ruído sem sentido da internet, e assim fazer buscas muito mais informativas e valiosas. Foi uma ideia brilhante. Não só isso, o algoritmo ficou cada vez melhor à medida que a Internet crescia. Ele ascendeu espetacularmente bem.[110]

Infelizmente para todos nós, o problema foi que Page e Brin queriam transformar a incrível ferramenta que era o Google Search

---

[108] ZUBOFF, Shoshana. *The age of surveillance capitalism*. London: Profile Books, 2019, cap. 3.
[109] GIBBS, Samuel; HERN, Alex. "Google at 20: how two "obnoxious" students changed the internet". *Guardian*, 24 set. 2018.
[110] BATTELLE, John. "The birth of Google". *Wired*, 1 ago. 2005.

CAPÍTULO II – COMO CHEGAMOS AQUI

em uma empresa que desse dinheiro. No início de 1999, eles tentaram vender o Google para o Excite, outro mecanismo de busca, mas não foram bem-sucedidos. Eles também tentaram vendê-lo para o AltaVista e o Yahoo.[111] Em 2000, dois anos após ter se transformado em uma empresa e apesar de sua crescente popularidade, o Google ainda não havia desenvolvido um modelo de negócios sustentável. Nesse sentido, era apenas mais uma startup não lucrativa da internet. Os investidores estavam ficando impacientes. Um deles brincou que a única coisa que tinha recebido de seu investimento de seis dígitos era "a camiseta mais cara do mundo".[112] Havia o risco dos financiadores se retirarem se a empresa não começasse a ganhar dinheiro rapidamente. A situação financeira do Google era desesperadora.

A maré mudou rapidamente. Em 2001, a receita do Google aumentou para 86 milhões de dólares, contra 19 milhões no ano anterior. Em 2002, esse valor saltou para 440 milhões, depois 1,5 bilhão em 2003, e 3,2 bilhões em 2004. Isso representa um aumento de 3.590% em receita em apenas quatro anos, de 2001 até o final de 2004.[113] Como eles fizeram isso? Não, eles não roubaram um banco nem encontraram petróleo debaixo dos pés — não exatamente. Eles usaram os dados pessoais de seus usuários para vender anúncios, inaugurando assim a era do "capitalismo de vigilância", como a psicóloga social Shoshana Zuboff brilhantemente o apelidou.

Antes de se tornarem os mestres mundiais dos anúncios, as pessoas no Google não olhavam com bons olhos a publicidade. Ou pelo menos era o que eles diziam. Brin e Page escreveram um artigo em 1998 no qual expressaram suas preocupações sobre a dependência dos anúncios. "Entendemos que mecanismos de buscas financiados

---

[111] GIBBS, Samuel; HERN, Alex. "Google at 20: how two "obnoxious" students changed the internet". *Guardian*, 24 set. 2018.
[112] LEVY, Steven. *In the plex:* how Google thinks, works, and shapes our lives. Nova York: Simon & Schuster, 2011, pp. 77-78.
[113] "Google's 2004 Annual Report to the United States Securities and Exchange Commission". Disponível em: https://www.sec.gov/Archives/edgar/data/1288776/000119312505065298/d10k.htm.

pela publicidade sejam inerentemente tendenciosos em relação aos anunciantes e longe das necessidades dos consumidores", escreveram eles. O artigo parecia sugerir que eles queriam manter o Google como uma ferramenta acadêmica: "Acreditamos que a questão da publicidade causa incentivos contraditórios o bastante, de modo que é crucial termos um mecanismo de busca competitivo que seja transparente e no âmbito acadêmico".[114] É uma pena que as coisas se revelaram tão diferentes. O PageRank era mais confiável do que os mecanismos de busca que o antecederam pois não dependia da publicidade para obter lucro e, portanto, não precisava enviesar seus resultados. Com base no artigo, Brin e Page pareciam candidatos improváveis a transformar a internet em um mercado publicitário.

Eric Veach foi a pessoa que projetou o sistema de anúncios que fez do Google o que ele é hoje. "Detesto anúncios", disse ele, ecoando a posição de Brin e Page.[115] Dando os devidos créditos, parecia que os *Googlers* pretendiam fazer anúncios melhores do que a média dos anúncios online naqueles dias. A teoria do AdWords, como o sistema foi chamado, parecia razoável o suficiente: os anúncios deveriam fazer o Google, os anunciantes e os usuários felizes. O Google recebe dinheiro, os anunciantes conseguem divulgar e vender seus produtos, e os usuários conseguem usar um mecanismo de busca de alta qualidade enquanto são expostos a anúncios que lhes interessam. Não soa como um negócio muito ruim.

Uma característica especial do AdWords foi que não cabia aos anunciantes comprar as melhores posições. Ao contrário, os anúncios que conseguiam fazer com que mais pessoas clicassem neles eram priorizados, o que se destinava a garantir que os anúncios fossem úteis aos usuários. No entanto, o sistema era fácil de contornar: os anunciantes podiam clicar em seus próprios anúncios para ganhar visibilidade,

---

[114] BRIN, Sergey; PAGE, Lawrence. "The anatomy of a large-scale hypertextual Web search engine". *Computer Networks and ISDN Systems*, vol. 30, 1998, pp. 107-117.

[115] LEVY, Steven. *In the plex:* how Google thinks, works, and shapes our lives. Nova York: Simon & Schuster, 2011, p. 82.

CAPÍTULO I – ABUTRES DE DADOS

Fronteiras inteligentes estão se tornando ameaças às liberdades civis; elas estão sendo implementadas sem que se avaliem seriamente seus benefícios, riscos, implicações legais e éticas.[97] Drones, sensores, reconhecimento facial, entre outras tecnologias invasivas, prometem um controle de fronteiras mais barato e mais eficaz ao custo de nossa privacidade. Dada sua falha (até agora) em financiar um muro de tijolos na fronteira com o México, a administração de Trump construiu um muro virtual feito de vigilância. Os sensores não são implantados apenas na fronteira real, mas também nas comunidades americanas próximas à fronteira.[98] Iniciativas similares estão sendo propostas e testadas em todo o mundo. Hungria, Letônia e Grécia realizaram um teste automatizado de detecção de mentiras em quatro pontos de fronteira. O sistema, chamado *iBorderCtrl*, fazia perguntas aos viajantes tais como "o que há sua mala?" e, então, tentava identificar "biomarcadores de mentiras".[99]

Você chega ao seu hotel sentindo-se exausto, zangado e humilhado pela violação de seu direito à privacidade. Você mal pode esperar por chegar em casa no dia seguinte. Você decide fazer algo para evitar ou minimizar violações futuras. Você pensa em escrever um e-mail para um advogado, para se informar melhor sobre seus direitos. Mas você tem medo de que a TSA, a NSA (Agência Nacional de Segurança), ou alguma outra agência pode ter acesso a essa mensagem, e que isso pode ser suficiente para ser sinalizado nos aeroportos. Você não quer se tornar aquela pessoa que sempre é parada nas fronteiras e interrogada por horas a fio. Você tem muito medo de pedir conselhos legais. Talvez seja o suficiente se você diminuir os dados que seu telefone e notebook coletam sobre você. É um começo, em qualquer caso.

Você pode começar tentando estabelecer quais dados podem ter sido baixados de seu telefone e notebook. Você faz o *download* dos dados

---

[97] GALDON CLAVELL, Gemma. "Protect rights at automated borders". *Nature*, vol. 543, n. 7643, 1 mar. 2017, pp. 34-36.

[98] SOLON, Olivia. "'Surveillance society': has technology at the US-Mexico border gone too far?". *Guardian*, 13 jun. 2018.

[99] HEAVEN, Douglas. "An AI lie detector will interrogate travellers at some EU borders". *New Scientist*, 31 out. 2018.

que o Google e o Facebook têm a seu respeito.[100] Horrorizado com o nível de intrusão que você descobre (o Google possui dados sobre você os quais você pensava ter apagado), você decide que deve alterar todos os seus parâmetros de privacidade para minimizar a coleta de dados. Quando você olha para suas configurações, você percebe que todas as opções padrões são definidas para minar sua privacidade.[101] E, embora algumas dessas configurações possam ser alteradas, se você não consentir com alguma coleta de dados, você não poderá usar os serviços fornecidos por gigantes tecnológicos como Facebook e Google.[102] Não há espaço para negociar os termos e condições, e estes podem ser alterados a qualquer momento sem que você seja notificado.[103] Você está sendo intimidado.[104]

Você percebe que, de muitas maneiras, você está sendo tratado como um suspeito de um crime: o nível de intrusão, o georrastreamento que faz parecer como se você usasse uma tornozeleira eletrônica, e a agressividade disso tudo. De certa forma, é pior do que ser um suspeito de um crime. Pelo menos quando a polícia o prende, eles permitem que você permaneça em silêncio e o advertem que qualquer coisa que você diga pode ser usada contra você. Como súdito da tecnologia, você não tem o direito de permanecer em silêncio — os rastreadores coletam seus dados independentemente de você não querer que o façam — e você não é lembrado de que seus dados podem e serão usados contra você. E ao menos durante um julgamento você não seria forçado a se autoincriminar. Na sociedade de vigilância, seus dados são usados contra você o tempo todo.

---

[100] CURRAN, Dylan. "Are you ready? Here is all the data Facebook and Google have on you". *Guardian*, 30 mar. 2018.
[101] NAUGHTON, John. "More choice on privacy just means more chances to do what's best for big tech". *Guardian*, 8 jul. 2018.
[102] HERN, Alex. "Privacy policies of tech giants 'still not GDPR-compliant'". *Guardian*, 5 jul. 2018.
[103] KOEPKE, Logan. "'We can change these terms at anytime': the detritus of terms of service agreements". *Medium*, 18 jan. 2015.
[104] NAUGHTON, John. "More choice on privacy just means more chances to do what's best for big tech". *Guardian*, 8 jul. 2018.

CAPÍTULO I – ABUTRES DE DADOS

Seu cônjuge interrompe seus pensamentos com um telefonema. Ele está chateado com o *Echo* esmagado. As coisas não têm sido boas entre vocês há algum tempo. Você gostaria de ter a serenidade de lhe contar calmamente o que aconteceu, mas se sente derrotado. Seu silêncio causa uma escalada na angústia que seu parceiro sente e expressa. "Desculpe", diz ele, "gostaria que estivéssemos frente a frente, mas não posso ficar um dia a mais nesta situação. Eu gostaria de me divorciar. Falaremos sobre os detalhes quando você voltar". Ele desliga na sua cara.

Atordoado, você abre o Spotify em seu notebook para se acalmar com música. O primeiro anúncio que aparece é para um advogado de divórcios. É uma coincidência? Provavelmente não. Como eles souberam? E quem são "eles"? Talvez tenha sido as buscas online sobre divórcio feitas por seu cônjuge. Ou talvez tenha sido suas brigas conjugais que foram registradas e analisadas. Ou talvez um algoritmo preditivo tenha adivinhado seu iminente divórcio com base no pouco tempo que você passou com sua família ultimamente. Talvez tenha sido o Spotify analisando seu humor com base em sua escolha musical. Até mesmo os banqueiros estão avaliando o estado de espírito do público, analisando dados do Spotify.[105] Incomoda pensar que você provavelmente nunca saberá quem sabe que você está se divorciando, como eles conseguiram essa informação, e se eles sabiam antes de você. Seja qual for o caso, não está tudo bem. Você não lhes contou, e eles não têm o direito de espionar seus relacionamentos mais íntimos.

Você se pergunta até onde as invasões de privacidade podem ir antes de decidirmos limitá-las. A tecnologia sempre ultrapassou os limites da privacidade. Primeiro a fotografia, agora a internet. Você estremece com a memória das notícias de que a Nike começou a vender os primeiros calçados inteligentes.[106] Se os pesquisadores desenvolverem "poeira inteligente" — sensores onipresentes que não precisam de

---

[105] MAHDAWI, Arwa. "Spotify can tell if you're sad. Here's why that should scare you". *Guardian*, 16 set. 2018.
[106] NG, Alfred. "With Smart sneakers, privacy risks take a great leap". *CNet*, 13 fev. 2019.

baterias e são minúsculos o suficiente para serem quase invisíveis[107] — a privacidade pode se tornar quase impossível de proteger.

Você se sente tentado a pensar que um dia ficará feliz em deixar este admirável mundo novo para trás. Você só tem pena que seu filho tenha de lidar com problemas de privacidade desde tão jovem, e que ele terá de lidar com eles por muito mais tempo do que você. Ponderando sua mortalidade, isso desperta em você que as violações de seu direito à privacidade não cessarão com a sua morte. Você continuará a viver online. Os necrófagos continuarão a se alimentar do rastro de dados que você deixar. E, talvez, esses dados ainda possam afetar seu filho e sua descendência. Pode também afetar a maneira como sua vida é percebida pelos outros — sua reputação *post-mortem*.

Você se pergunta se há algo que você possa fazer para limpar sua pegada de dados antes que seja tarde demais. E há. Antes de ceder ao desespero em razão dos rios de privacidade que perdemos a cada segundo de cada dia, continue lendo. Os próximos três capítulos não são bonitos de se ver, mas é importante que se olhem as apavorantes vísceras da economia de dados para que entendamos melhor como chegamos até aqui, e como podemos sair desta opressora confusão.

---

[107] MIMS, Christopher. "Here comes 'smart dust', the tiny computers that pull power from the air". *Wall Street Journal*, 8 nov. 2018.

e por essa razão o Google decidiu começar a leiloar anúncios. Os anunciantes pagariam por clique. Isso é, os anunciantes davam um lance com o valor que estavam dispostos a pagar por cada vez que um usuário clicasse em seu anúncio. O anunciante que ganhava o lance devia pagar um centavo a mais do que o segundo colocado. É um sistema inteligente, e foi uma mudança no jogo. Ao cobrar pelo clique, o Google permitiu que os anunciantes pagassem pelos anúncios somente quando eles funcionavam. Uma outra inovação foi que o Google baixou o preço para anúncios mais efetivos, incentivando assim anúncios melhores.

Havia muitos motivos para se gostar dos anúncios do Google, se comparados com outros. Eles eram relativamente discretos, estavam claramente marcados como "patrocinados" e não misturados com as buscas "orgânicas" de um usuário, e havia incentivos para a qualidade. Mas também havia aspectos menos palatáveis no sistema. Um deles era a criação de uma "caixa preta" para os anunciantes, que tinham de confiar nos cálculos do Google e nunca poderiam ter acesso à história completa por trás de como o Google colocava seus anúncios e por quê.[116] Uma grande desvantagem do sistema de anúncios do Google foi que ele virou o modelo de negócios da empresa de cabeça para baixo. Os usuários do Google deixaram de ser seus clientes; seus clientes agora eram os anunciantes. E nós, os usuários, nos tornamos o produto. Os incentivos e lealdades do Google haviam tomado um rumo drástico.

Até hoje, o Google é principalmente uma empresa de publicidade. Ganhou quase 135 bilhões de dólares em 2019 apenas com anúncios. A Alphabet, holding proprietária do Google, teve uma receita total de quase US$162 bilhões naquele ano. Em outras palavras, mais de 80% dos retornos da Alphabet são provenientes de anúncios

---

[116] GIBBS, Samuel; HERN, Alex. "Google at 20: how two "obnoxious" students changed the internet". *Guardian*, 24 set. 2018.

do Google.[117] E o AdWords continua sendo a iniciativa mais lucrativa de publicidade do Google.[118]

A vítima mais preocupante do sucesso publicitário do Google, como você pode imaginar, foi nossa privacidade. Nossos dados, que até então só tinham sido utilizados para melhorar o mecanismo de busca do Google, começaram a ser utilizados para personalizar os anúncios. Através de nossas buscas, o Google construiu uma imagem precisa de nossas mentes, tanto coletiva quanto individualmente.

Temos a tendência de buscar aquilo em que estamos pensando. Em 28 de fevereiro de 2001, houve um terremoto perto de Seattle, às 10h54 da manhã. O Google soube disso às 10h56, após detectar um surto de buscas relacionadas ao terremoto naquela área.[119] Ele também sabe quais programas de TV são mais populares em um dado momento. E tem acesso a informações ainda mais privadas, tais como se você está pensando em usar drogas, fazer um aborto, se você está preocupado com sua saúde, ou se não consegue pagar um empréstimo. Uma amostra ao vivo de todas essas pesquisas foi exibida no Google através de um display chamado Live Query. Um repórter do *New York Times* escreveu que olhar para o Live Query parecia "ver a consciência coletiva sendo transmitida".[120]

Todos esses dados podem ser usados para vender anúncios. Em 2003, o conceito estava desenvolvido o suficiente para que os cientistas de computação do Google registrassem uma patente intitulada

---

[117] "Alphabet Inc 2019 Annual Report to the United States Securities and Exchange Commission". Disponível em: https://abc.xyz/investor/static/pdf/20200204_alphabet_10K.pdf?cache=cdd6dbf.

[118] GRAHAM, Richard. "Google and Advertising: Digital Capitalism in the Context of Post-Fordism, the Reification of Language, and the Rise of Fake News". *Palgrave Communications*, vol. 3, n. 45, 12 dez. 2017, p. 2.

[119] LEE, Jennifer. "Postcards from planet Google". *New York Times*, 28 nov. 2002.

[120] LEE, Jennifer. "Postcards from planet Google". *New York Times*, 28 nov. 2002.

CAPÍTULO II – COMO CHEGAMOS AQUI

"*Generating User Information for Use in Targeted Advertising*"[121,122]. Patentes são uma boa maneira de saber o que as empresas estão fazendo. Essa patente não apenas descrevia como direcionar anúncios com base nos dados que os usuários abandonaram enquanto pesquisavam no Google. Ela também descreveu como inferir dados que os usuários podem não fornecer "voluntariamente". O que a patente ilustra, entre outras coisas, é que o Google passou do recebimento de dados produzidos pelos usuários interagindo com seu site, bem como da utilização destes para melhorar seu serviço, a *criação* e *caça* de dados dos usuários com o objetivo expresso de usá-los para direcionar anúncios.

À medida que usuários pesquisavam sobre o que desejavam, temiam, e assuntos que os deixava curiosos, o Google coletou oceanos de dados sobre eles. Mas uma vez que os usuários clicavam em um resultado de busca e partiam para outro site, eles estavam fora do alcance do Google. Até que o gigante tecnológico projetou o AdSense para complementar seu AdWords. O AdSense usa a internet como se fosse uma tela em branco pronta para ser rebocada com seus anúncios — ele está em quase todos os lugares ao redor da web. Ele veicula anúncios em sites que são (ou foram) independentes do Google, tais como lojas online e sites de jornais. Com o AdWords e o AdSense, o Google tinha dado o pontapé inicial na economia de vigilância.

Antes do Google, alguns dados pessoais eram comprados e vendidos aqui e ali. E alguns deles eram usados para publicidade, mas não em grande escala. Não com esse nível de especificidade e análise. Não com o propósito de personalização. Não como o principal esquema de financiamento para grande parte da internet. O Google transformou com sucesso a poeira dos dados em ouro em pó e inaugurou a economia de vigilância como um dos modelos de negócios mais lucrativos de todos os tempos. Ele misturou todos os ingredientes já existentes, e

---

121 [N.T.] "Geração de informações de usuário para uso em propagadas direcionadas", em tradução livre.
122 BHARAT, Krishna; LAWRENCE, Stephen; SAHAMI, Meham. "Generating User Information for Use in Targeted Advertising", 2003. Disponível em: https://patentscope.wipo.int/search/en/detail.jsf?docId=WO2005065229.

mais um pouco, e fez o bolo. Um nivelamento por baixo, moralmente falando, teve início, à medida que outras empresas tentavam correr atrás do prejuízo, desenvolvendo suas próprias formas de mineração de nossos dados pessoais. O Google havia transformado seus usuários em produtos, e outras empresas o seguiram.

Em um esforço para continuar sua supremacia de vigilância, em 2007 o Google comprou a DoubleClick, uma empresa de anúncios que usava um "cookie" (uma pequena porção de dados que identifica os visitantes de páginas da web) para acessar os dados pessoais dos usuários, incluindo o histórico de navegação, antes mesmo de o usuário clicar em um anúncio. A DoubleClick também utilizava anúncios de exibição (*banners* gráficos), o que violava ainda mais a postura original do Google de não criar anúncios que pudessem distrair os usuários. Graças à DoubleClick, o Google agora podia seguir os usuários em quase todos os lugares a que eles fossem online, mesmo que eles não clicassem em nenhum anúncio.[123] Desde então, o Google tem criado, produto após produto, meios de conseguir reunir ainda mais dados a partir de ainda mais fontes. Chrome, Maps, Pixel, Nest e muitos outros foram projetados como formas de coletar cada vez mais dados sobre você. Por que uma empresa ofereceria um serviço extra como o Maps, algo que é tão trabalhoso de criar e manter, sem pedir nada em troca? Ela não o faria. O Google queria extrair seus dados de localização.

A maioria de nós só descobriu as práticas duvidosas por trás daqueles que acreditávamos ser nossos heróis tecnológicos muito tarde no jogo. O Google e outras empresas começaram a lucrar com a coleta, análise e comércio de nossos dados pessoais sem pedir permissão dos governos ou obter o consentimento dos usuários. Eles simplesmente seguiram adiante com seus planos com uma atitude de "vamos ver o que acontece". Nada aconteceu. Enfeitiçados pelo romance e pelos serviços "gratuitos" oferecidos pelas empresas de tecnologia, os usuários

---

[123] LEVY, Steven. *In the plex:* how Google thinks, works, and shapes our lives. Nova York: Simon & Schuster, 2011, pp. 330-336.

CAPÍTULO II – COMO CHEGAMOS AQUI

aceitaram o que acreditávamos ser uma barganha, sem perceber do que estávamos abrindo mão.

Quando você criou uma conta de e-mail pela primeira vez, provavelmente não lhe ocorreu que você estava entregando seus dados pessoais em troca. Isso certamente não me passou pela cabeça. Não foi um negócio justo e aberto. A narrativa sobre usuários trocando conscientemente dados pessoais por serviços nos foi contada anos após o negócio já ter sido feito, uma vez que as empresas de tecnologia tinham nossos dados e sair do negócio parecia impossível.

Nunca foi tão óbvio que nossa interação com as tecnologias digitais não é totalmente voluntária quanto tem sido durante o *lockdown* do coronavírus. As pessoas foram forçadas a usar tecnologias que são extremamente desrespeitosas à privacidade, como o Zoom, para seu trabalho, para manter seus filhos na escola, e para manter contato com sua família. Uma vez que as plataformas digitais se tornaram indispensáveis para nós, um imperativo para ser um participante pleno em nossa sociedade, não havia chance alguma de optar pela não coleta de dados.

Não se engane: não é coincidência que você tenha aprendido sobre o capitalismo de vigilância muito depois que ele se tornou lugar comum. O Google ficou muito calado sobre seus esforços de coleta de dados pessoais e seu modelo de negócios.[124] O então CEO Eric Schmidt chamou essa postura de "a estratégia de ocultação".[125] O sigilo era uma forma de proteger a vantagem competitiva durante o máximo de tempo possível. Era também uma forma de manter os usuários no escuro sobre o que estava sendo feito com seus dados. Como escreveu o ex-executivo do Google, Douglas Edwards: "Larry [Page] se opõe a qualquer caminho que revelasse nossos segredos tecnológicos, que botasse lenha na fogueira da privacidade e pusesse em risco nossa capacidade de coletar dados. As pessoas não sabiam quantos dados coletávamos, mas não estávamos

---

[124] ZUBOFF, Shoshana. *The age of surveillance capitalism*. London: Profile Books, 2019, pp. 87-92.
[125] LEVY, Steven. *In the plex:* how Google thinks, works, and shapes our lives. Nova York: Simon & Schuster, 2011, p. 68.

fazendo nada de mal com eles, então por que iniciar uma conversa que apenas confundiria e preocuparia a todos?"[126] Como veremos, devemos nos preocupar com a coleta de nossos dados particulares, mesmo que ninguém esteja utilizando-os no momento para fins maléficos — os dados frequentemente são mal utilizados. Além disso, o que é mau nem sempre é aparente, especialmente quando isso se torna parte de um sistema. A economia de dados levou, anos mais tarde, à erosão da igualdade, da justiça e da democracia. É por isso que o direito à privacidade é de fato um direito, e devemos respeitá-lo mesmo quando suas consequências negativas não são imediatamente evidentes.

O Google manteve a boca fechada sobre o seu modelo de negócios porque estava tirando algo muito privado de nós sem pedir nossa permissão e usando-o para o benefício de seus anunciantes e de si mesmo.[127] E ninguém o parou porque quase ninguém sabia o que estava acontecendo. Mas as coisas poderiam ter sido diferentes. A economia de vigilância não era inevitável. Brin e Page poderiam ter se tornado professores acadêmicos e mantido o Google Search como uma iniciativa acadêmica não comercial — algo como a Wikipédia. Ou eles poderiam ter encontrado um modelo alternativo de negócios. Ou os órgãos reguladores poderiam ter limitado o que poderia ser feito com nossos dados privados. De fato, a economia de dados estava quase regulada, mas uma catástrofe aconteceu.

A catástrofe aconteceu

No final dos anos 90, os órgãos reguladores estavam ficando preocupados com os cookies. Em 1996 e 1997, workshops da Comissão Federal de Comércio (FTC) nos Estados Unidos discutiram a

---

[126] EDWARDS, Douglas. *I'm feeling lucky:* the confessions of Google employee number 59. New York: Houghton Mifflin Harcourt, 2011, p. 340.
[127] ZUBOFF, Shoshana. *The age of surveillance capitalism.* London: Profile Books, 2019, p. 89.

CAPÍTULO II – COMO CHEGAMOS AQUI

possibilidade de dar às pessoas controle sobre suas informações pessoais. A primeira abordagem da FTC foi incentivar as empresas a se autorregularem. Mas as empresas não ouviram. Em 1999, por exemplo, a DoubleClick havia se fundido com uma corretora de dados, Abacus, presumivelmente para tentar identificar seus usuários. Os defensores da privacidade solicitaram à FTC que investigasse, e a DoubleClick foi pressionada a vender a Abacus.[128]

Quando ficou claro que a autorregulação não era suficiente para proteger a privacidade dos usuários, a FTC deu mais um passo. Em 2000, ela escreveu um relatório ao Congresso propondo uma nova legislação. Sugeriu que os sites informassem os usuários sobre suas práticas relativas à informação, fazendo com que os usuários pudessem escolher como seus dados pessoais seriam utilizados, que os sites permitissem que as pessoas acessassem seus dados pessoais armazenados e que os sites fossem obrigados a proteger a segurança das informações coletadas. "A Comissão acredita que o sucesso limitado da indústria na implementação de boas práticas de informação online, bem como as contínuas preocupações dos consumidores com a privacidade na Internet, fazem com que este seja o momento apropriado para a ação legislativa", diz o relatório.[129] Se os Estados Unidos tivessem legislado para frear a coleta de dados pessoais online à época, nosso mundo poderia ser muito diferente hoje. O Google poderia nunca ter se tornado um gigante da publicidade, e as práticas de vigilância que se tornaram comuns poderiam nunca ter se desenvolvido.

Lamentavelmente, a história se desdobrou de uma maneira muito diferente. Pouco mais de um ano após a divulgação do relatório da FTC, em setembro de 2001, quatro aviões de passageiros a caminho dos Estados Unidos foram sequestrados por terroristas. Dois atingiram

---

[128] MATSAKIS, Louise. "The WIRED Guide to Your Personal Data (and Who Is Using It)". *WIRED*, 15 fev. 2019.

[129] FEDERAL TRADE COMMISSION. "Privacy Online: Fair Information Practices in the Electronic Marketplace: A Federal Trade Commission Report to Congress", 2000. Disponível em: https://www.ftc.gov/reports/privacy-online-fair-information-practices-electronic-marketplace-federal-trade-commission.

as Torres Gêmeas em Nova York, um caiu no Pentágono e o quarto, supostamente em direção à Casa Branca, caiu na Pensilvânia depois que seus passageiros lutaram contra os sequestradores. O ataque não só ceifou a vida de quase 3.000 pessoas, como desencadeou numa guerra que justificou a aprovação de leis extraordinárias e infligiu um trauma nacional e internacional cujos efeitos perduram até os dias de hoje. Tragicamente, os ataques terroristas foram extremamente bem-sucedidos em ferir a democracia liberal. E parte dos danos foi infligida pelos políticos eleitos.

Após o 11 de Setembro, a ordem dada pelo Presidente George W. Bush e que ecoou na sociedade estadunidense durante anos foi "nunca mais". Havia um sentimento de vergonha por não ter impedido os ataques e uma determinação de fazer o que fosse necessário para garantir que nunca mais houvesse outro 11 de Setembro. Da noite para o dia, o foco da ação governamental nos Estados Unidos se tornou a segurança. A regulação da privacidade foi arquivada.[130] Não era apenas uma questão de o governo estar muito ocupado com a segurança para lidar com a privacidade. Os agentes de inteligência viram uma oportunidade de expandir seus poderes de vigilância, obtendo uma cópia de todos os dados pessoais que as corporações estavam coletando.[131] Uma vez que o governo se interessou por nossos dados pessoais, não havia nenhum incentivo para que eles regulassem a privacidade. Muito pelo contrário: quanto mais dados as empresas coletavam, mais poderosa a vigilância governamental poderia ser e mais ataques terroristas poderiam ser evitados — em teoria.

O Congresso dos Estados Unidos aprovou o *Patriot Act*, que instituiu um Programa de Triagem Terrorista, criando uma série de outras medidas que aumentaram a vigilância sem garantias judiciais. Muitas das iniciativas adotadas eram secretas. Leis secretas, tribunais

---

[130] ZUBOFF, Shoshana. *The age of surveillance capitalism*. London: Profile Books, 2019, pp. 112-121.
[131] SCHNEIER, Bruce. *Click here to kill everybody*: security and survival in a hyper--connected world. Nova York: W.W. Norton & Company, 2018. p. 65.

CAPÍTULO II – COMO CHEGAMOS AQUI

secretos, políticas secretas. Mesmo uma década após o 11 de Setembro, não era possível, como cidadão comum, saber qual era o estado da vigilância e das liberdades civis nos Estados Unidos porque as regras que governam a sociedade não eram reveladas.[132] De fato, a maior parte do que sabemos agora sobre a vigilância em massa nos Estados Unidos, nós aprendemos através das revelações de Edward Snowden, um funcionário da Agência Nacional de Segurança (NSA) que se tornou um *whistleblower*[133], em 2013.[134]

A extensão dos poderes de vigilância do governo nos Estados Unidos após o 11 de Setembro é espantosa. Os detalhes exigiriam um livro inteiro[135], mas aqui está uma amostra. A NSA coletou dados da Microsoft, Yahoo, Google, Facebook, YouTube, Skype e Apple, entre outras empresas, através de um programa chamado PRISM. Isso incluiu e-mails, fotos, bate-papos em vídeo e áudio, histórico de navegação e todos os dados armazenados em suas nuvens. Como se isso não fosse suficiente, a NSA também realizou a coleta de dados *upstream* — ou seja, a coleta de dados diretamente da infraestrutura do setor privado de internet, por meio de roteadores de Wi-Fi a cabos de fibra ótica.[136]

A NSA, então, utilizou XKEYSCORE para organizar todos os dados que havia coletado. O XKEYSCORE era um tipo de mecanismo de busca que permitia aos analistas digitar o endereço, número de telefone ou endereço IP de qualquer pessoa e depois acessar a atividade online recente dessa pessoa. As comunicações de todo mundo estavam

---

[132] KURRA, Babu. "How 9/11 completely changed surveillance in U.S.". *Wired*, 11 set. 2011.

[133] N. T.: Devido à polissemia do termo *"whistleblower"*, que pode significar "denunciante", "delator", "informante" *etc.*, optamos por manter a grafia em inglês.

[134] SNOWDEN, Edward. *Permanent record*. London: Macmillan, 2019.

[135] Para saber mais sobre a vigilância estatal nos Estados Unidos e as revelações de Edward Snowden, eu recomendo a leitura do relato detalhado de Barton Gellman em *"Dark mirror"*, além da autobiografia de Snowden. GELLMAN, Barton. *Dark mirror*. London: Bodley Head, 2020.

[136] SNOWDEN, Edward. *Permanent record*. London: Macmillan, 2019, pp. 223-224.

lá. Os analistas também podiam observar as pessoas ao vivo enquanto estavam online e digitando, letra por letra.[137]

A maior parte do tráfego mundial da internet passa por infraestruturas ou tecnologias que estão sob o controle dos Estados Unidos.[138] Isso significa que a NSA pode inspecionar quase todos os usuários da internet em todo o mundo. Se, por acaso, você despertar o interesse da NSA, então, a vigilância pode ser ainda mais intrusiva, pois eles têm programas que podem acessar cada canto da vida digital de um indivíduo e adulterá-la.[139] Se for servir aos propósitos, a NSA pode, então, compartilhar alguns dos dados que coletou com outras agências de inteligência em países aliados. A NSA quer coletar todos os dados e manter um registro permanente de tudo.[140] A comunidade da inteligência americana gosta de chamar tal invasão de privacidade de "coleta massiva de dados" para evitar seu nome mais direto: *vigilância em massa*.

O aspecto mais lamentável da nossa perda de privacidade é que ela não ajudou nem mesmo a prevenir o terrorismo. A ideia de que se tivermos mais dados sobre as pessoas, seremos capazes de impedir que coisas ruins como o terrorismo aconteçam é uma ideia intuitiva. O apelo é compreensível. Mas isso está errado. Cada evidência que temos sugere que a vigilância em massa nos Estados Unidos tem sido totalmente inútil na prevenção do terrorismo. O Grupo de Revisão do Presidente sobre Inteligência e Tecnologias de Comunicação, por exemplo, não conseguiu encontrar um único caso em que a coleta em massa de registros de chamadas telefônicas tivesse impedido um ataque.[141]

Em 2004, o FBI analisou a inteligência coletada do STELLARWIND, um programa de vigilância composto por atividades de coleta de e-mails e telefones em massa sem mandado, para ver quantos tinham

---

[137] SNOWDEN, Edward. *Permanent record*. London: Macmillan, 2019, pp. 278-279.
[138] SNOWDEN, Edward. *Permanent record*. London: Macmillan, 2019, p. 163.
[139] SNOWDEN, Edward. *Permanent record*. London: Macmillan, 2019, p. 225.
[140] SNOWDEN, Edward. *Permanent record*. London: Macmillan, 2019, pp. 167-168.
[141] ISIKOFF, Michael. "NSA program stopped no terror attacks, says White House panel member". *NBC News*, 20 dez. 2013.

feito uma "contribuição significativa" para identificar terroristas, deportar suspeitos ou desenvolver um relacionamento com um informante sobre terroristas. Apenas 1,2% das pistas entre 2001 e 2004 foram úteis. Quando o FBI examinou os dados de 2004 a 2006, descobriu que nenhuma pista tinha dado uma contribuição significativa.[142] As pistas enviadas pela NSA ao FBI eram muitas, e uma grande perda de tempo.[143] Quando a NSA reclamou ao FBI que eles não estavam vendo os resultados das informações que estavam passando, um funcionário do FBI respondeu com o feedback que recebeu dos seus diretores: "Vocês estão nos enviando lixo".[144]

O terrorismo é um evento raro; é uma agulha em um palheiro. Atirar mais feno no palheiro não facilita encontrar a agulha — torna mais difícil. Ao coletar muito mais dados irrelevantes do que os relevantes, a vigilância em massa acrescenta mais ruído do que clareza.[145] Mesmo se a vigilância em massa pudesse evitar ataques, todavia, temos de ter em mente que a vigilância não é isenta de danos e riscos. O risco de um ataque terrorista tem de ser ponderado contra o risco de uma má utilização massiva de dados, além da erosão das liberdades civis. Perdas de privacidade também matam, como veremos.

Em duas décadas de existência, a vigilância em massa não parece ter impedido o terrorismo, mas tem sido muito eficaz em retirar o direito à privacidade de todos os usuários da internet. A vigilância também tem sido utilizada para fins de espionagem econômica e internacional; seus alvos incluem países aliados e organizações humanitárias.[146] A principal

---

[142] SAVAGE, Charlie. "Declassified report shows doubts about value of NSA's warrantless spying". *New York Times*, 24 abr. 2015.

[143] SAVAGE, Charlie. *Power wars:* inside Obama's post-9/11 presidency. Nova York: Little, Brown and Company, 2015, pp. 162-223.

[144] OFFICES OF INSPECTORS GENERAL. "Report on the President's Surveillance Program", vol. I. 10 jul 2009, p. 637.

[145] Para saber mais sobre por que a vigilância em massa não é a abordagem correta para prevenir o terrorismo, veja SCHNEIER, Bruce. *Data and Goliath*. London: W.W. Norton & Company, 2015, pp. 135-139.

[146] GLANZ, James; LEHREN, Andrew W. "NSA spied on allies, aid groups and businesses". *New York Times*, 21 dez. 2013.

contribuição da vigilância em massa digital foi dar mais poder aos poderosos — empresas de tecnologia que logo se tornaram grandes empresas de tecnologia, e governos — e desempoderar os cidadãos comuns.

Há algumas lições a serem tiradas desse deprimente episódio histórico. Uma delas é que a sociedade de vigilância nasceu da colaboração entre instituições privadas e públicas. O governo permitiu que a coleta corporativa de dados prosperasse para que ele pudesse fazer uma cópia dos dados. A economia de dados foi autorizada a correr livremente porque provou ser uma fonte de poder para os governos. Em troca, as corporações auxiliaram a vigilância governamental. A AT&T, por exemplo, instalou equipamentos de vigilância a pedido da NSA em pelo menos dezessete de seus *hubs* de internet nos Estados Unidos. Além disso, forneceu ajuda técnica para grampear todas as comunicações pela internet, na sede das Nações Unidas, um cliente da AT&T.[147]

Talvez o melhor exemplo de como o capitalismo de vigilância é um empreendimento privado e público seja a Palantir. Tendo recebido o nome das oniscientes bolas de cristal da obra "O Senhor dos Anéis", de J. R. R. Tolkien, Palantir é uma grande empresa de análise de dados. Ela foi fundada por Peter Thiel[148,149], em 2004, financiada pela CIA, e projetada em colaboração com agências de inteligência. Ela é especializada em encontrar *insights* em amontoados de dados.

Um dos problemas com XKEYSCORE, a ferramenta da NSA que funcionava como um mecanismo de busca, era a sobrecarga de dados. A pesquisa, por exemplo, de cada endereço IP que fez uma

---

[147] Nem todas as empresas ficaram felizes por ter de colaborar com a vigilância em massa, mas todas tiveram de fazê-lo. Cf.: ANGWIN, Julia; LARSON, JEFF; SAVAGE, Charlie; RISEN, James; MOLTKE, Henrik; POITRAS, Laura. "NSA spying relies on AT&T's 'extreme willingness to help'". *ProPublica*, 15 ago. 2015.

[148] Peter Thiel é um empresário bilionário e um capitalista de risco com visões notoriamente intolerantes. Ele escreveu que não "pensa que liberdade e democracia são compatíveis". Visto que ele considera a liberdade "uma condição prévia para o bem mais elevado", a implicação parece ser que ele não apoia mais a democracia.

[149] PURDY, Jedediah. "The anti-democratic worldview of Steve Bannon and Peter Thiel". *Politico*, 29 mar. 2020.

CAPÍTULO II – COMO CHEGAMOS AQUI

chamada pelo Skype em um determinado momento poderia retornar muitos resultados. Imagine pesquisar algo na sua conta de e-mail, mas os resultados apresentados vêm de todas as contas de e-mail do mundo. A Palantir ajudou a NSA a tornar o XKEYSCORE mais inteligível.[150]

Essa cooperação pública e privada permanece em vigor. A maioria dos países não tem experiência para desenvolver ferramentas de vigilância e hackeamento, então, eles as compram de fabricantes de armas cibernéticas.[151] Países em todo o mundo utilizam os gigantes da tecnologia para fins de vigilância. Palantir, Amazon e Microsoft, por exemplo, forneceram ferramentas que ajudaram a administração Trump na vigilância, detenção e deportação de imigrantes[152] — políticas que foram excepcionalmente controversas devido à separação em massa de crianças de seus pais.[153] Shoppings nos Estados Unidos são conhecidos por capturarem placas de carros e adicionarem essas imagens às bases de dados utilizadas pelas agências de polícia. As grandes empresas às vezes também orientam a polícia sobre como acessar e utilizar os dados de seus clientes. Em agosto de 2019, representantes da AT&T, Verizon, Sprint, T-Mobile e Google foram anunciados como palestrantes em um seminário intitulado "*Wireless Carrier and Internet Provider Capabilities for Law Enforcement Investigators*",[154] que incluiu tópicos como "interpretação e utilização de dados celulares".[155] Os registros de tribunais dos Estados Unidos mostram que investigadores podem pedir ao Google que revele todas as pessoas que procuraram uma determinada palavra-chave (ao

---

[150] BIDDLE, Sam. "How Peter Thiel's Palantir helped the NSA spy on the whole world". *Intercept*, 22 fev. 2017.
[151] SCHNEIER, Bruce. *Click here to kill everybody:* security and survival in a hyper--connected world. Nova York: W.W. Norton & Company, 2018, p. 65.
[152] LEVIN, Sam. "Tech firms make millions from Trump's anti-immigrant agenda, report finds". *Guardian*, 23 out. 2018.
[153] HOLPUCH, Amanda. "Trump's separation of families constitutes torture, doctors find". *Guardian*, 25 fev. 2020.
[154] N. T.: "Recursos de operadoras sem fio e provedores de Internet para investigadores policiais", em *tradução livre*.
[155] WILSON, Jason. "Private firms provide software and information to police, documents show". *Guardian*, 15 out. 2020.

invés de pedir informações sobre um suspeito identificado).[156] Provavelmente não é coincidência que uma das novas sedes da Amazon esteja tão perto do Pentágono. Dados seus laços estreitos, não faz muito sentido distinguir entre vigilância governamental e empresarial. Temos de lutar contra ambos.

Se nos protegermos apenas dos governos, as empresas nos vigiarão e transmitirão essas informações aos governos. Em 2018, John Roberts, presidente da Suprema Corte dos Estados Unidos, foi autor de uma decisão majoritária contra a obtenção de dados de localização a partir de torres de telefonia móvel pelo governo sem uma ordem judicial. Ele argumentou que, "quando o governo rastreia a localização de um telefone celular, ele consegue uma vigilância quase perfeita, como se tivesse anexado uma tornozeleira eletrônica ao usuário do telefone". A sentença recuperou alguma parte da privacidade dos americanos, quase duas décadas após o 11 de Setembro. Mas, no contexto da economia de vigilância, isso não fez diferença, pois há muitas maneiras de se obter dados. Em vez de pedir dados às empresas de telefonia móvel, a administração Trump comprou o acesso de um banco de dados comercial que mapeia os movimentos de milhões de telefones celulares nos Estados Unidos. Uma vez que tais dados são colocados à venda por corretores de dados, o governo não precisa de um mandado para obtê-los. Em outras palavras, ao terceirizar a vigilância para empresas privadas, o governo encontrou uma maneira de contornar as decisões da Suprema Corte.[157]

Contudo, se nos protegermos apenas da vigilância corporativa, os governos coletarão dados e os enviarão para as empresas. O fluxo de informações opera nos dois sentidos. Dados sobre milhões de pacientes do Serviço Nacional de Saúde no Reino Unido foram vendidos a empresas farmacêuticas, por exemplo.[158] Grandes empresas de tecnologia

---

[156] NG, Alfred. "Google is giving data to police based on search keywords, court docs show". *Guardian*, 15 out. 2020.

[157] THE EDITORIAL BOARD. "The government uses 'near perfect surveillance' data on Americans". *New York Times*, 7 fev. 2020.

[158] HELM, Toby. "Patient data from GP surgeries sold to US companies". *Observer*, 7 dez. 2019.

CAPÍTULO II – COMO CHEGAMOS AQUI

foram rápidas ao negociar com governos de todo o mundo meios para enfrentar a pandemia do coronavírus através do uso de aplicativos para *smartphones*. A pandemia nos leva a uma segunda lição a ser aprendida com a vigilância após o 11 de Setembro: crises são perigosas para as liberdades civis.

Durante as crises, as decisões são tomadas sem considerar cuidadosamente os prós, os contras, as evidências e as alternativas. Sempre que houver a menor resistência à propositura de uma medida extrema, um apelo para "salvar vidas" silencia os dissidentes. Ninguém quer atrapalhar a salvar vidas, mesmo quando não há um fragmento de evidência de que nossas iniciativas irão, de fato, prevenir mortes. As agências governamentais e empresas se engajam na tomada do poder. As liberdades civis são sacrificadas injustificadamente sem as devidas garantias de que serão recuperadas após a crise. As medidas extraordinárias tomadas em meio ao pânico tendem a permanecer em vigor muito tempo após o fim da emergência.

"Nunca mais" foi uma resposta irrealista aos ataques terroristas do 11 de Setembro. Foi uma frase simplista e absurda que distorceu as discussões políticas por mais de uma década.[159] A invulnerabilidade é inalcançável. Devemos desconfiar de qualquer política que prometa zero risco. O único lugar no qual você encontrará zero risco é debaixo do solo, depois que você tiver parado de respirar. Viver é arriscar e viver bem é administrar o risco sem comprometer aquilo que constitui uma vida boa. Coisas terríveis como ataques terroristas e epidemias acontecem no mundo — e elas continuarão a acontecer. Pensar que podemos evitá-los se abrirmos mão de nossa liberdade e privacidade é acreditar em contos de fadas. Tal desejo só nos levará a acrescentar o autoritarismo à lista de catástrofes que teremos de suportar. Ironicamente, o autoritarismo é um desastre que podemos evitar. Mas temos de defender nossas liberdades civis para poder fazê-lo. Isso significa manter seus dados pessoais seguros. Ser muito avesso ao risco pode, paradoxalmente, nos levar a maiores perigos.

---

[159] KAYYEM, Juliette. "Never say 'never again'". *Foreign Policy*, 11 set. 2012.

Mas é difícil lembrar o valor da privacidade em meio a uma emergência. Quando temos medo por nossas vidas, a última coisa em nossas mentes são nossos dados pessoais. Os perigos do terrorismo e da epidemia são tangíveis de uma forma que as ameaças à privacidade não são. Um ataque terrorista deixa instantaneamente cadáveres pelos quais lamentaremos, e que também servem como um aviso aos que ficaram em pé. Uma epidemia é menos imediata em seus efeitos — o coronavírus de 2020 parecia demorar de uma a duas semanas para levar alguém ao hospital — mas também deixa um rastro de morte que pode, compreensivelmente, causar terror no coração da população. No entanto, as perdas de privacidade também podem ser letais, tanto no sentido literal quanto no sentido metafórico de ceifar formas de vida que valorizamos; o que acontece é que as baixas normalmente levam muito mais tempo para se materializarem.

A coleta de dados não corta nossa carne nem nos faz sangrar, não infecta nossos pulmões, tornando difícil a respiração. Mas a coleta de dados está envenenando nossas vidas, instituições e sociedades. Leva apenas tempo para que as consequências se desdobrem. Dados pessoais são tóxicos, mas é um veneno de ação lenta.

É mais provável que protejamos adequadamente nossos dados pessoais, mesmo durante uma crise, se tivermos sempre em mente por que a privacidade é importante.

Esquecendo o que importa e por que importa

Em 2010, o fundador do Facebook, Mark Zuckerberg, sugeriu que a privacidade não era mais "uma norma social" e que tínhamos "evoluído" para além dela. "As pessoas realmente passaram a sentir mais confortáveis não apenas em compartilhar mais informações e tipos diferentes de informações, mas de modo mais aberto e com mais pessoas", disse ele.[160] Suas declarações não parecem verdadei-

---

[160] JOHNSON, Bobbie. "Privacy no longer a social norm, says facebook founder". *Guardian*, 11 jan. 2010.

CAPÍTULO II – COMO CHEGAMOS AQUI

ras ou sinceras, uma vez que ele comprou as quatro casas vizinhas às suas para ter mais privacidade.[161] E nunca esqueçamos que todo o fluxo de renda do Facebook depende da exploração de nossos dados pessoais. Um mês antes de Zuckerberg declarar a privacidade como morta, o Facebook mudou, de modo controverso, as configurações padrão da plataforma para obrigar os usuários a compartilhar mais informações publicamente.[162] É do interesse dos gigantes tecnológicos que acreditemos que a privacidade está ultrapassada, que é um anacronismo. Mas não é.

Um anacronismo é algo que pertence a um período diferente, tipicamente algo que se tornou obsoleto. Muitas vezes herdamos objetos, normas sociais e leis que foram feitas para um contexto muito diferente e que se tornaram disfuncionais no tempo presente. Alguns anacronismos são simplesmente engraçados. *Christ Church*, minha faculdade anterior na Universidade de Oxford, costumava permitir que apenas o porteiro mantivesse um cão na faculdade. Para contornar esta regra ultrapassada, ainda nos anos 90 o cão do reitor foi oficialmente considerado um gato.[163] Outro exemplo: Os membros do Parlamento no Reino Unido não estão autorizados a utilizar uma armadura no Parlamento.[164] Mas nem todos os anacronismos são engraçados — alguns são positivamente perniciosos.

Países possuem milhares de leis e regulamentos. É difícil de acompanhar todas elas, e as leis que não devem mais ser aplicadas nem sempre são revogadas. As leis anacrônicas são perigosas porque podem

---

[161] SHONTELL, Alyson. "Mark Zuckerberg just spent more than $30 million buying 4 neighboring houses for privacy". *Business Insider*, 11 out. 2013.

[162] JOHNSON, Bobbie. "Facebook privacy change angers campaigners". *Guardian*, 10 dez. 2009.

[163] Meus agradecimentos a Judith Curthoys por este exemplo. Como Ellen Judson me apontou, um mestre da Universidade de Cambridge também manteve um cão proibido como um "gato muito grande" ("Cambridge University Selwyn master keeps 'banned' dog as 'very large cat'". *BBC News*, 2014. Disponível em: https://www.bbc.com/news/uk-england-cambridgeshire-28966001.

[164] COCKBURN, Harry. "The UK's strangest laws that are still enforced". *Independent*, 8 set. 2016.

ser usadas de maneiras questionáveis. Por exemplo, uma obscura lei de Nova York de 1845 contra o uso de máscaras foi usada em 2011 para prender manifestantes do *Occupy Wall Street*, diferentemente de outras pessoas que usam máscaras (pense no Halloween e em epidemias) que não são nem serão detidas.

Temos muito boas razões para acabar com as leis e normas anacrônicas, pois elas podem levar à injustiça e ao atraso do progresso. É por isso que Zuckerberg insinuar que a privacidade se tornou obsoleta é uma menção tão significativa. Desde então, querendo tranquilizar os usuários e para se manter a par dos concorrentes que levam a privacidade mais a sério, Zuckerberg mudou seu tom e em 2019 alegou que "o futuro é privado".[165] Apenas um mês depois, entretanto, o advogado do Facebook argumentou em tribunal que os usuários não tinham "nenhum interesse em privacidade", pois, pelo simples ato de utilizar a plataforma, eles haviam "negado qualquer expectativa razoável de privacidade".[166] Se Zuckerberg estiver certo que o futuro é privado, e o advogado do Facebook estiver certo de que os usuários não podem esperar privacidade na plataforma, então, a conclusão lógica parece ser que no futuro haverá privacidade e o Facebook não existirá.

Mesmo que Zuckerberg tenha voltado atrás em suas palavras, a privacidade ainda é rotineiramente vista como um entrave ao progresso. Desde 2001, a privacidade tem sido acusada repetidas vezes de ser um obstáculo aos esforços das autoridades de manter os cidadãos seguros. A privacidade também passa dificuldade em contextos médicos. Médicos e especialistas em tecnologia famintos por dados pessoais argumentam que a privacidade é uma barreira para o avanço da medicina personalizada e da grande análise de dados.

Durante a pandemia do coronavírus, houve muita discussão sobre como o afrouxamento dos padrões de privacidade poderia ajudar

---

[165] STATT, Nick. "Facebook CEO Mark Zuckerberg says the 'future is private'". *Verge*, 30 abr. 2019.
[166] BIDDLE, Sam. "In Court, Facebook blames users for destroying their own right to privacy". *Intercept*, 14 jun. 2014.

a enfrentar a situação pandêmica. Países em todo o mundo utilizaram uma variedade de aplicativos de rastreamento de contatos para tentar identificar pessoas que poderiam estar infectadas. Especialistas investigaram até que ponto as leis em seus países permitiam exceções à proteção de dados no contexto de uma pandemia. Um relatório do *Tony Blair Institute for Global Change* argumentou que o dramático aumento na vigilância tecnológica foi "um preço que vale a pena pagar" na luta contra o coronavírus, mesmo que "não haja garantias de que qualquer uma destas novas abordagens seja completamente eficaz".[167]

Tão perigoso quanto manter normas obsoletas é confundir normas cruciais com normas obsoletas. A privacidade tem uma longa história. Podemos encontrar evidências de algum tipo de norma de privacidade em quase toda sociedade que já foi estudada.[168] Para aqueles que dizem que a privacidade está morta, peça a eles que lhe deem as senhas das suas contas de e-mail. Ou, melhor ainda, da próxima vez que estiverem em uma cabine em um banheiro público, cumprimente-os da cabine vizinha dando uma olhada por cima divisória. Você não ficará desapontado — as normas de privacidade seguem firmes e fortes.

O relativo sucesso da privacidade em conseguir manter-se viva ao longo do tempo e através de muitas culturas pode constituir seu próprio risco, ao fazer que a tomemos sempre por garantida. Os benefícios da privacidade têm sido suficientemente estáveis por tempo suficiente, de modo que acabamos por esquecer o quanto ela é importante e por quê. Um fenômeno semelhante é comum no contexto da saúde pública. Quando conseguimos prevenir ou conter rapidamente uma epidemia, por exemplo, é provável que subestimemos a importância das medidas tomadas quando enfrentarmos a próxima ameaça de uma epidemia, pois não conseguimos experimentar os efeitos ruins do que poderia ter acontecido sem nossa intervenção. Da mesma forma, podemos

---

[167] BAMFORD, Roxanne; MACON-COONEY, Benedict; DACE, Hermione; YIU, Chris. "A price worth paying: tech, privacy and the fight against covid-19". *Tony Blair Institute for Global Change*, 2020.

[168] MOORE, Barrington. *Privacy:* studies in social and cultural history. Armonk: M. E. Sharpe, 1984.

esquecer o valor da privacidade se não tivermos sentido recentemente as consequências de sua perda. Não é uma coincidência que a Alemanha esteja mais atenta à privacidade do que a maioria dos outros países. A memória da Stasi, o serviço de segurança da República Democrática da Alemanha, ainda está fresca.

No mundo offline, há certos sinais frequentes, geralmente bastante palpáveis, que nos alertam quando as normas de privacidade foram quebradas. Há poucas sensações tão incômodas no nível social como ser observado por alguém quando não se quer ser vigiado. Quando alguém rouba sua agenda, fica a marca de uma ausência perceptível. Você pode flagrar alguém espionando você através de sua janela. A era digital foi capaz de nos fazer esquecer nossas normas de privacidade, em grande parte porque foi capaz de separá-las destas pistas tangíveis. O roubo de dados digitais não cria nenhuma sensação, não deixa um rastro visível, não há nenhuma ausência a ser percebida. A perda de privacidade online só dói quando temos de suportar as consequências — quando nos é negado um empréstimo, ou um emprego, ou seguro, quando somos humilhados ou assediados, quando somos vítimas de extorsão, quando o dinheiro desaparece de nossa conta bancária, ou quando nossas democracias são prejudicadas.

Os próximos dois capítulos são um lembrete de duas importantes lições de privacidade que nossos pais e avós provavelmente entenderam melhor do que nós: que a batalha pela sua privacidade é uma luta pelo poder, e que os dados pessoais são tóxicos.

CAPÍTULO III
O PODER DA PRIVACIDADE

Imagine ter uma chave mestra para a sua vida: uma chave ou senha que lhe dá acesso à porta da frente de sua casa, seu quarto, sua agenda, seu computador, seu telefone, seu carro, seu cofre e seus registros de saúde. Você andaria por aí fazendo cópias dessa chave e entregando-as a estranhos? Provavelmente, não. Então, por que você está disposto a entregar seus dados pessoais a praticamente qualquer pessoa que os solicite?

A privacidade é como a chave que desbloqueia os aspectos mais íntimos e pessoais de você mesmo, cuja maioria faz de você, *você*. Seu corpo nu. Sua história sexual e suas fantasias. Suas doenças passadas, presentes e, possivelmente, futuras. Seus medos, suas perdas, seus fracassos. As piores coisas que você já fez, disse e pensou. Suas adequações, seus erros, seus traumas. O momento em que você mais se envergonhou. A relação familiar que você deseja não ter. Sua noite de maior bebedeira.

Quando você dá essa chave, sua privacidade, a alguém que o ama, isso lhe permitirá desfrutar da proximidade, e esse alguém a usará em seu benefício. Parte do que significa estar próximo de alguém é compartilhar o que o torna vulnerável, dando-lhe o poder de lhe machucar, confiando que essa pessoa nunca tirará proveito da posição privilegiada que lhe é concedida pela intimidade. As pessoas que o amam podem usar sua data de nascimento para organizar uma festa de aniversário surpresa para você; elas anotarão seus gostos para encontrar o presente perfeito; elas levarão em conta seus medos mais sombrios para te manter a salvo das coisas que te assustam.

No entanto, nem todos usarão o acesso à sua privacidade para o seu interesse. Os trapaceiros podem usar sua data de nascimento para personificá-lo enquanto cometem um crime; as empresas podem usar seus gostos para atraí-lo para um mau negócio; seus inimigos podem usar seus medos mais sombrios para ameaçá-lo e chantageá-lo. As pessoas que não têm seus melhores interesses em mente explorarão seus dados para promover os seus próprios interesses. E a maioria das pessoas e empresas com as quais você interage não tem seus melhores interesses como prioridade. A privacidade é importante porque a falta dela dá aos outros o poder sobre você.

Você pode pensar que não tem nada a esconder, nada a temer. Você está errado — a menos que você seja um exibicionista com desejos masoquistas de sofrer roubo de identidade, discriminação, desemprego, humilhação pública e totalitarismo, entre outros infortúnios. Você tem muito a esconder, muito a temer, e o fato de não andar por aí publicando suas senhas ou dando cópias de suas chaves a estranhos atesta isso.

Você pode pensar que sua privacidade está segura porque você não é ninguém — nada de especial, interessante ou importante para se ver aqui. Não se subestime. Se você não fosse tão importante assim, empresas e governos não se dariam tanto trabalho para espioná-lo.

Você tem o poder de dar sua atenção, sua presença de espírito. As pessoas estão brigando por isso.[169] Todos na indústria da tecnologia querem que você preste atenção nos aplicativos, nas plataformas, nos anúncios. Eles querem saber mais sobre você para que eles possam saber como melhor distraí-lo, mesmo que isso signifique atraí-lo para

---

[169] WU, Tim. *The attention merchants.* London: Atlantic Books, 2017; WILLIAMS, James. *Stand out of our light:* freedom and resistance in the attention economy. Cambridge, Ma: Cambridge University Press, 2018.

longe do tempo de qualidade com seus entes queridos ou necessidades humanas básicas, como o sono.[170] Você tem dinheiro, mesmo que não seja muito. As empresas querem que você gaste sua renda com eles. Hackers estão ansiosos para obter suas informações ou imagens sensíveis e extorqui-lo.[171] As seguradoras também querem seu dinheiro, desde que você não represente um risco muito alto, e elas precisam de seus dados para avaliar isso.[172] Talvez você esteja no mercado de trabalho. As empresas querem saber tudo sobre quem estão contratando, inclusive se você pode ser alguém que vai querer lutar por seus direitos.[173]

Você tem um corpo. As instituições públicas e privadas querem saber mais sobre ele, talvez, fazer experiências com ele, e aprender mais sobre outros corpos como o seu. Você tem uma identidade. Os criminosos querem usá-la para cometer crimes em seu nome e deixar para que você pague a conta.[174] Você tem conexões pessoais. Você é um nó em uma rede. Você é o descendente de alguém, o vizinho de alguém, o professor, o advogado ou o barbeiro de alguém. Através de você, eles podem alcançar outras pessoas. É por isso que os aplicativos lhe pedem acesso a seus contatos. Você tem uma voz. Todos os tipos de agentes querem usá-lo como porta-voz nas mídias sociais e além delas. Você tem um voto. As forças estrangeiras e nacionais querem que você vote no candidato que defenderá os interesses delas. Como você pode ver, você é uma pessoa muito importante. *Você é uma fonte de poder.*

---

[170] HERN, Alex. "Netflix's biggest competitor? Sleep". *Guardian*, 18 abr. 2017.

[171] Embora neste livro eu esteja seguindo o uso comum de chamar as pessoas que invadem os sistemas de segurança de "hackers", o termo mais preciso é "*crackers*". Crackers são hackers maliciosos. Cf.: STALLMAN, Richard. "On Hacking". Disponível em: https://stallman.org/articles/on-hacking.html.

[172] RALPH, Oliver. "Insurance and the big data technology revolution". *Financial Times*, 24 fev. 2017.

[173] SMITH, Dave; CHAMBERLAIN, Phil. "On the blacklist: how did the UK's top building firms get secret information on their workers". *Guardian*, 27 fev. 2015.

[174] JONES, Rupert. "Identity fraud reaching epidemic levels, new figures show". *Guardian*, 23 ago. 2017.

Atualmente, a maioria das pessoas já está ciente de que os dados delas valem dinheiro. Mas os seus dados não são valiosos apenas porque podem ser vendidos. O Facebook tecnicamente não vende seus dados, por exemplo.[175] Nem o Google.[176] Eles vendem o poder de influenciar você. Eles guardam seus dados para que possam vender o poder de mostrar anúncios a você, e o poder de prever o seu comportamento. O Google e o Facebook estão apenas tecnicamente no negócio de dados; eles estão principalmente no negócio de poder. Ainda mais do que ganhos monetários, os dados pessoais dão poder àqueles que os coletam e analisam, e isso é o que os torna tão cobiçados.

Poder

A única coisa mais valiosa do que o dinheiro é o poder. O poder pode lhe dar tudo e mais alguma coisa. Se você tem poder, você pode ter não só dinheiro, mas também a capacidade de se safar de tudo o que quiser fazer. Se você tiver o suficiente, ele pode até mesmo permitir que você esteja acima da lei.

Há dois aspectos do poder. O primeiro é o que o filósofo Rainer Forst definiu como "a capacidade de A motivar B a pensar ou fazer algo que B de outra forma não teria pensado ou feito".[177] Pessoas e instituições poderosas podem fazer você pensar e fazer coisas. São várias as formas pelas quais os poderosos exercem influência. Eles incluem discursos motivacionais, recomendações, narrativas ideológicas do mundo, sedução e ameaças críveis. Na era digital, eles podem incluir algoritmos de classificação, aplicativos persuasivos, anúncios personalizados, *fake news*, grupos e contas falsos e narrativas repetidas que pintam a tecnologia

---

[175] ROGERS, Kaleigh. "Let's talk about Mark Zuckerberg's claim that Facebook 'doesn't sell data'". *Motherboard*, 11 abr. 2019.

[176] WARZEL, Charlie; NGU, Ash. "Google's 4,000-word privacy policy is a secret history of the internet". *New York Times*, 10 jul. 2019.

[177] FORST, Rainer. "Noumenal power". *The Journal of Political Philosophy*, vol. 23, n. 2, jun. 2015, pp. 111-127.

CAPÍTULO III – O PODER DA PRIVACIDADE

como solução para cada problema, entre muitos outros meios nos quais o poder é exercido. Podemos chamar isto de *poder brando*.[178]

Forst argumenta que força bruta ou violência não é um exercício de poder, pois as pessoas sujeitas a ela não "fazem" nada; ao contrário, algo é feito a elas. Eu discordo. A força bruta é claramente uma instância de poder. É contra-intuitivo pensar em alguém que está nos submetendo à violência como impotentes. Pense em um exército dominando uma população, ou um bandido que estrangula você. Max Weber, um dos fundadores da sociologia, descreve este segundo aspecto do poder como a capacidade das pessoas e das instituições de "realizar sua própria vontade apesar da resistência".[179] Podemos chamar isso de poder coercitivo[180].

Em suma, pessoas e instituições poderosas nos fazem agir e pensar de maneira diferente da que faríamos na ausência da influência delas. Se elas falham em nos influenciar a agir e pensar como elas querem que façamos, pessoas e instituições poderosas podem exercer força sobre nós – elas podem fazer conosco o que nós não faríamos com nós mesmos.

Existem diferentes tipos de poder: econômico, político, militar e assim por diante. Mas o poder pode ser entendido como uma analogia à energia: ele pode se transformar de um tipo em outro.[181] Uma empresa com poder econômico pode valer-se de dinheiro para ganhar poder político através de *lobby*, por exemplo. Uma pessoa politicamente poderosa pode valer-se de poder para ganhar dinheiro através da troca de favores com empresas privadas.

Que gigantes tecnológicos como Facebook e Google são poderosos não é novidade. Mas explorar a relação entre privacidade e poder

---

[178] N. T.: O termo originalmente utilizado é *"soft power"*, que tem sido traduzido para o português como "poder suave" ou, como preferimos, "poder brando".
[179] WEBER, Max. *Economy and society*. Berkeley: University of California Press, 1978, p. 53.
[180] N. T.: O termo originalmente utilizado é *"hard power"*.
[181] RUSSELL, Bertrand. *Power*: a new social analysis. Oxon; New York: Routledge, 2004, p. 4.

pode nos ajudar a entender melhor como as instituições acumulam, exercem e transformam o poder na era digital, o que, por sua vez, pode nos dar ferramentas e ideias para resistir com maior eficácia ao tipo de dominação que é gerada pelas violações do direito à privacidade. Para compreender plenamente como as instituições acumulam e exercem poder na era digital, primeiro temos de olhar para a relação entre poder e conhecimento.

Poder e conhecimento

Existe uma conexão estreita entre poder e conhecimento. No mínimo, o conhecimento é um instrumento de poder. O filósofo e estadista inglês Francis Bacon entendia que o conhecimento em si é uma forma de poder. Mais de três séculos depois, o historiador francês Michel Foucault foi ainda mais longe e argumentou que o poder produz conhecimento tanto quanto o contrário.[182] Há poder no conhecimento, e conhecimento no poder. O poder gera conhecimento e decide o que conta como conhecimento. Através da coleta de seus dados e do aprendizado sobre você, o Google se fortalece, e esse poder permite ao Google decidir o que conta como conhecimento sobre você através do uso de seus dados pessoais. Se o Google classifica você como um homem de meia-idade sem um diploma universitário e que sofre de ansiedade, digamos, *isso* conta como conhecimento sobre você — mesmo que esteja completamente errado, ou fora de contexto, ou desatualizado, ou irrelevante. Através da proteção de nossa privacidade, impedimos que outras pessoas tenham o poder de ter certos conhecimentos a nosso respeito que possam ser utilizados contra nossos interesses. Tendo mais poder, podemos decidir no que conta como conhecimento. Devemos poder decidir em parte o que conta como conhecimento sobre nós

---

[182] FOUCAULT, Michel. *Discipline and punish*. London: Penguin Books, 1977; STEHR, Nico; ADOLF, Marian T. "Knowledge/Power/Resistance". *Society*, vol. 55, 2018 , pp. 193-198.

CAPÍTULO III – O PODER DA PRIVACIDADE

mesmos; devemos ter uma opinião sobre o que os outros estão autorizados a apreender ou inferir sobre nós.

Quanto mais alguém sabe sobre nós, maior é a capacidade de prever nossos movimentos, assim como nos influenciar. Uma das contribuições mais importantes de Foucault para nossa compreensão do poder é a percepção de que o poder não age apenas sobre os seres humanos — ele constrói sujeitos humanos.[183] O poder gera certas mentalidades, transforma sensibilidades, traz consigo formas de estar no mundo. Nessa linha, o teórico político e social Steven Lukes argumenta que o poder promove um sistema que produz desejos em pessoas que vão ao encontro de seus próprios interesses.[184]

Os próprios desejos das pessoas podem ser um resultado do poder, e quanto mais invisíveis os meios de poder, mais poderosos eles são. Um exemplo de poder moldando preferências é quando empresas de tecnologia valem-se de pesquisas sobre como a dopamina funciona para torná-lo viciado em um aplicativo. A dopamina é o neurotransmissor responsável por motivá-lo a realizar certas ações, antecipando a forma como você se sentirá depois que seus desejos forem atendidos. Imaginar quão gostoso um bolo de chocolate é, irá motivá-lo a comprá-lo e comê-lo. Antecipar a validação de seus amigos ao curtirem sua foto o motiva a tirar uma *selfie* e a compartilhá-la online. Empresas de tecnologia usam táticas como a criação de recompensas aleatórias (é o que torna as máquinas caça-níqueis tão viciantes) e o uso de cores chamativas para que você se envolva o máximo possível com a plataforma delas. "*Likes*" e os comentários em seus posts "lhe dão uma pequena dose de dopamina".[185] Seu desejo de se engajar com determinado aplicativo não surge de seus compromissos e valores mais profundos. Você geralmente não acorda pensando "hoje eu quero passar três horas inúteis deslizando o dedo pelas infinitas notícias do Facebook". Seu desejo é produzido

---

[183] DREYFUS, Hubert; RABINOW, Paul. *Michel Foucault*: beyond structuralism and hermeneutics. Chicago: University of Chicago Press, 1982, p. 212.

[184] LUKES, Steven. *Power*: a radical view. London: Red Globe Press, 2005.

[185] PARKIN, Simon. "Has dopamine got us hooked on tech?". *Guardian*, 4 mar. 2018.

pelo poder da tecnologia. Nesse sentido, não é inteiramente seu. Outro exemplo são os agentes políticos que pesquisam suas convicções, suas inclinações afetivas e cognitivas para lhe mostrar um anúncio que o fará agir da maneira que eles querem que você aja.

O poder derivado do conhecimento, e o conhecimento definido pelo poder, podem ser ainda mais dominantes quando há uma assimetria de conhecimento entre duas partes. Se, digamos, o Facebook sabe tudo o que há para saber sobre você, e você não sabe nada sobre o Facebook, então, o Facebook terá mais poder sobre você do que se ambas as partes soubessem quantidades iguais uma da outra. A assimetria torna-se ainda mais acentuada se o Facebook souber tudo sobre você, e você achar que o Facebook não sabe nada, ou se você não souber o quanto o Facebook sabe. Isso torna você duplamente ignorante.

O poder que surge como resultado do conhecimento de detalhes pessoais sobre alguém é um tipo muito particular de poder, embora também permita àqueles que o detêm a possibilidade de transformá-lo em poder econômico, político e outros tipos de poder.

O poder na era digital

O poder de prever e influenciar decorrente do uso de dados pessoais é o tipo de poder quintessencial na era digital.

Os governos sabem mais sobre seus cidadãos do que jamais souberam. A Stasi, por exemplo, só conseguiu ter arquivos sobre aproximadamente um terço da população da Alemanha Oriental, mesmo que aspirasse ter informações completas sobre todos os cidadãos.[186] Hoje, as agências de inteligência possuem muito mais informações sobre toda a população. Para começar, uma proporção significativa de pessoas oferece informações privadas voluntariamente nas redes sociais. Como disse a

---

[186] "Stasi: meaning, facts, methods, & files". *Encyclopedia Britannica*. Disponível em: https://www.britannica.com/topic/Stasi.

cineasta Laura Poitras, "o Facebook é um presente para as agências de inteligência".[187] Entre outras possibilidades, esse tipo de informação dá aos governos a capacidade de antecipar protestos e prender pessoas de forma preventiva.[188] Ter o poder de conhecer a resistência organizada antes que ela aconteça e ser capaz de esmagá-la a tempo é o sonho de qualquer tirania.

O poder das empresas de tecnologia é constituído, por um lado, pelo controle exclusivo de nossos dados e, por outro, pela capacidade de prever cada movimento nosso, o que, por sua vez, lhes dá oportunidades de influenciar nosso comportamento e vender essa influência a outros — incluindo governos.

Parte do motivo pelo qual as *big tech* nos pegaram de surpresa foi porque seus caminhos escaparam do radar das autoridades antitruste. Estamos acostumados a medir o poder das empresas em termos econômicos pelo que elas cobram dos usuários. Mas o poder das grandes empresas de tecnologia vem do que eles recebem em dados pessoais, não do que eles cobram. Tradicionalmente, o sintoma mais comum de que uma empresa merecia atenção de autoridades antitruste era a sua capacidade de aumentar os preços sem perder clientes. Uma vez que o Google e o Facebook fornecem serviços "gratuitos", a heurística falha. No entanto, a tradicional prova dos nove deve ser vista como parte de um princípio mais geral: se uma empresa pode maltratar seus clientes (através de preços mais altos do que o considerado justo, práticas de exploração de dados, má segurança ou outras condições abusivas) sem perdê-los, então há uma boa chance de que ela possa ser um monopólio.

As empresas que obtêm a maior parte de suas receitas através de anúncios utilizaram nossos dados como um fosso — uma vantagem competitiva que tornou impossível que negócios alternativos desafiassem

---

[187] PETERSON, Andrea. "Snowden filmmaker Laura Poitras: 'Facebook is a gift to intelligence agencies'". *Washington Post*, 23 out. 2014.

[188] BOOTH, Robert; LAVILLE, Sandra; MALIK, Shiv. "Royal wedding: police criticised for pre-emptive strikes against protestors". *Guardian*, 29 abr. 2011.

os titãs tecnológicos.[189] O mecanismo de busca do Google, por exemplo, é tão bom assim porque seu algoritmo tem muito mais dados para aprender do que qualquer um de seus concorrentes. Além de manter a empresa a salvo da concorrência e ajudá-la a treinar seu algoritmo, essa quantidade de dados permite ao Google saber o que mantém você acordado à noite, o que mais deseja, o que planeja fazer a seguir e quais são as suas incertezas. A empresa, então, sussurra estas informações para outras empresas que querem marca-lo como um alvo de anúncios.

Os abutres de dados são incrivelmente sagazes em usar os dois aspectos do poder discutidos aqui: eles nos fazem abrir mão de nossos dados, mais ou menos voluntariamente, e também os roubam de nós, mesmo quando tentamos resistir.

O poder coercitivo da tecnologia

Quando os dados são arrancados de nós, mesmo quando tentamos resistir, isso é o poder coercitivo da tecnologia. Dessa maneira, o Google vem armazenando dados de localização mesmo quando você disse para não o fazer: uma investigação da *Associated Press*, em 2018, descobriu que o Google estava armazenando dados de localização mesmo quando as pessoas haviam desligado seu histórico de localização. A página de suporte do Google para essa configuração afirmava: "você pode desativar o Histórico de Localização a qualquer momento. Com o Histórico de Localização desligado, os lugares aonde você vai não são mais armazenados". Isso não era verdade. Por exemplo, o Google Maps armazenou automaticamente um registro de sua latitude e longitude no momento em que você abriu o aplicativo, mesmo que seu Histórico de Localização estivesse desligado. Da mesma forma, algumas buscas não relacionadas ao local onde você está — tais como, digamos, "biscoitos com gotas de chocolate" — registraram sua localização em sua conta

---

[189] KIM, Tae. "Warren Buffett believes this is 'the most important thing' to find in a business". *CNBC*, 7 maio 2018.

do Google. Para desligar os indicadores de localização, você teria de desativar uma configuração obscura que não menciona localização, chamada "atividade de internet e aplicativos", que vem ativada *by default*, é claro, e armazena informações de aplicativos e do Google e de sites em sua conta.[190]

O poder coercitivo das empresas de tecnologia pode, às vezes, ser enxergado como poder brando porque ele parece tão violento quanto outras formas de poder coercitivo, tais como tanques de guerra e outros tipos de força bruta. Mas alguém fazer com você alguma coisa para a qual você disse "não" é uma forma de poder coercitivo. É violento, e é uma violação de nossos direitos.

Embora o poder coercitivo da tecnologia esteja lá desde o início, com as empresas pegando nossos dados sem pedir, seus métodos estão se tornando menos sutis, e mais claramente autoritários. A China é um excelente exemplo. Há anos, o governo chinês vem projetando e aperfeiçoando um sistema de crédito social com a colaboração de empresas de tecnologia. Esse sistema toma a ideia de credibilidade e a exporta para todas as áreas da vida com a ajuda do *big data*. Cada dado sobre cada cidadão é usado para avaliar essa pessoa em uma escala de confiabilidade. Ações "boas" fazem você ganhar pontos e ações "ruins" fazem você perder pontos. Comprar fraldas lhe rende pontos. Jogar videogames, comprar álcool ou espalhar *fake news* faz com que você perca pontos.

Uma das características das sociedades totalitárias é que o poder controla todos os aspectos da vida — é nesse sentido que o poder é "total". Nas democracias liberais (em seus melhores momentos), você não é penalizado em todas as esferas da vida por pequenas infrações cometidas em algum ponto de sua vida. Por exemplo, ouvir música alta em casa pode fazer com que seu vizinho odeie você, e você pode até receber a visita da polícia pedindo que não faça barulho, mas isso não terá nenhum efeito em sua vida profissional, ou em sua pontuação de crédito (a menos que você dê o azar de seu chefe ou o gerente de sua

---

[190] ASSOCIATED PRESS. "Google records your location even when you tell it not to". *Guardian*, 13 ago. 2018.

conta-corrente ser seu vizinho). Na China, tocar música alta, atravessar fora da faixa de pedestres ou trapacear em um jogo de videogame fará você perder pontos em um ranking que é usado para conceder e limitar oportunidades em todas as esferas da vida.

Cidadãos com uma alta pontuação são, às vezes, elogiados publicamente e desfrutam de vantagens como listas de espera reduzidas, e descontos em serviços como reservas de hotel, contas relativas a serviços públicos e empréstimos. Eles podem alugar um carro sem depositar cauções, e ainda obtêm maior visibilidade em sites de encontros. Cidadãos com baixa pontuação podem ser publicamente expostos; podem ter dificuldade ou serem impedidos de conseguir um emprego, um empréstimo ou comprar um imóvel; podem ser excluídos de serviços como hospedagens em hotéis exclusivos, e até mesmo proibidos de viajar de avião ou trem.

Em 2018, a China expôs 169 pessoas "gravemente desacreditadas", publicando seus nomes e delitos cometidos, que incluíam tentar passar com um isqueiro pela segurança do aeroporto e fumar em trens de alta velocidade.[191] De acordo com o documento base do sistema, o esquema visa "permitir que aqueles dignos de confiança vagueiem por toda parte debaixo do céu, ao mesmo tempo que dificulta que os desacreditados deem um único passo".[192] Até junho de 2019, a China havia proibido quase 27 milhões de pessoas de comprar passagens aéreas, e quase 6 milhões de usar a rede ferroviária de trens de alta velocidade.[193] Durante a pandemia do coronavírus, a vigilância na China chegou ao ponto de pessoas serem obrigadas a permitir que câmeras de vigilância fossem

---

[191] TANG, Frank. "China names 169 people banned from taking flights or trains under social credit system". *South China Morning Post*, 2 jun. 2018.

[192] MISTREANU, Simina. "Life inside China's social credit laboratory". *Foreign Policy*, abr. 3 2018.

[193] WANG, Orange. "China's social credit system will not lead to citizens losing access to public services, beijing says". *South China Morning Post*, 19 jul. 2019.

CAPÍTULO III – O PODER DA PRIVACIDADE

instaladas dentro de suas casas, ou bem acima da porta da frente de suas residências, a fim garantir o cumprimento das regras de quarentena.[194]

Quando os ocidentais criticam o sistema chinês de ordenamento social, um contra-argumento comum é dizer que o Ocidente também tem sistemas nos quais as pessoas são pontuadas e sofrem penalidades como resultado; acontece que os sistemas ocidentais de crédito social são mais opacos. Com frequência, cidadãos sequer sabem que eles existem. Há algo de verdadeiro nesta resposta. Normalmente, não estamos plenamente conscientes de como nossa pontuação de crédito é calculada nem sabemos como ela pode ser usada, por exemplo. Existem outros tipos de pontuação também. A maioria das pessoas não sabe disso, mas como consumidor você está sujeito a pontuações secretas que determinam quanto tempo você espera em uma ligação para uma empresa, se você pode devolver itens em uma loja e a qualidade do serviço que você recebe. Não há como optar por não ser ranqueado como consumidor — é algo que lhe é imposto.

Kashmir Hill, uma repórter, solicitou o arquivo de seus dados à Sift, uma empresa americana que classifica os consumidores. O arquivo de Hill consistia em 400 páginas com anos de pedidos de entrega no aplicativo Yelp, mensagens que ela havia enviado no Airbnb, detalhes sobre seus dispositivos e muito mais. Embora a Sift tenha fornecido os dados pessoais dela quando solicitados, eles não ofereceram uma explicação de como esses dados foram analisados para criar a pontuação dela enquanto consumidora, nem lhe disseram qual impacto que a pontuação tinha exercido em sua vida.[195]

Sistemas de pontuação secretos e obscuros são inaceitáveis. Como cidadãos, temos o direito de conhecer as regras que regem nossas vidas.

---

[194] GAN, Nectar. "China is installing surveillance cameras outside people's front doors … and sometimes inside their homes". *CNN Business*, 28 abr. 2020.

[195] O artigo de Hill menciona uma lista de outras empresas que pontuam os consumidores e como contatá-los para solicitar seus dados. HILL, Kashmir. "I got access to my secret consumer score. Now you can get yours, too". *New York Times*, 4 nov. 2019.

Não obstante, é inegável que o Ocidente geralmente goza de mais liberdade e transparência do que a China, apesar de nossos déficits em governança (que devemos lutar para corrigir). Deixemos que nossas limitações, e as daqueles ao nosso redor, sejam lições para refrear o poder coercitivo ao nosso redor.

Outra maneira pela qual a tecnologia pode exercer o poder coercitivo é estabelecendo as regras que nos orientam e não nos permitindo quebrá-las. Em vez delas serem algo que existe principalmente em meios escritos, as regras são cada vez mais desenvolvidas em códigos e aplicadas de forma automática pelos computadores.[196] Em vez de permitir que você dirija acima do limite de velocidade, correndo o risco de tomar uma multa se for pego, seu futuro carro pode simplesmente se recusar a ultrapassar o limite de velocidade.[197]

Nas sociedades livres, há sempre alguma margem de manobra entre o que as leis estabelecem e o que de fato é aplicado. De vez em quando, as pessoas podem escapar impunes de pequenas infrações porque, em sociedades que funcionam bem, a maioria das pessoas se contenta em seguir a maioria das regras na maior parte do tempo.[198] Permitir alguma margem de manobra abre espaço para exceções que são difíceis de serem codificadas em regras, como o excesso de velocidade, porque você está levando alguém que precisa de cuidados urgentes para o hospital. Isso também nos permite ignorar leis desatualizadas até conseguirmos revogá-las. Uma lei implementada pela tecnologia não permitiria exceções. Vivenciar o poder coercitivo da tecnologia através da aplicação de regras (sejam elas governamentais ou privadas) executadas por meio de códigos nos privaria de uma enorme quantidade de liberdade.

---

[196] SNOWDEN, Edward. *Permanent record*. London: Macmillan, 2019, pp. 196-197.
[197] SUSSKIND, Jamie. *Future politics*: living together in a world transformed by tech. Oxford: Oxford University Press, 2018. pp. 103-107.
[198] SUSSKIND, Jamie. *Future politics*: living together in a world transformed by tech. Oxford: Oxford University Press, 2018. p. 172.

CAPÍTULO III – O PODER DA PRIVACIDADE

Mas a tecnologia não usa apenas o poder coercitivo para nos influenciar. A tecnologia também é brilhante em nos influenciar através do poder brando.

O poder brando da tecnologia

De certa forma, o poder brando é mais aceitável do que o poder coercitivo porque é menos violento. Ele se parece menos com uma imposição. Mas o poder brando pode ser tão eficaz quanto o poder coercitivo em permitir que os poderosos obtenham o que querem. Além disso, o poder brando é frequentemente manipulador — ele nos leva a fazer algo em benefício de outros sob o pretexto de que é em nosso próprio benefício. Ele recruta nossa vontade contra nós mesmos. Sob a influência do poder brando, nos engajamos em comportamentos que comprometem o que é melhor para nós mesmos.

A manipulação exercida pelo poder brando nos torna cúmplices de nossa própria vitimização.[199] É o *seu* dedo rolando seu feed de notícias, fazendo você perder tempo precioso, e lhe deixando com dor de cabeça. Mas, é claro, você não estaria preso a esse pergaminho infinito se plataformas como o Facebook não estivessem tentando convencê-lo de que, se você não continuar a deslizar seu dedo, você vai perder alguma coisa. Quando você tenta resistir ao fascínio da tecnologia, você está lutando contra um exército de especialistas tentando captar sua atenção contra seus melhores interesses.

Os cartões de fidelidade são outro exemplo de poder brando. Quando você recebe um cartão de fidelidade em seu supermercado local, o que lhe é oferecido é a oportunidade de permitir que essa empresa o fiscalize e depois influencie seu comportamento (através de

---

[199] Eu peguei a ideia de que a manipulação torna a vítima cúmplice de sua própria vitimização pelo do filósofo Robert Noggle. (WORKSHOP ON BEHAVIOURAL PREDICTION AND INFLUENCE. "The Moral Status of 'Other Behavioral Influences'". Oxford: Universidade de Oxford, 27 set. 2019.)

empurrões como descontos), para que compre certos tipos de produtos que de outra forma você não compraria. Uma forma mais sutil de poder brando é através da sedução. A tecnologia nos seduz constantemente a fazer coisas que de outra forma não faríamos, desde cairmos numa espiral infinita de vídeos no YouTube, até jogar jogos sem sentido, ou checar nossos telefones centenas de vezes por dia. Através da sedução, a era digital trouxe novas formas de estar no mundo que nem sempre melhoram nossas vidas.

Além das formas técnicas de exercer o poder brando *by design*, uma grande parte do poder da tecnologia está nas *narrativas*, nas histórias que são contadas sobre nossos dados. A economia de dados tem sido bem-sucedida em normatizar certas formas de pensar. A tecnologia quer que você acredite que, se você não fez nada de errado, você não tem nenhuma razão para se opor à coleta de seus dados. Quando perguntado durante uma entrevista sobre se os usuários deveriam compartilhar informações com o Google como se fosse um "amigo de confiança", o então CEO Eric Schmidt respondeu: "se você tem algo que você não quer que ninguém saiba, talvez não deveria estar fazendo isso em primeiro lugar".[200] (O que poucos sabem é que uma vez ele pediu ao Google para apagar algumas informações sobre ele dos resultados — um pedido lhe que foi negado.[201] Você já notou o padrão de *experts* em tecnologia quererem privacidade para si mesmos, mas não para os outros?)

O que Schmidt tentou fazer foi envergonhar as pessoas que estão (sensatamente) preocupadas com a privacidade. Ele deu a entender que se você está preocupado com a privacidade, você deve ter algo a esconder, e se você tem algo a esconder, você deve ter feito algo errado que não se deveria permitir que continuasse escondido. Mas a privacidade não tem a ver com esconder um ato ilícito grave.[202] Trata-se de nos proteger

---

[200] ESGUERRA, Richard. "Google CEO Eric Schmidt dismisses the importance of privacy". *Electronic Frontier Foundation*, 10 dez. 2009.

[201] LEVY, Steven. *In the plex:* how google thinks, works, and shapes our lives. Nova York: Simon & Schuster, 2011, p. 175.

[202] Há um argumento a ser apresentado, de que deveríamos poder esconder pequenas transgressões (*e.g.*, veja GAUKROGER, Cressida. "Privacy and the Importance of

de possíveis ações ruins de outras pessoas, como criminosos que querem roubar nosso dinheiro. Trata-se de limitar o poder para que ele não possa usar o conhecimento sobre nós para se tornar ainda mais poderoso.

As empresas também querem que você pense que tratar seus dados como uma mercadoria é *necessário* para a tecnologia digital, e que a tecnologia digital é um *progresso* — mesmo quando, às vezes, ela possa ser preocupantemente semelhante a um retrocesso social e político.[203] Mais importante ainda, empresas de tecnologia querem que você pense que as inovações que ela traz para o mercado são *inevitáveis*.[204] O progresso é assim, e o progresso não pode ser interrompido.

A narrativa de que a tecnologia é progressiva e inevitável é complacente e enganosa. O poder produz o conhecimento, as narrativas e a racionalidade que o favorecem e o sustentam.[205] A tecnologia nos conta as histórias que a fazem parecer ao mesmo tempo indispensável e boa. Mas parte da tecnologia desenvolvida nas últimas décadas não tem sido minimamente progressista — ela tem contribuído para perpetuar as tendências sexistas e racistas.[206]

Quando o Google Tradutor converte notícias de jornal do espanhol para o inglês, "ela" muitas vezes se torna "ele". Algoritmos são conhecidos por apoiar analogias sexistas — que "homem" está para "médico" assim como "mulher" está para "enfermeira", e que "homem" está para "programador de computador" assim como "mulher" está para

---

'Getting Away With It'". *Journal of Moral Philosophy* vol. 17, n. 4, 2020, pp. 416-439), mas essa não é uma das funções mais importantes da privacidade.

[203] VÉLIZ, Carissa. "Inteligencia artificial: ¿progreso o retroceso?". *El País*, 14 jun. 2019.

[204] ZUBOFF, Shoshana. *The age of surveillance capitalism*. London: Profile Books, 2019, pp. 221-225.

[205] FLYVBJERG, Bent. *Rationality and power:* democracy in practice. Chicago: Chicago University Press, 1998, p. 36.

[206] NOBLE, Safiya. *Algorithms of oppression*: how search engines reinforce racism. New York: NYU Press, 2018; CRIADO PEREZ, Caroline. *Invisible women:* exposing data bias in a world designed for men. New York: Vintage, 2019.

"dona-de-casa", por exemplo.[207] Os algoritmos de identificação visual rotulam a foto do casamento de uma noiva branca com *tags* como "noiva", "mulher" e "casamento", ao passo que rotulam a fotografia de uma noiva do norte da Índia como "performance artística" e "fantasia". O Banco Mundial advertiu que o Vale do Silício está agravando a desigualdade de renda.[208] A mudança tecnológica que leva a um retrocesso social e político não é o tipo de desenvolvimento que deveríamos almejar ou incentivar. Isso *não* é progresso.

Ademais, nenhuma tecnologia é inevitável. Não havia nada na história, na natureza ou no destino que tornasse os carros movido a gasolina inevitáveis, por exemplo. Se enormes reservas de petróleo não tivessem sido descobertas nos Estados Unidos, e Henry Ford não tivesse produzido o acessível Modelo T, os carros elétricos poderiam ter se tornado muito mais populares do que os a gasolina.[209] E mesmo que as pessoas tenham falado sobre carros voadores por décadas, eles podem nunca se tornar uma realidade. Um aparato tecnológico, para ser desenvolvido e comercializado, depende de uma série de variáveis relacionadas a viabilidade, preço, e escolha humana. A história está repleta de engenhocas tecnológicas que têm sido abandonadas.

Lembra-se do Google Glass? Em 2013, o Google começou a vender um protótipo de óculos montado com um computador minúsculo que incluía uma câmera de vídeo. Foi colocado à venda para o público em geral em maio de 2014. Foi um daqueles produtos que gerou *hype*. A revista *Time* o considerou uma das "Melhores Invenções do Ano". Celebridades os experimentaram. A *New Yorker* publicou um longo artigo sobre ele. Até Os Simpsons fizeram um programa com o Google Glass — embora Homer os chamasse de *"Oogle Goggles"*. Apesar da grande agitação, em janeiro de 2015 o produto havia sido retirado

---

[207] ZOU, James; SCHIEBINGER, Londa. "AI can be sexist and racist – it's time to make it fair". *Nature*, vol. 559, pp. 324-326, jul. 2018.
[208] YADRON, Danny. "Silicon Valley tech firms exacerbating income inequality, World Bank warns". *Guardian*, 15 jan. 2016.
[209] MATULKA, Rebecca. "The history of the electric car". *Energy.gov*. 15 set. 2014. Disponível em: https://www.energy.gov/articles/history-electric-car.

CAPÍTULO III – O PODER DA PRIVACIDADE

de circulação.[210] (Em vez de admitir a derrota, o Google disse que o "Glass" estava "sendo promovido" de uma divisão do Google para outra).

Havia pelo menos duas razões para o fracasso retumbante do Google Glass. Primeiro, os óculos eram feios. Segundo, e mais importante, eles eram assustadores. Antes mesmo que alguém tivesse visto alguém usando um par, eles foram banidos de bares, cinemas, cassinos e outros lugares que não apreciavam a perspectiva de ter pessoas gravando umas às outras.[211] As poucas pessoas que os experimentaram foram ridicularizadas como "*Glassholes*"[212] – o que prova o quão desconfortáveis as pessoas se sentiam com esses artefatos.

O Google Glass não explodiu porque as pessoas o odiavam. Mas o Google é persistente. Em 2017, eles reviveram o projeto, desta vez voltado para indústrias como a de serviços de manufatura, para serem usados pelos trabalhadores. Não seria uma surpresa se em algum momento o Google tentasse relançar os óculos para o público em geral. Desde 2013, eles e outras pessoas têm, de forma consistente e consciente, desgastado tanto nossa privacidade quanto nossa resistência às invasões de privacidade. O Projeto Aria, do Facebook, pretende substituir os smartphones por óculos inteligentes.[213] Mas devemos lembrar que a tecnologia, como outros tipos de práticas sociais, depende de nossa cooperação para seu sucesso. Somos a derradeira fonte de poder para as empresas de tecnologia.

O desenvolvimento tecnológico não se parece nada com um fenômeno natural, tal qual a gravidade ou a evolução. *A tecnologia não acontece para nós — nós a fazemos acontecer.*[214] O Google Glass não vai inventar a si mesmo e se comercializar sozinho. Nem vai acontecer por

---

210 BILTON, Nick. "Why Google glass broke". *New York Times*, 4 fev. 2015.
211 BILTON, Nick. "Why Google Glass broke". *New York Times*, 4 fev. 2015.
212 [N.T.] "Babacas de óculos", em tradução livre.
213 "Announcing Project Aria: a research project on the future of wearable AR". Disponível em: https://about.fb.com/news/2020/09/announcing-project-aria-a--research-project-on-the-future-of-wearable-ar.
214 POOLE, Steven. "Drones the size of bees – good or evil?". *Guardian*, 2013.

acidente, como mutações.²¹⁵ Cabe a nós garantir que a tecnologia se ajuste a nossos valores e aumente nosso bem-estar. O progresso tecnológico é inevitável porque alguma forma de mudança tecnológica vai realmente acontecer; mas nenhuma tecnologia *em particular* é inevitável, e a mudança nem sempre resulta em progresso. Mesmo depois que uma tecnologia é inventada, podemos escolher como usá-la e regulá-la.

Uma narrativa mais verdadeira do que aquela privilegiada pela tecnologia é que os desenvolvimentos tecnológicos cujas consequências negativas ultrapassam seu impacto positivo podem e devem ser interrompidos. No que se refere à nossa preocupação específica com a privacidade, uma narrativa mais precisa do que aquela oferecida pela tecnologia é que tratar os dados como uma mercadoria é uma forma de as empresas ganharem dinheiro, e não tem nada a ver com o desenvolvimento de bons produtos; o armazenamento de dados é o meio pelo qual as instituições estão acumulando poder; as empresas tecnológicas podem e devem melhorar para projetar o mundo online de uma forma que sirva para o bem-estar das pessoas; e temos muitas boas razões para nos opor às instituições que coletam e usam nossos dados da forma como o fazem, ainda que não tenhamos feito nada de errado.

Entre essas razões está a de que as instituições não respeitam nossa autonomia – nosso direito de autogovernança – tanto como indivíduos quanto como sociedades.²¹⁶ Aqui é onde o aspecto mais forte do poder desempenha um papel. A era digital até agora tem sido caracterizada por instituições que fazem o que querem com nossos dados, contornando sem escrúpulos nosso consentimento sempre que pensam que podem escapar impunes, fazendo conosco, e nos obrigando a fazer, tudo o que elas querem. No mundo *offline*, esse tipo de comportamento seria chamado de roubo e coerção. O fato de não ser chamado assim no mundo online é mais uma prova do poder da tecnologia sobre tais narrativas.

---

215 EVELETH, Rose. "The biggest lie tech people tell themselves – and the rest of us". *Vox*, 8 out. 2019.
216 WILLIAMS, James. *Stand out of our light:* freedom and resistance in the attention economy. Cambridge, Ma: Cambridge University Press, 2018.

CAPÍTULO III – O PODER DA PRIVACIDADE

Se os funcionários dos correios lessem nossas cartas da forma como o Gmail e desenvolvedores de aplicativos de terceiros vasculharam nossos e-mails, eles iriam para a cadeia.[217] O georrastreamento em tempo real, que antigamente era usado apenas para condenados criminalmente, agora se tornou a regra nos *smartphones* que todos carregam por aí.[218] Parte do porquê de a má tecnologia ter escapado impune de tanta coisa é que ela encontrou maneiras palatáveis de descrever o que ela faz. A má tecnologia explora nossos dados, sequestra nossa atenção e destrói nossas democracias — mas faz com que isso pareça tão gostoso, como se estivesse sendo feito para nosso próprio benefício como parte do processo de otimização da "experiência do usuário". "Personalização" soa como tratamento VIP, até que você perceba que é um termo usado para descrever técnicas projetadas para mexer com a sua própria mente.

Em vez de dar nome aos bois, a tecnologia nos inundou com eufemismos sobre nossas realidades digitais.[219] Como George Orwell disse: a linguagem política (e linguagem tecnológica é política) "é projetada para fazer com que mentiras soem como verdade, e o assassinato, respeitável, e para dar uma aparência de solidez ao vento puro".[220] As redes privadas de publicidade e vigilância são chamadas "comunidades", os cidadãos são "usuários", o vício em telas é rotulado como "engajamento", nossas informações mais sensíveis são consideradas "poeira de dados" ou "migalhas digitais", o software de espionagem é chamado de "cookies", os documentos que descrevem nossa falta de privacidade

---

217 O Gmail não analisa mais nossos e-mails para fins de publicidade personalizada, mas o fez até 2017, e aplicativos de terceiros continuam a fazer isso (embora você possa remover esse acesso através de suas configurações) (WYLIE, Christopher. *Mindf*ck*: inside Cambridge Analytica's plot to break the world. London: Profile, 2019, p. 15; HERN, Alex. "Google will stop scanning content of personal emails". *Guardian*, 26 jun. 2017; YURIEFF, Kaya. "Google still lets third-party apps scan your Gmail data". *CNN Business*, 20 set. 2018).

218 WYLIE, Christopher. *Mindf*ck*: inside Cambridge Analytica's plot to break the world. London: Profile, 2019, p. 15.

219 WYLIE, Christopher. *Mindf*ck*: inside Cambridge Analytica's plot to break the world. London: Profile, 2019, p. 16.

220 ORWELL, George. *Politics and the English language*. Penguin, 2013.

são intitulados "políticas de privacidade", e o que antes era considerado "grampo" é agora o alicerce da economia na internet.

A tecnologia foi tão longe no movimento de nos seduzir com palavras que sequestrou até a linguagem da natureza.[221] Antes, você podia saborear a doçura de uma maçã (em inglês, *"apple"*), ouvir os pássaros cantar (*"tweet"*) ao nascer do sol, molhar os pés em um *riacho* (*"stream"*) e descobrir desenhos nas *nuvens* (*"clouds"*) do céu. Agora estas palavras são usadas principalmente para descrever coisas que representam o oposto da natureza.

O trabalho dos pensadores e escritores é desafiar as baboseiras das empresas e reclamar uma linguagem transparente. Chamar as coisas pelos seus nomes é um primeiro passo para entender os nossos tempos e lutar por um mundo melhor. Temos de construir nossas próprias narrativas e usar as palavras que a tecnologia tenta camuflar ou evitar. Temos de recuperar o poder de decidir o que conta como conhecimento. Vamos falar sobre o que a tecnologia não quer que falemos. Por exemplo, vamos falar sobre como a tecnologia não nos trata como cidadãos, mas como peões em um jogo que não escolhemos jogar. A má tecnologia está nos usando muito mais do que nós a estamos usando.

Peões

Você é um peão nos jogos que os cientistas de dados estão jogando em suas telas. Às vezes, eles dão a isso o nome de "sociedade artificial". Analistas de dados reúnem todas as informações que puderem sobre você – postagens e conexões de redes sociais, registros de votação, histórico de compras, marca e modelo de seu carro, informações sobre hipotecas, histórico de navegação, inferências sobre sua saúde e muito mais — e então executam modelos para ver como eles podem afetar seu comportamento.

---

[221] "Nature's language is being hijacked by technology". *BBC News*, 1 ago. 2019.

CAPÍTULO III – O PODER DA PRIVACIDADE

E me refiro a *você* em particular. Não importa se você é um zé-
-ninguém — a sociedade é formada por ninguéns, e é nessas pessoas
que as instituições famintas por dados estão interessadas. Quando um
amigo estava estudando para se tornar um cientista de dados, ele me
confidenciou que sua última tarefa tinha sido escolher uma pessoa
aleatória do outro lado do mundo e aprender tudo o que pudesse sobre
ela. Ele acabou estudando profundamente um cara de Virgínia, o qual,
ele descobriu, tinha diabetes e estava tendo um caso. Esse cara aleatório
não tinha a menor ideia de que havia se tornado o objeto de estudo de
um cientista de dados. Neste momento, enquanto você lê estas palavras,
um cientista de dados pode estar estudando *você*.

De certa forma, cada um de nós tem inúmeros "clones datificados"
vivendo nos computadores dos cientistas de dados que estão fazendo
experiências conosco, com graus variados de personalização. Como
bonecos de vodu, os cientistas de dados mexem em nossos avatares virtuais. Eles experimentam coisas novas com eles, e veem o que acontece.
Eles querem aprender o que nos faz mexer, clicar, comprar, *trollar*, votar.
Quando aprendem a manipular com sucesso nossos clones digitais, como
as marionetes, eles tentam usar seus truques com pessoas de carne e osso.
É assim que nossos zumbis virtuais voltam para nos assombrar.

Aqueles que se enxergam como deuses tecnológicos gostariam de
traçar o perfil de cada pessoa em uma sociedade a fim de executar uma
simulação dessa comunidade. Se você conhece bem as personalidades
das pessoas, você pode criar réplicas zumbis delas no ambiente virtual
e testar diferentes intervenções. Você pode descobrir qual mensagem
política funciona para elas. Uma vez que você esteja confiante de que sua
mensagem criará as consequências que você deseja, você a envia para o
mundo. Através da manipulação de informações você pode influenciar
eleições, inspirar uma insurgência, desencadear um genocídio, virar as
pessoas umas contra as outras e distorcer a realidade delas, até que elas
não possam mais saber o que é verdade.

Foi exatamente isso que a Cambridge Analytica fez para assistir
às campanhas políticas. Primeiro, os cientistas de dados desenvolveram um aplicativo chamado *This Is Your Digital Life* e conseguiram

que 270.000 usuários do Facebook o baixassem. Pagaram de US$ 1 a US$2 para cada pessoa, a fim de que respondessem uma pesquisa psicométrica que ajudou os analistas de dados a determinar seus tipos de personalidade. O aplicativo então baixou todos os dados do Facebook dos usuários a fim de encontrar correlações entre, por exemplo, traços de personalidade e *likes*. O Facebook é um objeto interessante para estudos sociais, porque quando as pessoas andam por aí deslizando o dedo, curtindo e comentando, elas não sabem até que ponto elas estão sendo observadas, por isso agem mais "naturalmente". Os cientistas de dados que nos observam se sentem como antropólogos — exceto que eles podem facilmente quantificar cada coisa, por menor que seja.[222]

Assustadoramente, o aplicativo da Cambridge Analytica também baixou dados dos amigos do Facebook dos participantes sem o conhecimento ou consentimento destes.[223] Embora os cientistas de dados não soubessem os traços de personalidade desses desconhecidos (porque não tinham respondido à pesquisa psicométrica), eles podiam usar os *likes* do Facebook deles para adivinhá-los, com base em estudos feitos com os dados das pessoas que responderam à pesquisa.

Em resumo, a Cambridge Analytica enganou 270.000 pessoas, fazendo com que traíssem seus amigos — e democracias ao redor do mundo — por aproximadamente um dólar. Embora os participantes tenham respondido voluntariamente à pesquisa, a maioria deles provavelmente não leu todos os termos e condições, o que de qualquer forma não teria incluído um aviso sobre como seus dados seriam utilizados para tentar influenciar as eleições. Ao usar as conexões online das pessoas

---

[222] WYLIE, Christopher. *Mindf*ck*: inside Cambridge Analytica's plot to break the world. London: Profile, 2019, pp. 101-102.

[223] O Facebook permitiu que milhares de outros desenvolvedores baixassem os dados de amigos desconhecidos de pessoas que consentiram em usar um aplicativo sem que eles soubessem. Entre esses desenvolvedores estão os criadores de jogos como FarmVille, Tinder e a campanha presidencial de Barack Obama. O Facebook alterou essa política em 2015 (DWOSKIN, Elizabeth; ROMM, Tony. "Facebook's rules for accessing user data lured more than just Cambridge Analytica". *Washington Post*, 20 mar. 2018.).

CAPÍTULO III – O PODER DA PRIVACIDADE

para baixar o máximo de dados possível, a empresa conseguiu obter dados de cerca de 87 milhões de usuários do Facebook. Eles também adquiriram dados extras de censos, corretores de dados, entre outros. Com todas essas informações, a Cambridge Analytica construiu uma ferramenta de guerra psicológica para influenciar a política ao redor do mundo — uma ilustração didática de como o conhecimento é poder.

A Cambridge Analytica escavou fundo a vida e a mente das pessoas. Os dados pessoais de que eles se apropriaram eram incrivelmente sensíveis. Incluíam mensagens "privadas", por exemplo. E o que os cientistas de dados faziam com esses dados era algo próximo e pessoal. "Dados de milhões de pessoas" soa muito impessoal e abstrato. Mas cada uma dessas pessoas é tão real quanto você. Seus dados podem estar incluídos nesses milhões.

Christopher Wylie é consultor de dados e trabalhou para a Cambridge Analytica antes de se tornar um *whistleblower*. Em seu livro *Mindf*ck*, ele descreve uma demonstração da ferramenta da empresa cedida a Steve Bannon, que mais tarde se tornaria chefe executivo da campanha de Donald Trump.[224] Um cientista de dados pediu a Bannon que lhe desse um nome e um estado nos Estados Unidos. Uma simples consulta fez com que a vida de uma pessoa aparecesse na tela. Se tivesse sido você (e talvez tenha sido), esse grupo de cientistas de dados teria estudado sua vida com uma lupa. Você é assim, é aqui que você vive, esses são seus amigos mais próximos, é aqui que você trabalha, é este o carro que você dirige. Você votou neste candidato nas últimas eleições, você fez esta hipoteca, você tem este problema de saúde, você odeia seu trabalho, você se preocupa mais com esta questão política, e você está pensando em deixar seu parceiro.

Só para ter certeza de que eles estavam entendendo tudo corretamente, os cientistas de dados, então, telefonavam para a pessoa que eles despiram em suas telas. Sob o pretexto de serem pesquisadores da Universidade de Cambridge conduzindo uma pesquisa, eles

---

[224] WYLIE, Christopher. *Mindf*ck:* inside Cambridge Analytica's plot to break the world. London: Profile, 2019, pp. 110-111.

perguntavam à vítima sobre nomes, pontos de vista e estilo de vida. Os telefonemas confirmaram o que eles já sabiam: eles haviam criado uma ferramenta para entrar na mente de quase qualquer pessoa no mundo. Eles haviam hackeado o sistema político; haviam encontrado uma maneira de coletar e analisar tantos dados sensíveis que conseguiram construir as campanhas políticas mais personalizadas da história, com consequências desastrosas.

Uma vez que os cientistas de dados da Cambridge Analytica tinham todos os dados que puderam encontrar sobre você, o primeiro passo foi inserir você em uma categoria de personalidade muito específica. Eles o classificariam de acordo com os Grande Cinco traços de personalidade: o quão aberto você está a novas experiências; se você prefere planejar em vez de ser espontâneo; se você é extrovertido ou introvertido; até que ponto você é pró-social; e quanto você é propenso a vivenciar emoções negativas como raiva e medo.

O segundo passo foi aplicar algoritmos de predição ao seu perfil e calcular, em uma escala de 0 a 100%, a probabilidade de você votar, por exemplo, ou a probabilidade de você se envolver politicamente com uma determinada questão.

O terceiro passo era descobrir como você passa seu tempo para que eles pudessem chegar até você. Você assiste muita TV? E o YouTube? Havia alguma rede social na qual você passava uma quantidade significativa de tempo? A Cambridge Analytica então lhe entregaria conteúdos especificamente projetados para pessoas como você e observaria para ver se eles funcionavam com você. Você se engajou com o conteúdo deles? Caso negativo, eles ajustariam o conteúdo e tentariam novamente.[225]

Os cientistas de dados da Cambridge Analytica estudaram a satisfação das pessoas com suas vidas. Seguindo a lógica dos hackers,

---

[225] KAISER, Brittany. *Targeted*: my inside story of Cambridge Analytica and how Trump, Brexit and Facebook broke democracy. London: Harper Collins, 2019, caps. 9 e 13.

eles procuraram por brechas e vulnerabilidades em nossas mentes. Eles identificaram aqueles mais suscetíveis a serem influenciados, como as pessoas que eram propensas a desconfiar dos outros. Eles escolheram pessoas que exibiam o que se chama de "tríade obscura" dos traços de personalidade — narcisismo, maquiavelismo (interesse próprio cruel) e psicopatia — e as alvejavam com o objetivo explícito de provocar a raiva. Eles inflamaram os *trolls*.[226] Eles mostraram blogs de pessoas que zombavam de pessoas como elas para fazê-las se sentirem atacadas. Eles criaram páginas falsas nas redes sociais e chegaram ao ponto de organizar encontros presenciais que os funcionários da Cambridge Analytica frequentavam disfarçados.[227]

Pelo menos dois elementos tornaram as campanhas digitais da Cambridge Analytica particularmente perigosas. Em primeiro lugar, elas mostraram conteúdos dramaticamente diferentes para pessoas diferentes, destruindo assim nossa experiência comum. O conteúdo que estava sendo discutido e examinado na mídia não era o que os eleitores de fato estavam vendo online. Pessoas sujeitas a ferramentas cujo objetivo era confundir não conseguiam discutir racionalmente entre si sobre determinado candidato porque não tinham acesso às mesmas informações. Simplesmente não era possível que duas pessoas discutissem calmamente os pontos positivos e negativos de uma candidata como Hillary Clinton caso uma dessas pessoas pensasse que Clinton estava ligada a um escândalo de exploração sexual de crianças ocorrido em uma pizzaria na cidade de Washington, por exemplo.

Um segundo elemento que tornou a Cambridge Analytica perigosa foi o fato de suas campanhas não parecerem campanhas. Elas não pareciam ser uma propaganda cuidadosamente elaborada. Às vezes pareciam artigos de notícias. Outras vezes, pareciam conteúdos criados por usuários comuns. Ninguém sabia que o que parecia ser um movimento

---

[226] N, T.: O termo pode ser traduzido, nesse contexto, como "provocador". Geralmente refere-se a pessoas cuja intenção é provocar emocionalmente outras pessoas online.
[227] WYLIE, Christopher. *Mindf*ck:* inside Cambridge Analytica's plot to break the world. London: Profile, 2019, cap. 7.

popular era, na realidade, campanhas políticas orquestradas por mercenários virtuais — e sabiam menos ainda que as pessoas que estavam sendo arrastadas em direção a essas visões polarizadas e polarizantes.

Em uma impressionante investigação sigilosa, o *Channel* 4 transmitiu imagens em que Mark Turnbull, então diretor administrativo da Cambridge Analytica, disse: "nós apenas colocamos informações na corrente sanguínea da internet [...] e, depois, assistimos ao seu crescimento, damos um pequeno empurrão de vez em quando [...] como um controle remoto. Isso tem de acontecer sem que qualquer um que pense 'isso é propaganda', porque no momento em que você pensa que é [...], a próxima pergunta é: 'Quem publicou isso?'".[228]

O repertório da Cambridge Analytica de empreendimentos de guerra psicológica e informacional era vasto, e sem quaisquer limites morais. Incluía *fake news* direcionadas, propagação do medo (que chegava a mostrar imagens extremamente violentas de torturas e assassinatos reais), falsificação ideológica, e oferta de serviços altamente antiéticos, tais como "suborno ou armadilhas sexuais, campanhas de desinteresse dos eleitores, obtenção de informações para desacreditar os opositores políticos e divulgação anônima de informações em campanhas políticas".[229] Essa foi a empresa que ajudou Trump a ganhar a presidência dos

---

[228] CHANNEL 4 NEWS INVESTIGATIONS TEAM. "Revealed: Trump's election consultants filmed saying they use bribes and sex workers to entrap politicians". Disponível em: https://www.channel4.com/news/cambridge-analytica-revealed--trumps-election-consultants-filmed-saying-they-use-bribes-and-sex-workers-to--entrap-politicians-investigation.

[229] Alexander Nix (o CEO) e Mark Turnbull ofereceram alguns desses serviços a alguém que eles pensavam que seria seu cliente na investigação disfarçada do *Channel* 4. A Cambridge Analytica acusou o *Channel* 4 de armar uma emboscada, levando Nix a emendar suas declarações a respeito de suas atividades (GRAHAM-HARRISON, Emma; CADWALLADR, Carole; OSBORNE, Hilary. "Cambridge Analytica boasts of dirty tricks to swing elections". *Guardian*, 19 mar. 2018). Mais recentemente, o Serviço de Insolvência do Reino Unido proibiu Nix de atuar como diretor de empresas por sete anos por oferecer os serviços "potencialmente antiéticos" mencionados anteriormente a potenciais clientes (DAVIES, Rob. "Former Cambridge Analytica chief receives seven-year directorship ban". *Guardian*, 24 set. 2020).

CAPÍTULO III – O PODER DA PRIVACIDADE

Estados Unidos e a campanha pela saída do Reino Unido no referendo do Brexit (por intermédio de uma firma política associada, AIQ); uma empresa que parece ter laços estreitos com a Rússia.²³⁰ Espero que, um dia, aqueles que vierem depois de nós leiam sobre este episódio vergonhoso da história e achem difícil de acreditar. Que eles se sintam seguros em saber que suas democracias são suficientemente robustas e regulamentadas para que ninguém jamais possa tentar fazer algo assim e sair impune.

A Cambridge Analytica fechou as portas, mas muitas das pessoas que a constituíam fundaram novas empresas de dados.²³¹ A AggregateIQ, empresa política canadense que esteve envolvida no referendo Brexit e que, de acordo com o *whistleblower* Christopher Wylie e com provas citadas pelo Information Commissioner's Office²³² do Reino Unido, tinha laços estreitos com a SCL (empresa matriz da Cambridge Analytica),²³³

---

230 WYLIE, Christopher. *Mindf*ck*: inside Cambridge Analytica's plot to break the world. London: Profile, 2019, cap. 8. O Information Commissioner's Office do Reino Unido divulgou recentemente um relatório de sua investigação sobre a Cambridge Analytica. Alguns comentários interpretaram o relatório no sentido de exonerar a empresa de dados dos laços com a Rússia. De fato, o ICO simplesmente declarou que assuntos relacionados a "possíveis atividades localizadas na Rússia" estavam além de seu escopo. Outros comentários sobre o relatório deram a impressão de que o ICO havia descoberto que a Cambridge Analytica não havia se envolvido ativamente no referendo Brexit. De fato, o relatório menciona a atividade da AggregateIQ, uma empresa com sede no Canadá que estava ligada à Cambridge Analytica e sua matriz, SCL, e que estava envolvida com a campanha pela saída (OBSERVER EDITORIAL. "The Observer View on the Information Commissioner's Cambridge Analytica Investigation". *Observer*, 11 out. 2020).

231 WYLIE, Christopher. *Mindf*ck*: inside Cambridge Analytica's plot to break the world. London: Profile, 2019, p. 244.

232 N. T.: "Information Commissioner's Office" (ICO) é a autoridade de proteção de dados do Reino Unido.

233 Information Commissioner's Office: "Entendemos, a partir de provas testemunhais, que a AIQ desempenhou um papel significativo na difusão de publicidade direcionada, aproveitando sua experiência neste marketing digital a fim de auxiliar a SCL. Houve uma série de provas que demonstraram uma relação muito próxima entre a AIQ e a SCL (tais como provas que descreveram a AIQ como a filial canadense da SCL e provas de que as faturas do Facebook para a AIQ pela publicidade foram pagas diretamente pela SCL). Entretanto, a AIQ tem negado constantemente ter

ainda está de pé. A Cambridge Analytica é apenas um exemplo de algo que qualquer pessoa com habilidades com dados pode fazer. Em 2018, a Tactical Tech, uma organização não governamental sediada em Berlim, identificou mais de 300 organizações em todo o mundo trabalhando com partidos políticos através de campanhas orientadas por dados.[234] A Rússia é notória por suas tentativas de intrometer-se na política de países estrangeiros e semear a discórdia entre os concidadãos através de nefastas interferências virtuais. Em 2016, duas páginas do Facebook controladas por *trolls* russos organizaram um protesto e um contraprotesto no Texas. O protesto "Pare a islamização do Texas" foi organizado por um grupo do Facebook com mais de 250.000 membros, chamado *Heart of Texas*, e controlado por uma fábrica de *trolls*, a "Agência de Pesquisa na Internet", na Rússia. O contraprotesto foi igualmente organizado por um grupo do Facebook controlado pela Rússia, os Muçulmanos Unidos da América, que tinha mais de 300.000 seguidores.[235] Como esse caso ilustra, embora a Cambridge Analytica tenha desaparecido, nossas democracias ainda estão em perigo.

O poder da Cambridge Analytica veio dos nossos dados. O poder de outros atores mal-intencionados é parcialmente derivado de nossos dados. O poder das *big tech* vem dos nossos dados: daquele questionário de personalidade divertido que você fez online para ver qual personagem de desenho animado você mais gosta (esses questionários são elaborados com o único propósito de coletar seus dados); daquele aplicativo duvidoso que você baixou e que lhe pediu acesso a seus contatos; daqueles cartões de fidelidade que você guarda em sua carteira.

---

um relacionamento mais estreito além do relacionamento entre um desenvolvedor de software e seu cliente. O Sr. Silvester (diretor/proprietário da AIQ) declarou que em 2014 a SCL 'nos pediu para criar a SCL Canadá, mas nós recusamos'." (INFORMATION COMMISSIONER'S OFFICE. Letter from the Information Commissioner to Julian Knight MP. ICO/O/ED/L/RTL/0181, p. 16. Disponível em: https://ico.org.uk/media/action-weve-taken/2618383/20201002_ico-o-ed-l-rtl-0181_to-julian-knight-mp.pdf.)

[234] MACINTYRE, Amber. "Who's working for your vote?". *Tactical Tech*, 2018.
[235] FRANCESCHI-BICCHIERAI, Lorenzo. "Russian Facebook trolls got two groups of people to protest each other in Texas". *Motherboard*, 1 nov. 2017.

CAPÍTULO III – O PODER DA PRIVACIDADE

Os cientistas de dados estão brincando com nossas vidas como se fossem deuses infantis, agarrando-se a tudo o que veem como se fosse deles. Eles têm se movimentado rapidamente e quebrado as coisas, como vidas, nossa capacidade de nos concentrarmos em uma coisa de cada vez, e democracias. Enquanto eles tiverem acesso aos nossos dados, nós continuaremos a ser seus fantoches. A única maneira de retomar o controle de nossa autonomia, nossa capacidade de nos autogovernar, é recuperar nossa privacidade.

Privacidade, autonomia e liberdade

Autonomia é a capacidade e o direito de governar a si mesmo. Como um ser humano adulto, você é capaz de decidir quais são seus valores — o que é significativo para você, que tipo de vida você quer levar — e de agir de acordo com esses valores.[236] Quando você toma uma decisão autônoma, você é plenamente responsável por ela. É o tipo de decisão que expressa suas convicções mais profundas, uma escolha que você pode endossar após reflexão.

Os indivíduos têm um forte interesse em ter sua autonomia respeitada pelos outros. Queremos que os outros reconheçam e honrem nossa capacidade de levar nossas vidas como achamos adequado. Nas democracias liberais, com pouquíssimas exceções, ninguém, nem mesmo o governo, pode dizer o que pensar, o que dizer, o que fazer da vida, com quem se associar, ou como gastar seu tempo. Você pode decidir todas essas coisas e muito mais. Se você não tem autonomia, você não tem liberdade, porque sua vida é controlada por outros. *Autonomia é ter poder sobre sua própria vida.*

Autonomia é tão importante para o bem-estar individual e social que qualquer interferência nela tem de ter uma justificativa muito sólida

---

[236] WATSON, Gary. "Moral Agency". *The International Encyclopedia of Ethics*, 2013; CHRISTMAN, John. "Autonomy in Moral and Political Philosophy". In: ZALTA, Edward N. (Coord.). *The Stanford Encyclopedia of Philosophy*, 2015.

— como evitar danos aos outros. Interferir na autonomia das pessoas para aumentar seus lucros não é justificável.

A privacidade e a autonomia estão relacionadas porque as perdas de privacidade facilitam a interferência dos outros em sua vida. Ser vigiado o tempo todo interfere na paz de espírito que é necessária para tomar decisões autônomas. Quando a lenda do balé Rudolf Nureyev decidiu desertar da União Soviética durante uma visita à França, em 1961, ele foi obrigado pela lei francesa a passar pelo menos cinco minutos em uma sala sozinho antes de assinar um pedido de "licença de santuário", protegendo-o assim dos oficiais russos que tentavam interferir em sua escolha.[237] Você precisa de tempo e de espaço livres de pressões externas para decidir sobre o que deseja para si mesmo e para ter a liberdade de realizar seus desejos. Pense em como as cabines de votação são projetadas para protegê-lo de pressões externas — se ninguém pode ver em quem você vota, ninguém pode forçá-lo a votar em alguém que não deseja.

Quando as pessoas sabem que estão sendo vigiadas e que tudo o que fazem pode trazer consequências ruins para elas, elas tendem a se autocensurar. Quando você não pesquisa sobre um conceito por medo de como os outros poderiam usar essa informação sobre você, sua autonomia e liberdade estão sendo limitadas. Depois que Edward Snowden revelou a extensão da vigilância governamental, as buscas na Wikipédia relacionadas ao terrorismo caíram quase 30%, ilustrando o tão chamado "efeito inibitório" da vigilância.[238]

Outros utilizarem suas informações pessoais para manipular seus desejos também é uma forma de interferir em sua autonomia, principalmente quando tal influência é encoberta.[239] Se você não percebe que o conteúdo que você está acessando online é mais um reflexo da

---

[237] OLIVER, Myrna. "Legends Nureyev, Gillespie Die: Defector Was One of Century's Great Dancers". *Los Angeles Times*, 7 jan. 1993.
[238] PENNEY, Jonathon W. "Chilling effects: online surveillance and Wikipedia use". *Berkeley Technology Law Journal*, vol. 31, n. 1, set. 2016, p. 117.
[239] VOLD, Karina; WHITTLESTONE, Jess. "Privacy, autonomy, and personalised targeting: rethinking how personal data is used". In: VÉLIZ, Carissa (Coord.).

CAPÍTULO III – O PODER DA PRIVACIDADE

forma de como publicitários ou cientistas de dados pensam que você é, em vez de um reflexo do mundo exterior, será mais difícil para você agir racionalmente e de acordo com seus próprios valores. Autonomia requer que você esteja relativamente bem-informado sobre o contexto em que você vive. Quando outros manipulam suas crenças sobre o mundo e o fazem acreditar em algo falso que influencia como você se sente e vive, eles estão interferindo em sua autonomia.

A tecnologia tem um histórico de pouca ou nenhuma preocupação com nossa autonomia. Muitas empresas de tecnologia não parecem muito interessadas no que queremos. Elas não fabricam produtos para nos ajudar a viver a vida que queremos viver, ou a nos tornarmos as pessoas que queremos ser. Elas fabricam produtos que as ajudarão a atingir os objetivos *deles*, produtos que espremem o máximo possível de dados de nós para o benefício deles. Eles fazem aplicativos que nos viciam em telas. Eles nos obrigam a assinar termos e condições para nos informar que temos poucos, se algum, direitos contra eles. Muitas empresas ficariam felizes em reduzir ainda mais nossa liberdade. Esse desrespeito corporativo pela autonomia é um novo tipo de autoritarismo brando.

Não é um exagero afirmar que o Google gostaria de ser como Deus. Primeiro, ele quer ser onisciente: ele faz todo e qualquer esforço para coletar o máximo possível de dados a fim de saber tudo. Segundo, quer ser onipresente: ele quer ser a plataforma através da qual nos comunicamos com os outros, assistimos conteúdo online, pesquisamos online, encontramos rotas em uma cidade, acessamos serviços de saúde e muito mais (em parte porque é assim que ele pode coletar mais dados). Em terceiro lugar, quer ser onipotente: ele quer ter o poder de pegar o que quiser (ou seja, nossos dados), sob suas condições, e transformar o mundo para seu benefício. Para isso, gasta mais dinheiro com lobby do que qualquer outra empresa americana.[240]

Data, privacy, and the individual. Madrid: Center for the Governance of Change; IE University, 2019.

[240] SHABAN, Hamza. "Google for the first time outspent every other company to influence Washington in 2019". *Washington Post*, 23 jan. 2018.

Eric Schmidt deixou bem claro que o Google gostaria de tomar o controle de sua autonomia: "o objetivo é permitir que os usuários do Google possam fazer perguntas como 'o que devo fazer amanhã?' e 'que trabalho devo aceitar?'".[241] Em 2010, ele foi ainda mais longe: "na verdade, penso que a maioria das pessoas não quer que o Google responda as perguntas delas. Elas querem que o Google lhes diga o que deveriam fazer a seguir".[242]

O Google pode tentar convencer você que as recomendações são baseadas em seus valores, pois ele o conhece muito bem. Mas lembre-se: amigos como o Google têm conflito de interesses, porque o que é melhor para você e para a sociedade provavelmente não é o que é melhor para os negócios deles. Este desalinhamento de interesses e o terrível histórico de mau comportamento das empresas de tecnologia nos dão motivos mais do que suficientes para não confiarmos nossa autonomia a elas. Ainda que empresas como o Google fossem mais confiáveis, sua autonomia é muito importante para delegá-la a qualquer um que não seja você.

Você pode pensar que não há nada para se preocupar, pois você sempre poderá desobedecer aos conselhos do Google. Mesmo que o Google Maps recomende um caminho, você sempre poderá ignorá-lo e pegar um caminho diferente. No entanto, não devemos subestimar a influência da tecnologia sobre nós. Junto com os produtos que as empresas tecnológicas projetam, elas também estão projetando seus usuários, influenciando nosso comportamento. Como disse Winston Churchill, "nós moldamos nossos edifícios, e, depois, nossos edifícios nos moldam".

Uma das razões pelas quais as empresas de tecnologia estão se tornando tão boas na predição de nosso comportamento é porque elas estão, em parte, moldando-o. Se uma empresa tem controle sobre uma

---

[241] DANIEL, Caroline; PALMER, Maija. "Google's goal: to organise your daily life". *Financial Times*, 22 mai. 2007.
[242] JENKINS, Holman W. "Google and the search for the future". *Wall Street Journal*, 14 ago. 2010.

CAPÍTULO III – O PODER DA PRIVACIDADE

parte significativa de sua vida através de seu smartphone e notebook, e ela influencia sua vida ao escolher o conteúdo que você pode acessar e controlar as plataformas que você usa para se conectar com outros, fazer compras e trabalhar, então não é difícil prever o que você fará a seguir; afinal, ela está fornecendo as opções e lhe dando empurrõezinhos ao longo do caminho. Ela está criando um ambiente controlado para você, como "O Show de Truman" (se você não assistiu ao filme, fica a recomendação).

Você deveria se preocupar com o fato de sua autonomia estar sendo ameaçada pela tecnologia. Você deve ser o dono da sua própria vida. Mas isso também deve ser uma preocupação para todos nós. Mesmo que *você* tenha plena autonomia, você tem motivos para querer que outros em sua sociedade também a tenham. A capacidade de autogoverno de uma sociedade depende de indivíduos que tenham autonomia — se esta diminuir, aquela também diminuirá. Para que uma democracia seja uma democracia, seu povo tem de ter poder sobre suas próprias vidas.

Uma democracia em que as pessoas não são autônomas é uma farsa. Pessoas com pouca autonomia serão facilmente influenciadas a votar de uma forma que não reflete suas convicções mais profundas, e sim a capacidade de atores poderosos de manipular percepções e crenças.

Precisamos que você proteja sua privacidade para que possamos recuperar nossa autonomia e liberdade como sociedade. Mesmo que você não se importe muito com seus próprios dados pessoais, nós — sua família e amigos, seus concidadãos, seus semelhantes em todo o mundo — precisamos que você os mantenha seguros, porque a privacidade é um esforço coletivo.

A privacidade é coletiva

A privacidade não diz respeito apenas a você. Que seus dados são "pessoais" parece implicar que você é a única parte interessada quando se trata de compartilhá-los. Mas isso é um mal-entendido. A privacidade é tão coletiva quanto pessoal.²⁴³ Como mostra o desastre da Cambridge Analytica, quando você expõe sua privacidade, você coloca todos nós em risco.

A privacidade se assemelha a questões ecológicas e outros problemas de ação coletiva. Não importa o quanto você tente minimizar sua própria pegada de carbono, se outros não fizerem a parte que lhes cabe, você também sofrerá as consequências do aquecimento global. Estamos juntos nessa e precisamos de pessoas suficientes para remar na mesma direção a fim de fazer as coisas acontecerem.

A natureza coletiva da privacidade traz profundas implicações para a maneira como pensamos sobre os chamados dados pessoais. Está na moda defender a opinião de que dados pessoais devem ser tratados como propriedade, que devemos permitir que as pessoas vendam ou comercializem seus próprios dados. As empresas que permitem que você seja seu próprio corretor de dados estão se multiplicando rapidamente. Uma vez que as sociedades capitalistas são altamente defensoras da propriedade privada, é intuitivo pensar que reverenciar dados pessoais como propriedade é equivalente a respeitar a privacidade — mas não é.²⁴⁴

Imaginemos que um amigo (ou talvez um inimigo) lhe dê um kit de DNA caseiro de "presente". Esses kits são vendidos por cerca de £100. Ao enviar pelo correio sua amostra de saliva, você está cedendo a maior parte ou todos os seus direitos às suas informações genéticas.²⁴⁵ Isso significa que empresas como a Ancestry podem analisar, vender e transmitir suas informações genéticas como quiserem. Não ter privacidade genética pode ser ruim para você. Para muitos tipos de seguro, você é obrigado a informar os resultados dos testes genéticos, e informar o teste pode resultar na negação de cobertura ou no pagamento de prêmios mais altos. Se você não informar os resultados de seu teste e a

---

[243] VÉLIZ, Carissa. "Privacy is a collective concern". *New Statesman*, 22 out. 2019.
[244] VÉLIZ, Carissa. *Data, privacy & the individual*. Madrid: Center for the Governance of Change, IE University, 2020.
[245] BROWN, Kristen V. "What DNA testing companies" terrifying privacy policies actually mean". *Gizmodo*, 18 out. 2017.

CAPÍTULO III – O PODER DA PRIVACIDADE

seguradora tomar conhecimento deles (algo que é bastante provável, já que a maioria das empresas de testes de DNA vendem esses dados para sobreviver), isso pode resultar na rescisão de suas apólices.[246]

Pode ser que você esteja disposto a assumir esses riscos para si mesmo. Talvez você esteja curioso para saber se tem um gene que o faz espirrar no sol (que está incluído no relatório do 23andMe)[247], ou talvez você tenha razões mais sérias para querer saber mais sobre seus genes. Mas o que dizer de sua família? Seus pais, irmãos, e filhos podem não ficar felizes por terem sua privacidade genética extirpada.[248] Não há como saber como será a lei daqui a duas ou três décadas, e não há como saber então o que poderemos inferir das informações genéticas. Seus netos podem ter oportunidades negadas no futuro por causa de seu teste genético, e eles não consentiram com a doação ou a venda de seus dados genéticos.

Mesmo que seu DNA faça de você quem você é, você compartilha a maior parte de sua composição genética com outros, inclusive com parentes muito distantes. A proporção de seus genes que são específicos para você está em torno de 0,1 por cento. Pense desta forma: uma versão impressa de seus genes preencheria cerca de 262.000 páginas, mas apenas entre 250 e 500 delas seriam unicamente suas.[249]

Como as semelhanças e diferenças entre nossos genes permitem que sejam feitas inferências, não há como dizer antecipadamente como seu DNA pode ser usado. Na melhor das hipóteses, o seu DNA pode ajudar a pegar um criminoso perigoso. Foi assim que o *Golden State Killer*, um

---

[246] ALLARD, Jody. "How gene testing forced me to reveal my private health information". *Vice*, 27 maio 2016.
[247] "Sneezing on Summer Solstice?". Disponível em: https://blog.23andme.com/health-traits/sneezing-on-summer-solstice/.
[248] SCHILIT, S. L.; NITENSON, Schilit A. "My identical twin sequenced our genome". *J Genet Couns*, vol. 26, n. 2, 2017, pp. 276-278.
[249] RAMSEY, Lydia; LEE, Samantha. "Our DNA is 99.9% the same as the person next to us – and we're surprisingly similar to a lot of other living things". *Business Insider*, 3 abr. 2018.

assassino em série e estuprador, foi capturado na Califórnia em 2018. A polícia fez o upload do DNA que havia encontrado na cena do crime para o GEDmatch, um banco de dados online gratuito que inclui dados de testes comerciais. A consulta revelou primos de terceiro grau do criminoso, cujas identidades permitiram às autoridades chegar ao suspeito.[250]

Você pode pensar que isso é uma boa notícia. Ninguém no seu perfeito juízo quer assassinos em série correndo livremente. Mas nunca devemos permitir que uma tecnologia funcione considerando apenas o melhor cenário possível. As tecnologias podem ser utilizadas de muitas maneiras e, na maioria das vezes, elas não são utilizadas apenas da melhor maneira possível. Bancos de dados genéticos podem ser usados para identificar dissidentes políticos, denunciantes e manifestantes em países autoritários. Mesmo países democráticos podem usar bancos de dados comerciais para inferir a nacionalidade dos migrantes e deportá-los.[251]

A combinação de uma amostra anônima de DNA com algumas outras informações — por exemplo, a idade aproximada de alguém — pode ser suficiente para restringir a identidade dessa pessoa a menos de vinte pessoas, se você tiver uma base de dados de 1,3 milhão de pessoas. Em 2018, tal busca poderia permitir a identificação de 60% dos americanos brancos — mesmo que eles nunca tivessem fornecido o próprio DNA a um banco de dados de ancestralidade.[252] Quanto mais pessoas continuarem a fornecer suas informações genéticas, mais viável será a identificação de qualquer pessoa no mundo. Isso é, se tudo funcionar da maneira que deveria — exceto que às vezes não funciona.

Testes genéticos podem ter uma alta taxa de falsos positivos. Uma coisa é usar o DNA como prova de apoio contra alguém que é considerado um suspeito com base em outras evidências. Mas ir em expedições

---

[250] KAISER, Jocelyn. "We will find you: DNA search used to nab golden state killer can home in on about 60% of white Americans". *Science Magazine*, 11 out. 2018.
[251] KHANDAKER, Tamara. "Canada is using ancestry DNA websites to help it deport people". *Vice News*, 26 jul. 2018.
[252] KAISER, Jocelyn. "We will find you: DNA search used to nab golden state killer can home in on about 60% of white Americans". *Science Magazine*, 11 out. 2018.

de pesca genética em busca de um suspeito é perigoso. Uma prova de DNA soa irrefutável. É intuitivo pensar que se o DNA de alguém for encontrado em uma cena de crime, essa pessoa tem de ser o criminoso. Mas não é tão simples assim. Há muitas maneiras pelas quais o DNA pode parar na investigação de um crime. Na busca por um criminoso apelidado de "O fantasma de Heilbronn", o DNA de alguém havia sido encontrado em mais de quarenta cenas de crime na Europa. O DNA em questão era de um operário da fábrica que produzia os *swabs* utilizados pela polícia. A contaminação genética é fácil. Outras vezes, os testes de DNA são trocados acidentalmente com o de outra pessoa. Na maioria das vezes, os dados genéticos são difíceis de ler. A busca por semelhanças entre duas amostras genéticas diferentes envolve uma interpretação subjetiva. Os erros são frequentes.[253]

Você pode ser completamente inocente de um crime e ainda assim ser considerado um suspeito por causa de um parente que tenha feito um teste de DNA. Foi assim que Michael Usry se tornou suspeito de assassinato.[254] O pai dele havia doado DNA para um projeto de genealogia. Embora o DNA do pai dele fosse semelhante ao encontrado no local do crime, felizmente o de Usry não era. Depois de uma espera de trinta e três dias, que deve ter parecido muito mais tempo, Usry foi liberado. Nem todos têm tanta sorte. Há muitos casos de pessoas que foram condenadas injustamente com base em testes de DNA.[255] De acordo com o Registro Nacional de Exonerações dos Estados Unidos, provas forenses falsas ou enganosas foram um fator que contribuiu para 24% de todas as condenações errôneas confirmadas no país.[256] E esses são apenas os casos dos quais temos conhecimento.

---

[253] SHAER, Matthew. "The false promise of DNA testing". *Atlantic*, jun. 2016.
[254] KOERNER, Brendan I. "Your relative's DNA could turn you into a suspect". *Wired*, 13 out. 2015.
[255] MURPHY, Erin E. *Inside the cell:* the dark side of forensic DNA. New York: Nation Books, 2015.
[256] "Overturning wrongful convictions involving misapplied forensics". Disponível em:https://innocenceproject.org/overturning-wrongful-convictions--involving-flawed-forensics/.

Assim como estamos conectados uns aos outros através de nossa constituição genética, também estamos ligados uns aos outros de inúmeras e invisíveis maneiras que nos tornam vulneráveis aos lapsos de privacidade uns dos outros. Se você expuser informações sobre onde mora, estará expondo as pessoas que dividem a casa com você, e seus vizinhos. Se você der a uma empresa acesso a seu telefone, você exporá seus contatos. Se você divulgar informações sobre o que e como você pensa, você exporá outras pessoas que compartilham certas características psicológicas com você. Você e eu podemos nunca ter nos conhecido, e podemos nunca nos encontrar no futuro, mas se compartilharmos traços psicológicos suficientes e se você entregar esses dados a pessoas como a Cambridge Analytica, você também estará cedendo parte da minha privacidade. Como estamos interligados de maneiras que nos tornam vulneráveis um ao outro, somos parcialmente responsáveis pela privacidade um do outro.

Nossa interdependência em matéria de privacidade implica que nenhum indivíduo tem a autoridade moral para vender seus dados. Não somos donos de dados pessoais como somos proprietários de bens, porque nossos dados pessoais contêm os dados pessoais de outros. Seus dados pessoais não são somente seus.

A privacidade é coletiva em pelo menos dois sentidos. Seus vacilos em relação à privacidade não apenas facilitam a violação do direito à privacidade de outras pessoas. As consequências da perda de privacidade também são vivenciadas coletivamente. Uma cultura de exposição prejudica a sociedade. Ela danifica o tecido social, ameaça a segurança nacional (voltaremos a isso adiante), possibilita a discriminação, e põe em perigo a democracia.

Viver em uma cultura na qual tudo o que você faz ou diz pode ser transmitido a milhões de outros coloca uma pressão considerável sobre as pessoas. Sentir que nunca podemos cometer um erro em público quando nossos espaços privados foram reduzidos coloca um grande peso sobre nossos ombros. Quase tudo o que você faz é potencialmente público. Os seres humanos simplesmente não são o tipo de criaturas que podem prosperar em um aquário. Quando confiamos que os outros não vão

CAPÍTULO III – O PODER DA PRIVACIDADE

passar adiante o que dizemos, é mais provável que sejamos sinceros, ousados e inovadores.

Não há intimidade sem privacidade. As relações que não podem contar com o escudo da confidencialidade — seja porque desconfiamos dos outros ou porque desconfiamos das tecnologias que utilizamos para comunicar e interagir com os outros — são mais superficiais. Uma cultura de privacidade é necessária para desfrutar de conversas íntimas com os outros, ter debates francos em ambientes fechados, como em casas e salas de aula, e estabelecer os vínculos nos quais se baseiam as sociedades liberais que funcionam bem. Estar em um mundo em que os dados são constantemente usados como armas é sentir-se perpetuamente ameaçado e desconfiado dos outros. Esse medo gera conformidade e silêncio.

Quando dou uma aula ou dou uma palestra em um contexto no qual todas as coisas estão sendo gravadas (ou pior, transmitidas ao vivo), muitas vezes noto como me retraio em algumas das minhas palavras, e meus alunos ou o público fazem perguntas menos controversas. Ouvir dizer que desde que os julgamentos começaram a ser gravados na Espanha, há menos camaradagem na sala do tribunal, e mais silêncio.[257]

A "espiral de silêncio" é a tendência das pessoas a não expressarem opiniões em público quando elas acreditam que suas opiniões não são amplamente partilhadas. Pesquisas sugerem que tanto as redes sociais quanto a vigilância em geral levam a um aumento da espiral de silêncio.[258] O medo de sofrer o isolamento social e outras consequências negativas leva as pessoas a se acomodarem. Quando a vigilância está em toda parte, torna-se mais seguro ficar quieto, ou fazer eco das opiniões

---

[257] DE LA CUEVA, Javier. Comunicação pessoal.
[258] HAMPTON, Keith; RAINIE, Lee; LU, Weixu; DWYER, Maria; SHIN, Inyoung; PURCELL, Kristen. "Social media and the 'spiral of silence'". *Pew Research Center*, 26 ago. 2014; STOYCHEFF, Elizabeth. "Under surveillance: examining Facebook's spiral of silence effects in the wake of NSA monitoring". *Journalism & Mass Communication Quarterly*, vol. 93, n. 2, mar. 2016, pp. 296-311.

aceitas pelos outros. Mas a sociedade avança ao ouvir os argumentos daqueles que são críticos, daqueles que se rebelam contra o *status quo*.

A falta de privacidade também inflige danos à sociedade quando os dados pessoais são utilizados para fins de propaganda política personalizada e *fake news*. Quando atores maliciosos divulgam notícias falsas personalizadas, às vezes eles têm um objetivo muito concreto em mente, como ajudar um determinado candidato a vencer uma disputa eleitoral. Mas frequentemente o objetivo final deles é simplesmente semear a discórdia em uma sociedade. Dividir e conquistar é uma estratégia política muito antiga, que está sendo renovada através das mídias sociais. Nós somos divididos de acordo com nossos dados pessoais e somos conquistados através de propagandas personalizadas.

Todos são vulneráveis à manipulação porque ninguém tem acesso direto à informação. Você não pode ser testemunha em primeira mão de tudo o que acontece em seu país e ao redor do mundo. Você toma conhecimento sobre candidatos e eventos políticos principalmente através de suas telas. Mas, muitas vezes, você não escolhe suas fontes. Você não vai à procura delas — elas vêm à sua procura. Elas aparecem em seus *feeds* do Twitter ou do Facebook. E embora elas possam aparecer como por magia ou coincidência, empresas como o Facebook estão fazendo uma curadoria cuidadosa desse conteúdo para você. Estão vendendo sua atenção para atores desconhecidos que querem influenciá-lo.

Se você e eu recebermos informações contraditórias sobre um candidato, e nenhum de nós puder ver a informação à qual o outro foi exposto, é provável que quando falamos sobre esse candidato, consideraremos um ao outro como estúpidos, loucos, ou ambos, em vez de percebermos que estamos experimentando a realidade através de filtros muito diferentes e que foram feitos especificamente para nós por pessoas que querem que odiemos uns aos outros. Quando não podemos ver uma realidade comum, a sociedade se polariza, e os criminosos vencem. As sociedades polarizadas são mais frágeis. A cooperação torna-se difícil, e a solução de problemas que exigem uma ação coletiva torna-se impossível. Quando cada um de nós está preso em uma câmara de eco, ou em um gueto informacional, não há como interagir construtivamente.

CAPÍTULO III – O PODER DA PRIVACIDADE

Outra maneira pela qual os atores maliciosos disseminam a discórdia online é através do cultivo de emoções negativas na população. Quanto mais medo e raiva tivermos, mais desconfiados seremos em relação uns aos outros, menos racionais serão nossas decisões, e pior será o funcionamento de nossas sociedades.

O poder que a privacidade nos concede coletivamente como cidadãos é necessário para a democracia — para que votemos de acordo com nossas crenças e sem pressões indevidas, para que protestemos anonimamente e — sem medo das repercussões, para termos liberdade de associação, de falar o que pensamos, de ler o que temos curiosidade de saber. Se quisermos viver em uma democracia, o cerne do poder precisa estar com o povo. E quem tem os dados tem o poder. Se a maior parte do poder estiver nas empresas, teremos uma plutocracia, uma sociedade governada pelos ricos. Se a maior parte do poder estiver com o Estado, teremos algum tipo de autoritarismo. Para que o poder dos governos seja legítimo, ele tem de vir do consenso do povo — não de nossos dados. A democracia liberal não é dada, é adquirida. É algo pelo qual temos de lutar todos os dias. E se pararmos de construir as condições em que ela prospera, a democracia liberal deixará de existir. A privacidade é importante porque ela dá poder ao povo. A privacidade é um bem público, e defendê-la é nosso dever cívico.[259]

Por que democracia liberal?

A democracia se refere a um sistema de governo no qual o poder soberano é investido no povo. A democracia aspira a que pessoas socialmente iguais governem a si mesmas e alcancem uma ordem social relativamente justa, sem ditadores ou governantes autocráticos.[260] Talvez,

---

[259] O'HARA, Kieron; SHADBOLT, Nigel. "Privacy on the data web". *Communications of the ACM*, vol. 53, n. 3, mar. 2010, pp. 39-41.
[260] TALISSE, Robert B. "Democracy: what's it good for?". *The Philosophers' Magazine*, vol. 89, 24 mai. 2020.

há algumas décadas, teria sido suficiente argumentar que precisamos de privacidade para sustentar as democracias liberais. Mas atualmente a democracia não está no auge de sua popularidade. Apenas um terço dos americanos com menos de 35 anos de idade dizem que é essencial viver em uma democracia, e a parcela que apoiaria um governo militar aumentou de 7% em 1995 para 18% em 2017.[261] Em todo o mundo, as liberdades civis e os direitos políticos diminuíram nos últimos doze anos — em 2017, em apenas trinta e cinco países esses fatores haviam melhorado, enquanto em setenta e um haviam perdido espaço.[262] A *Economist Intelligence Unit* descreveu 2019 como "um ano de retrocessos democráticos", com a pontuação média global para a democracia em seu ponto mais baixo desde 2006 (quando o *Índice de Democracia* foi produzido pela primeira vez).[263] Os ataques à democracia só aceleraram durante a pandemia do coronavírus. Segundo a Freedom House, um *think tank* em Washington, a democracia e o respeito aos direitos humanos se deterioraram em 80 países desde o surto do coronavírus.[264]

Portanto, é necessário defender o motivo pelo qual você ainda deve lutar pela democracia liberal. Mesmo que seu atual presidente ou primeiro-ministro seja um idiota. Mesmo que você pense que o governo atual ou governos passados (ou ambos) arruinaram seu país. Mesmo que você se sinta excluído do processo político. Mesmo que você se sinta não representado por seus políticos locais. Mesmo que você suspeite que sua sociedade tenha sido hackeada. Mesmo que você desconfie de seus concidadãos — *especialmente* se você desconfiar de seus concidadãos. Mesmo que você tenha se decepcionado com a democracia, você deve trabalhar para melhorá-la em vez de se livrar dela, pois é o

---

[261] "A Manifesto for Renewing Liberalism". *The Economist*, 15 set. 2018.
[262] ABRAMOWITZ, Michael J. *Freedom in the world*: democracy in crisis. London: Freedom House, 2018.
[263] THE ECONOMIST INTELLIGENCE UNIT. "Democracy index 2019: a year of democratic setbacks and popular protest", 2020.
[264] "NEW REPORT: Democracy under Lockdown – The Impact of COVID-19 on Global Freedom". Disponível em: https://freedomhouse.org/article/new-report--democracy-under-lockdown-impact-covid-19-global-freedom.

CAPÍTULO III – O PODER DA PRIVACIDADE

sistema que mais adequadamente protege os direitos fundamentais de todos, inclusive os seus.

"Ninguém faz de conta que a democracia é perfeita ou totalmente sábia", Winston Churchill disse em 1947. "De fato, tem sido dito que a democracia é a pior forma de governo — à exceção de todas as demais formas que têm sido experimentadas ao longo da história".[265]

A democracia não é um sistema ótimo. Na melhor das hipóteses, é confusa, dolorosamente lenta e resistente à mudança. É tão irregular que parece um crochê feito por uma criança de cinco anos. Ela requer concessões, de tal forma que, na maioria das vezes, ninguém consegue exatamente o que quer e todos acabam ficando um pouco insatisfeitos. Na pior das hipóteses, o sistema é cooptado por um punhado de pessoas ricas que ditam as regras da sociedade para se beneficiar à custa de todos os outros.

Podemos concordar que a democracia não é um paraíso na terra. Mas ela tem vantagens que nenhum outro sistema político tem. A democracia obriga os políticos a levar em conta os interesses e as opiniões da maioria das pessoas na sociedade. Os políticos dependem de nosso apoio para permanecer no poder, o que os obriga a tentar manter a maior parte da população razoavelmente feliz. O fato de a democracia envolver muito mais pessoas do que outras formas de governo lhe dá melhores chances de tomar boas decisões, uma vez que ela pode tirar proveito de muitas fontes de informação e pontos de vista.[266] As democracias tendem a ser mais prósperas. Elas também tendem a ser mais pacíficas, tanto dentro de suas fronteiras como em relação a outros países (uma ideia expressa pela teoria da paz democrática, uma tradição que remonta a Immanuel Kant).[267] O filósofo Karl Popper nos lembrou que as democracias são a

---

[265] PARLIAMENT BILL (Hansard, 11 November 1947). Disponível em: https://api.parliament.uk/historic-hansard/commons/1947/nov/11/parliament-bill.

[266] MILL, John Stuart. *On Liberty*. Indianapolis: Hackett Publishing Company, 1978.

[267] Obrigada a Mauricio Suárez por me lembrar da teoria da paz democrática, e a Antonio Diéguez por me lembrar do argumento de Karl Popper.

melhor maneira de se livrar dos maus governos sem derramamento de sangue, e de implementar reformas sem violência.[268]

No entanto, muitos dos males que podem ser encontrados nas sociedades autoritárias podem ser encontrados nas democracias. Se você procurar por casos de abuso de poder e injustiça, é provável que você os encontre. Mas quão prevalecentes são esses casos é o que faz toda a diferença. Uma diferença no grau se torna uma diferença no tipo. George Orwell argumentou que o melhor ativo da democracia é a "relativa sensação de segurança" que seus cidadãos podem usufruir. Falar de política com seus amigos sem temer por si mesmo. Estar confiante de que ninguém o punirá a menos que você tenha violado a lei, e saber que "a lei está acima do Estado".[269] Que eu seja capaz de escrever este livro, desafiando os atores mais poderosos de nossa sociedade, sem medo, e que você seja capaz de lê-lo é uma prova de que vivemos em sociedades livres. Não devemos ignorar isso.

Para que *seus* direitos em particular sejam garantidos, a democracia tem de ser liberal. Caso contrário, correríamos um risco que John Stuart Mill chamou de "a tirania da maioria". Uma maioria pode ser tão opressiva em relação a uma minoria como um autocrata. O liberalismo se esforça para permitir o máximo de liberdade aos cidadãos, garantindo ao mesmo tempo que se respeitem os direitos de todos. O liberalismo impõe apenas os limites necessários para que cada um de nós possa perseguir nosso ideal de vida boa sem interferir uns com os outros. Se você é um cidadão comum, viver em uma democracia liberal é sua melhor chance de ter a maior autonomia. As democracias liberais nos permitem nos autogovernar, como indivíduos e como sociedades.

Quando o liberalismo é negligenciado, as democracias podem ser destruídas através de um desmantelamento do sistema a partir de dentro. As democracias nem sempre morrem com um barulho violento — elas também podem morrer nas mãos de líderes eleitos. Hitler, na

---

[268] POPPER, Karl. *The open society and its enemies*. Oxford: Routledge, 2002, p. 368.
[269] ORWELL, George. *Fascism and democracy*. London: Penguin, 2020, p. 6.

CAPÍTULO III – O PODER DA PRIVACIDADE

Alemanha, e Chávez, na Venezuela, são dois exemplos notórios.[270] O filósofo britânico Jonathan Wolff argumentou que o primeiro passo da anulação fascista da democracia é dar prioridade à vontade da maioria em detrimento dos direitos das minorias. O segundo passo, ele argumenta, é questionar os meios pelos quais a vontade da maioria é expressa, minando assim o direito ao voto.[271] (Na era digital, devemos estar atentos às reivindicações da tecnologia de que seus aparelhos podem interpretar sua vontade e votar por você. O estudioso de IA, César Hidalgo, por exemplo, argumentou que, no futuro, deveríamos ter avatares digitais que votam em nosso nome.[272] Má ideia).

A democracia liberal limita o governo da maioria para garantir que os direitos da minoria sejam protegidos. Em uma democracia liberal, você não pode ir para a prisão se não tiver violado a lei, ainda que a maioria de sua sociedade desejasse que seus direitos fossem violados. É para isso que existe o Estado de Direito.

A privacidade é a venda da justiça

Uma das maiores virtudes da democracia liberal é sua ênfase em igualdade e justiça. Ninguém está acima da lei, todos têm os mesmos direitos, todas as pessoas maiores de idade têm direito a voto, e todos têm a oportunidade de participar da democracia de forma mais ativa — mesmo as pessoas que estavam do lado que perdeu a eleição. Um

---

[270] LEVITSKY, Steven; ZIBLATT, Daniel. *How Democracies Die*. New York: Penguin, 2018, p. 3.

[271] WOLFF, Jonathan. "The lure of fascism". *Aeon*, 14 abr. 2020.

[272] Hidalgo argumenta que devemos nos livrar dos representantes políticos e, em vez disso, fazer com que nossos assistentes digitais votem em nosso nome. Ele afirma que este é um tipo de "democracia direta", mas eu acho isso questionável – poderia ser argumentado que estaríamos meramente trocando nossos representantes humanos por digitais. (Não que eu ache que democracia direta seja melhor que democracia representativa) Cf.: HIDALGO, César. "A bold idea to replace politicians". *Ted Talks*. Disponível em: https://www.ted.com/talks/cesar_hidalgo_a_bold_idea_to_replace_politicians.

dos maiores defeitos da economia de dados é como ela está minando a igualdade de várias maneiras. A própria essência da economia de dados pessoais é que todos somos tratados de forma diferente, de acordo com nossos dados. É justamente porque somos tratados de maneira diferente que os algoritmos acabam sendo sexistas e racistas, como já vimos. É porque somos tratados de forma diferente por causa de nossos dados que pessoas diferentes podem pagar preços diferentes pelo mesmo produto sem saber que podem estar pagando mais do que os outros. É porque somos tratados de maneira diferente que podemos ver conteúdos diferentes, o que amplifica ainda mais nossas diferenças — um ciclo vicioso de diferenciação e desigualdade. Não importa quem você seja, você deve ter o mesmo acesso a informações e oportunidades. As personificações da justiça são frequentemente retratadas usando uma venda, simbolizando a imparcialidade da justiça. A privacidade é o que pode cegar o sistema para garantir que sejamos tratados de forma igualitária e imparcial. A privacidade é a venda da justiça.

Corrigindo assimetrias de poder

As *big tech* e os políticos nos tratam como marionetes e conseguem nos manipular porque sofremos de uma assimetria de conhecimento que levou a uma assimetria de poder. Até recentemente, sabíamos muito pouco sobre como as *big tech* e a propaganda política funcionam no reino digital. Suas táticas eram invisíveis para nós. Ao passo que eles sabem quase tudo sobre nós. Temos de trabalhar para reequilibrar as coisas a nosso favor. Temos de saber mais sobre eles, e garantir que eles saibam menos sobre nós. A leitura deste livro é um passo na direção certa; ele o ajudará a se informar melhor sobre o poder das *big tech* e dos governos. Proteger melhor a sua privacidade é o próximo passo. Se você mantiver seus dados seguros, eles saberão menos sobre você como pessoa e sobre nós como cidadãos.

Há alguns poucos guardiões da verdade, justiça e imparcialidade cuja independência deve ser defendida para a saúde das democracias liberais: a imprensa, os tribunais e a academia. Uma parte importante do reequilíbrio das assimetrias de poder na era digital é apoiá-los. Como acadêmica, preocupa-me que mais e mais pesquisas (incluindo pesquisas sobre ética) estejam sendo financiadas pelas grandes empresas de tecnologia. Se as *big tech* querem financiar a pesquisa, deixe-as financiá-la através de intermediários que permitam certo distanciamento entre os pesquisadores e a fonte do financiamento. Os intermediários podem ser governos, fundações independentes ou universidades, desde que os fundos sejam doados de uma forma em que não haja absolutamente nenhum vínculo. Se há a possibilidade de os fundos de pesquisa acabarem caso os acadêmicos defendam um ponto de vista controverso, a liberdade acadêmica será comprometida, e a sociedade será quem mais sofrerá com isso, pois os acadêmicos não poderão pesquisar o que eles consideram mais importante e disseminar os resultados de suas pesquisas. Já tenho visto pesquisadores evitando pontos de vista controversos e escolhendo tópicos que as grandes empresas de tecnologia olharão com bons olhos. Se você espera ser financiado pelo Google, você acha que poderá pesquisar os aspectos moralmente problemáticos dos anúncios? Assim como deveríamos ser mais críticos em relação à pesquisa médica financiada por grandes empresas farmacêuticas e a de nutrição financiada por empresas alimentícias, deveríamos ser cautelosos em relação à pesquisa financiada por grandes empresas tecnológicas.

Durante os últimos anos, o jornalismo independente tem sido um dos mais ferozes opositores da sociedade de vigilância — junto com os *whistleblowers*. Edward Snowden denunciou a vigilância em massa e soubemos disso graças a Laura Poitras, Glenn Greenwald, Ewen MacAskill e o The Guardian, então dirigido pelo editor Alan Rusbridger. Carole Cadwalladr, do Observer, revelou o funcionamento da Cambridge Analytica e deu voz ao *whistleblower* Christopher Wylie.

Todas essas pessoas tiveram de resistir a enormes pressões para nos informar. Snowden teve de procurar asilo em Moscou e talvez nunca mais possa voltar para os Estados Unidos. O parceiro de Greenwald foi detido e interrogado durante nove horas no aeroporto de Heathrow com base na Lei de Terrorismo, seu computador foi apreendido. Laura Poitras foi repetidamente detida e interrogada em aeroportos. O The Guardian, ameaçado por uma ordem judicial, e sob o olhar atento de funcionários do governo, foi forçado a destruir os discos rígidos que continham os documentos vazados de Snowden. No momento em que escrevo, Carole Cadwalladr está enfrentando um processo por difamação do milionário Arron Banks, que estava envolvido na campanha Brexit. Se não fossem por jornalistas corajosos, não estaríamos cientes das regras que têm orientado nossas vidas. Leia e apoie o bom jornalismo. É uma das formas de os cidadãos se fortalecerem contra o poder corporativo e governamental.

Fake news e propaganda política guardam algo em comum com truques de mágica. Truques de mágica chamam nossa atenção e nos impressionam, ainda que saibamos que são ilusões. O ex-mágico e atual professor de psicologia Gustav Kuhn descobriu que ilusões podem ser muito convincentes, mesmo quando em algum nível sabemos que estamos sendo enganados, e que um bom truque ainda tem a capacidade de nos fazer pensar que algo paranormal pode estar acontecendo. O feitiço só é quebrado quando nos contam como o truque foi feito.[273] Da mesma forma, compreender como o conteúdo personalizado é projetado e quais são seus propósitos pode tirar parte de seu poder — o que pode quebrar o feitiço.

Resistindo ao poder

Como mostram estes exemplos de jornalismo brilhante e corajoso, nem tudo são más notícias. O poder pode ser resistido e desafiado. Você também tem poder, e coletivamente nós temos ainda mais poder. As instituições na era digital têm acumulado muito poder, mas podemos recuperar os dados que as sustentam, e podemos limitar a coleta de novos dados. O poder das *big tech* parece ser muito sólido. Mas o castelo de cartas da tecnologia pode ser destruído. Eles não são nada sem nossos dados. Um mínimo de regulamentação, um pouco de resistência dos

---

[273] WOLFSON, Sam. "For my next trick: dynamo's mission to bring back magic". *Guardian*, 26 abr. 2020.

CAPÍTULO III – O PODER DA PRIVACIDADE

cidadãos, algumas empresas que comecem a oferecer privacidade como uma vantagem competitiva, e tudo pode ir por água abaixo.

Ninguém está mais consciente de sua vulnerabilidade do que as próprias empresas de tecnologia. É por isso que eles estão tentando nos convencer de que, no final das contas, eles se importam com a privacidade (a despeito do que seus advogados dizem nos tribunais). É por isso que eles gastam milhões com *lobbies*.[274] Se tivessem tanta certeza sobre a importância de seus produtos para o bem dos usuários e da sociedade, não precisariam fazer um *lobby* tão forte. As empresas de tecnologia abusaram do poder, e agora é hora de resistir a elas.

Na era digital, a resistência que é motivada pelo abuso de poder tecnológico foi apelidada de *techlash*.[275] Os abusos de poder nos lembram que o poder precisa ser restringido para que possa ser uma influência positiva na sociedade. Mesmo que você seja um entusiasta da tecnologia, mesmo que você pense que não há nada de errado com o que as empresas de tecnologia e os governos estão fazendo com nossos dados, você ainda deveria querer que o poder seja limitado, porque nunca se sabe quem será o próximo no poder. Seu próximo Primeiro-Ministro pode ser mais autoritário que o atual; os próximos CEOs das próximas grandes empresas de tecnologia podem não ser tão benevolentes quanto os antecessores deles.

Não ceda à economia de dados sem alguma resistência. Não cometa o erro de pensar que está a salvo de danos à privacidade, talvez porque você é jovem, homem, branco, heterossexual e saudável. Você pode pensar que seus dados só podem funcionar a seu favor, e nunca contra você, caso você tenha tido sorte até agora. Mas você pode não ser tão saudável quanto pensa que é, e não será jovem para sempre. A democracia que você está tomando por garantida pode se transformar

---

[274] KANG, Cecilia; VOGEL, Kenneth P. "Tech giants amass a lobbying army for an epic Washington battle". *New York Times*, 5 jun. 2019; ROMM, Tony. "Tech giants led by Amazon, Facebook and Google spent nearly half a billion on lobbying over the last decade". *Washington Post*, 22 jan. 2020.

[275] FOROOHAR, Rana. "Year in a word: techlash". *Financial Times*, 16 dez. 2018.

em um regime autoritário que pode não favorecer os seus semelhantes. Se cedermos todo nosso poder para o capitalismo de vigilância porque pensamos que nossos atuais líderes são benevolentes, não poderemos recuperar esse poder quando as coisas azedarem, seja porque teremos novos líderes ou porque nossos líderes atuais nos decepcionam. Além disso, lembre-se do velho adágio do político britânico do século XIX, John Dalberg-Acton: "O poder tende a corromper, e o poder absoluto corrompe absolutamente". Não é prudente deixar que a tecnologia ou os governantes detenham muito poder sobre nós.

Mas antes de entrarmos nos detalhes de *como* retomar o controle de seus dados pessoais – e com isso sua autonomia e nossas democracias — há mais uma razão *por que* devemos resistir à economia de dados. Além de criar desequilíbrios de poder, a economia de vigilância é perigosa porque comercializa dados pessoais, e os dados pessoais são uma substância tóxica.

CAPÍTULO IV
DADOS TÓXICOS

Em muitos aspectos, o amianto é um material maravilhoso. É um mineral que pode ser extraído a baixo custo e é excepcionalmente durável e resistente ao fogo. Infelizmente, além de ser muito útil, o amianto também é mortal. Ele causa câncer e outras condições pulmonares graves, e não há um limiar seguro de exposição.[276] Dados pessoais são o amianto da sociedade tecnológica. Como o amianto, os dados pessoais podem ser minerados a baixo custo. Muito do que compõe os dados pessoais são subprodutos das interações das pessoas com a tecnologia. Como o amianto, os dados pessoais são úteis. Eles podem ser vendidos, trocados por privilégios, e podem ajudar a prever o futuro. E, como o amianto, os dados pessoais são tóxicos. Eles podem envenenar vidas humanas, instituições e sociedades.

O especialista em segurança Bruce Schneier argumenta que os dados são um ativo tóxico.[277] Todos os dias, todas as semanas, hackers invadem as redes e roubam dados sobre pessoas. Às vezes eles usam

---

[276] DOUGLAS, Tom. "Why the health threat from asbestos is not a thing of the past". *The Conversation*, 21 dez. 2015.
[277] SCHNEIER, Bruce. "Data is a toxic asset, so why not throw it out?". *CNN*, 1 mar. 2016.

esses dados para cometer fraudes. Outras vezes os utilizam para humilhar, extorquir ou coagir. A coleta e armazenamento de dados pessoais constitui uma bomba relógio, um desastre à espera de acontecer. No ciberespaço, quem ataca tende a ter uma vantagem sobre quem se defende. Enquanto o atacante pode escolher o momento e o método de ataque, os defensores têm de se proteger contra todo tipo de ataque em todos os momentos. O resultado é que é muito provável que os atacantes tenham acesso aos dados pessoais, se eles estiverem dispostos a isso.

Os dados pessoais são perigosos porque são sensíveis, altamente susceptíveis ao mau uso, difíceis de manter em segurança e cobiçados por muitos — desde criminosos a seguradoras e agências de inteligência. Quanto mais tempo nossos dados forem armazenados, e quanto mais analisados eles forem, mais provável que acabem sendo utilizados contra nós. Os dados são vulneráveis, o que acaba por tornar os seus titulares e qualquer pessoa que os armazene igualmente vulneráveis.

Vidas envenenadas

Se seus dados pessoais acabarem em mãos erradas, sua vida pode ser arruinada. Não há como prever o desastre, e, uma vez que ele acontece, é tarde demais — os dados não podem ser recuperados.

Em 18 de agosto de 2015, mais de 30 milhões de pessoas acordaram com seus dados mais pessoais publicados online. Hackers haviam divulgado todo o banco de dados de clientes do Ashley Madison, um site de namoro que ajudava as pessoas casadas a terem casos extraconjugais. Os usuários (incluindo pessoas que haviam cancelado a adesão) podiam ser identificados por seus nomes, endereços, preferências, códigos postais e números de cartão de crédito. Os hackers queriam dar uma lição aos infiéis. "Fazer reparações", eles escreveram.[278]

---

[278] LAMONT, Tom. "Life after the Ashley Madison affair". *Observer*, 28 fev. 2016.

CAPÍTULO IV – DADOS TÓXICOS

É difícil ter uma noção exata do sofrimento e da destruição que aconteceu após o vazamento desses dados. Milhões sofreram de insônia e ansiedade. Alguns perderam seus empregos. Alguns foram chantageados por criminosos que ameaçaram contar a seus cônjuges sobre o uso do site se eles não pagassem. Em um caso, a carta de extorsão continha a seguinte ameaça: "se você não cumprir minha exigência, não vou apenas humilhá-lo, vou também humilhar aqueles próximos a você".[279] Mesmo que a vítima pagasse pela promessa de silêncio, não seria possível ter certeza de que aquele mesmo criminoso, ou outra pessoa, não iria expô-la de qualquer forma. No Alabama, um jornal imprimiu os nomes de todas as pessoas da região que constavam na base de dados. Um hacker abriu uma conta no Twitter e um site para publicar os detalhes mais obscenos que pudesse encontrar no vazamento de dados, apenas por diversão. Casamentos e famílias foram destruídos, e algumas pessoas cometeram suicídio.[280]

Você pode pensar que os usuários de Ashley Madison mereciam o que receberam porque eram infiéis. Questionável. É errado pensar que quem é culpado de algo é merecedor de punição social. Todos nós carregamos *alguma* culpa, pelo menos aos olhos de certas pessoas. No entanto, todos têm direito à privacidade e os hackers não têm legitimidade moral em nossa sociedade para julgar e punir pessoas. Além disso, a humilhação online e a perda de um emprego não são punições apropriadas para quem é infiel. Tenha em mente que alguns usuários do site estavam ali por razões complicadas, e não eram tão culpados quanto poderiam parecer à primeira vista. Alguns estavam lá com o conhecimento e o consentimento do cônjuge. Outros estavam lá porque seus cônjuges se recusavam a ter relações sexuais com eles. Outros tinham se inscrito no site em um momento de fraqueza, mas nunca tinham feito nada — a inscrição era apenas um lembrete de que

---

[279] PRICE, Rob. "An Ashley Madison user received a terrifying blackmail letter". *Business Insider* 22 jan. 2016.

[280] BARANIUK, Chris. "Ashley Madison: 'Suicides' over website hack". *BBC News*, 24 ago. 2015; SEGALL, Laurie. "Pastor outed on Ashley Madison commits suicide". *CNN*, 8 set. 2015.

poderiam procurar uma conexão fora do casamento, caso quisessem. Ainda que você considere que os usuários do Ashley Madison mereciam, os cônjuges e filhos inocentes deles certamente não mereciam a humilhação pública que tiveram de suportar por tabela.

Ao ler sobre este desastre de dados, você pode suspirar aliviado e pensar que está seguro porque nunca mentiu para sua família. (No entanto, sua família pode estar mentindo para você.) Mas você não precisa ter segredos obscuros para que seus dados pessoais envenenem sua vida. Pode ser algo tão banal quanto seu passaporte ou carteira de identidade, ou seu nome, endereço e dados bancários.

Dois homens acordaram Ramona María Faghiura no meio da noite, em janeiro de 2015. Eles mostraram a ela um mandado de prisão e a levaram sob custódia. Ela garantiu aos policiais que não tinha feito nada de errado, sem sucesso. Ela tentou explicar que tinha sido vítima de roubo de identidade, que a pessoa que eles procuravam não era ela. Não adiantou nada. Ela enviou uma mensagem de texto ao marido enquanto chorava na parte de trás da viatura policial: "eles estão me prendendo. Traga a pasta". A pasta continha a explicação de seu pesadelo: papéis do tribunal, intimações, fianças, e as queixas perante juízes e policiais, relatando repetidamente que alguém havia usado sua identidade para cometer fraude em uma dúzia de cidades espanholas.

Ramona María Faghiura não fez nada de errado. No entanto, ela passou anos entrando e saindo de delegacias e tribunais, pagando milhares de euros aos advogados na esperança de que eles provassem sua inocência. Ela foi diagnosticada com ansiedade, e tem de tomar remédios para isso. "Minha vida foi arruinada", lamentou ela.[281]

Os casos de roubo de identidade se tornaram uma experiência relativamente comum na era digital, sendo a fraude de cartão de crédito sua forma mais frequente. A cada ano adicionamos mais informações online, criamos mais bancos de dados públicos que os criminosos podem

---

[281] HERNÁNDEZ, José Antonio. "Me han robado la identidad y estoy a base de lexatín; yo no soy una delincuente". *El País*, 24 ago. 2016.

CAPÍTULO IV – DADOS TÓXICOS

usar para inferir dados pessoais, porém nossos protocolos de segurança não estão melhorando. Nós não devemos ficar surpresos pelo fato de que fraudes relacionadas a dados estejam se tornando comuns. Em uma pesquisa recente que minha colega Siân Brooke e eu realizamos, 92% das pessoas relataram ter experimentado algum tipo de violação de privacidade online, indo desde roubo de identidade até humilhação pública e problemas com softwares espiões.[282]

Outro crime cada vez mais difundido relacionado aos dados é o de extorsão. Em 2017, um grupo criminoso obteve acesso a dados de uma clínica de cirurgia estética lituana e chantageou os pacientes, os quais eram oriundos de sessenta países de todo o mundo, solicitando o resgate dos dados mediante pagamentos em *bitcoin*. Os hackers acabaram publicando mais de 25.000 fotos privadas, incluindo fotos das pessoas nuas e dados pessoais, como passaportes e números de seguridade social.[283]

Os pacientes de uma grande clínica de psicoterapia na Finlândia foram chantageados recentemente após um hacker ter roubado os dados deles. Cerca de 300 registros foram publicados na *dark web*.[284] Em 2019, uma mulher espanhola, mãe de dois filhos pequenos, cometeu suicídio depois que um vídeo sexual dela foi compartilhado entre seus colegas de trabalho através de uma conversa em grupo da WhatsApp.[285] Rumores falsos espalhados pelo WhatsApp sobre o rapto de crianças levaram pessoas inocentes a serem espancadas e linchadas na Índia.[286] Um cidadão japonês acusado de perseguir e agredir sexualmente uma

---

[282] BROOKE, Siân; VÉLIZ, Carissa. "Views on Privacy. A Survey". *In*: _____. *Data, privacy & the individual*. London: Center for the Governance of Change, IE University, mar. 2020.

[283] HERN, Alex. "Hackers publish private photos from cosmetic surgery clinic". *Guardian*, 2017.

[284] KLEINMAN, Zoe. "Therapy patients blackmailed for cash after clinic data breach". *BBC News*, 26 out. 2020.

[285] VALDÉS, Isabel. "La Fiscalía investiga el suicidio de una empleada de Iveco tras la difusión de un vídeo sexual". *El País*, 30 maio 2019.

[286] "How WhatsApp helped turn an Indian village into a lynch mob". *BBC News*, 18 jul. 2018.

mulher disse à polícia que conseguiu encontrá-la através do reflexo em seus olhos em uma fotografia compartilhada nas redes sociais; ele usou o Google Street View para encontrar uma parada de ônibus correspondente àquela onde a mulher estava.[287] Nos Estados Unidos, o Departamento de Polícia de Detroit prendeu injustamente um homem baseado unicamente em uma correspondência errada de um algoritmo de reconhecimento facial.[288] Pesquisadores acreditam que um telefone hackeado pode ter levado assassinos ao jornalista Jamal Khashoggi, que foi assassinado na Turquia em 2018.[289]

Estes são apenas alguns exemplos das muitas maneiras pelas quais as vidas de inúmeras pessoas são envenenadas a cada ano através do uso indevido de dados pessoais. Histórias de pornografia de vingança, humilhação online, exposição, e outras violações do direito à privacidade são abundantes. Não são apenas os titulares dos dados que sofrem as consequências. Os desastres de dados também podem prejudicar os governos e as empresas.

Instituições envenenadas

A vulnerabilidade dos dados se espalha para as instituições que os armazenam e analisam. Qualquer armazenamento de dados pode desencadear um desastre que pode diminuir os lucros de uma empresa, prejudicar sua imagem, reduzir sua participação no mercado, prejudicar o preço de suas ações e potencialmente resultar em processos judiciais dispendiosos ou até mesmo em acusações criminais. Instituições que acumulam mais dados do que necessário estão criando o seu próprio risco.

---

287 "Stalker 'Found Japanese singer through reflection in her eyes'". *BBC News*, 10 out. 2019.

288 HILL, Kashmir. "Wrongfully accused by an algorithm". *New York Times*, 24 jun. 2020.

289 LIEBERMANN, Oren. "How a hacked phone may have led killers to Khashoggi". *CNN*, 20 jan. 2019.

CAPÍTULO IV – DADOS TÓXICOS

É verdade que nem todas as empresas são arruinadas por desastres de dados. Algumas empresas têm tido sorte. Ashley Madison, por exemplo, está se saindo melhor do que nunca. O Facebook sobreviveu às incontáveis gafes que cometeu com os dados de seus usuários. Sua imagem, no entanto, levou um golpe. Pode parecer que ainda é social ou profissionalmente necessário estar no Facebook, mas não é mais *legal*. Em si mesmo, isso pode significar o fim do Facebook no longo prazo. A empresa pode ter problemas assim que surgir um concorrente que possa oferecer uma alternativa interessante. Em nossa recente pesquisa, as pessoas consideraram o Facebook como a empresa menos confiável de todos os gigantes da tecnologia. Os participantes deram ao Facebook a péssima nota de 2,75 em uma escala de 0 ("eu não confio neles") a 10 ("eu confio neles completamente").[290]

Ninguém ficaria surpreso se o Facebook acabasse perdendo sua posição de poder como resultado de seu desrespeito à privacidade. Essa perspectiva, no entanto, ainda está para ser vista. O Facebook ainda está de pé, embora trabalhar lá tenha se tornado uma fonte de vergonha, e não mais de orgulho, para alguns de seus funcionários e ex-empregados. Quando eu comecei a trabalhar com temas digitais, as pessoas que trabalham para o gigante das mídias sociais tendiam a se gabar de seus empregos. Hoje em dia, não é incomum as pessoas omitirem suas conexões com o "joinha azul".[291]

O fato de algumas empresas conseguirem sobreviver a um desastre de dados não significa que todas as empresas o façam. Gerenciar dados sensíveis é como gerenciar qualquer outra substância tóxica. Quando as coisas dão errado, isso pode significar a morte de uma empresa. Vejamos a Cambridge Analytica. Dois meses após ter sido revelado que a empresa tentou influenciar campanhas políticas em todo o mundo através do uso de dados pessoais para traçar o perfil e dos eleitores e

---

[290] BROOKE, Siân; VÉLIZ, Carissa. "Views on Privacy. A Survey". In: _____. *Data, privacy & the individual*. London: Center for the Governance of Change, IE University, mar. 2020.

[291] SOLON, Olivia. "Ashamed to work in Silicon Valley: how techies became the new bankers". *Guardian*, 8 nov. 2017.

microdirecionar anúncios, a empresa deu entrada em um processo de insolvência e teve de encerrar as operações. Da mesma forma, o Google fechou sua rede social Google+ após ter sido revelado que falhas no projeto do software permitiam o acesso de desenvolvedores externos aos dados pessoais dos usuários.

Mesmo que as instituições consigam passar por um escândalo, sobreviver ao envenenamento por dados pode ser caro. Até agora, o Facebook foi multado em US$ 5 bilhões nos Estados Unidos por várias violações de privacidade[292], e em £500.000 no Reino Unido pelo escândalo da Cambridge Analytica — mas isso foi antes dos dias do Regulamento Geral de Proteção de Dados europeu (GDPR).[293] O novo regulamento permite multas de até 4% da receita ou 20 milhões de euros, o que for maior, e o Facebook atualmente está sofrendo múltiplas investigações embasadas no GDPR. Em 2019, o Information Commissioner's Office (ICO), no Reino Unido, anunciou sua intenção de multar a British Airways em £183 milhões, com base no GDPR, por uma violação de seus sistemas de segurança que afetou 500.000 clientes.[294] Enquanto as instituições não mudarem seus caminhos, estaremos vendo mais e mais multas, possivelmente ainda mais pesadas. Uma boa regulamentação garante que os interesses dos clientes e das empresas estejam alinhados. Se os usuários forem prejudicados por negligência com os dados, as empresas também devem sofrer as consequências.

Às vezes, um desastre de privacidade não terminará com uma multa, mas pode, contudo, prejudicar gravemente uma instituição. Foi o caso da violação dos dados, ocorrida em 2015, do Escritório de Gerenciamento de Pessoal dos Estados Unidos (*United States Office of Personnel Management*). Os hackers roubaram cerca de 21 milhões de

---

[292] FEDERAL TRADE COMISSION. "FTC settlement imposes historic penalty, and significant requirements to boost accountability and transparency", 24 jul. 2019. Disponível em: https://www.ftc.gov/news-events/press-releases/2019/07/ftc-imposes-5-billion-penalty-sweeping-new-privacy-restrictions.

[293] "Facebook fined £500,000 for Cambridge Analytica scandal". *BBC News*, 25 out. 2018.

[294] "British Airways faces record £183m fine for data breach". *BBC*, 8 jul. 2019.

CAPÍTULO IV – DADOS TÓXICOS

registros do governo, incluindo investigações de antecedentes de funcionários passados, atuais e futuros do governo federal. Entre os dados sensíveis roubados, estavam nomes, endereços, datas de nascimento, histórico de empregos e salários, resultados do detector de mentiras, relatórios de comportamento sexual de risco, e mais de 5 milhões de conjuntos de impressões digitais. Estes registros roubados poderiam ser potencialmente usados para desmascarar investigadores infiltrados, por exemplo.[295] Violações de dados como essa não só constituem uma perda significativa de prestígio, mas também podem comprometer a segurança de todo um país.

Sociedades envenenadas

Há quatro maneiras principais de se envenenar as sociedades com a má administração de dados pessoais. Os dados pessoais podem comprometer a segurança nacional, podem ser usados para corromper a democracia, podem ameaçar as sociedades liberais ao promover uma cultura de exposição e vigilantismo, e podem colocar em risco a segurança dos indivíduos.

Ameaças à segurança nacional

A Equifax é um das maiores corretoras de dados e agências de crédito do mundo. Em setembro de 2017, ela anunciou uma falha de segurança cibernética na qual criminosos acessaram os dados pessoais de cerca de 147 milhões de cidadãos americanos. Os dados acessados incluíam nomes, números de previdência social, datas de nascimento, endereços e números de carteira de motorista. Trata-se de uma das maiores violações de dados da história. Até o momento, é muito

---

[295] SANGER, David E. "Hackers took fingerprints of 5.6 million U.S. workers, government says". *New York Times*, 23 set. 2015.

preocupante. Em fevereiro de 2020, a história tomou um rumo ainda mais sombrio quando o Departamento de Justiça dos Estados Unidos acusou quatro militares chineses de nove acusações relacionadas com a violação (o que a China negou até agora).

Por que os militares chineses quereriam todos esses dados pessoais? Uma possibilidade é que eles quisessem identificar alvos em potencial e recrutá-los como espiões. Quanto mais informações você tiver sobre as pessoas, melhores chances você tem de conseguir o que quer delas. Se você perceber que elas têm dívidas, você pode oferecer dinheiro. Se você descobrir um segredo, você pode chantageá-las. Se você analisar a mente delas, você pode antecipar o que as faria ceder.

A China é conhecida por utilizar as mídias sociais como o LinkedIn para recrutar espiões. O LinkedIn tem 645 milhões de usuários em busca de oportunidades de emprego que estão abertos ao contato de estranhos. Pessoas que trabalharam para o governo às vezes anunciam os cargos de segurança que ocuparam para melhorar suas chances de serem contratadas. Todas essas informações são valiosas para os espiões chineses. É muito menos arriscado e muito mais econômico abordar as pessoas online do que pessoalmente. Acredita-se que espiões chineses tentaram entrar em contato com milhares de cidadãos alemães e franceses através de redes sociais.[296]

Uma segunda razão pela qual os países estrangeiros podem desejar dados pessoais é para treinar seus algoritmos. A China tem muitos dados sobre seus cidadãos, mas não o suficiente sobre outras pessoas ao redor do mundo. Algoritmos treinados usando como base os dados do povo chinês podem não funcionar com os ocidentais. Uma terceira razão é usar esses dados para projetar campanhas de desinformação direcionadas, parecido com o que a Cambridge Analytica fez. Por fim, os dados são apenas mais uma mercadoria que pode ser vendida a outros governos.[297]

---

[296] WONG, Edward. "How China uses LinkedIn to recruit spies abroad". *New York Times*, 27 ago. 2019.

[297] PÉREZ COLOMÉ, Jordi. "Por qué China roba datos privados de decenas de millones de estadounidenses". *El País*, 17 fev. 2020.

CAPÍTULO IV – DADOS TÓXICOS

Talvez a Rússia ou a Coréia do Norte estejam tão interessadas quanto a China em saber mais sobre os americanos.

O ataque à Equifax foi realizado por profissionais. Os hackers roubaram as informações em pequenas parcelas para evitar a detecção, e rotearam o tráfego dos dados através de trinta e quatro servidores, em mais de uma dúzia de países, para cobrir suas pegadas. Mas parece que a Equifax foi imprudente. Uma ação coletiva alegou que informações sensíveis eram armazenadas em texto simples (não criptografadas), eram facilmente acessíveis, e, em pelo menos uma situação, a empresa tinha usado uma senha fraca ("admin") para proteger um portal. Mais importante ainda, eles não falharam em atualizar seu software Apache Struts.[298] O Apache tinha revelado uma vulnerabilidade em seu software e tinha oferecido a seus usuários uma opção de correção, mas a Equifax não a instalou.[299]

No caso da Equifax, os dados foram roubados. Mas considerada a proliferação de corretores de dados, os dados podem ser legalmente comprados e utilizados para fins igualmente nefastos. Quando o New York Times recebeu dados de localização armazenados por um corretor de dados de fontes que "tinham ficado alarmadas com a possibilidade de abuso dos dados", eles investigaram o quão perigosos tais dados poderiam ser.[300] Os dados incluíam informações sobre 12 milhões de telefones nos Estados Unidos. As áreas sensíveis visitadas por algumas

---

[298] Em seu website dedicado ao acordo, a empresa afirma que "Equifax negou qualquer ato ilícito, e nenhum julgamento ou descoberta de ato ilícito foi feito" ("Equifax Data Breach Settlement: Am I Affected?" Disponível em: https://www.equifaxbreachsettlement.com). A Equifax concordou em pagar US$700 milhões como parte de um acordo com a Comissão Federal de Comércio (FTC). "'Equifax deixou de tomar as medidas básicas que poderiam ter evitado a falha', disse Joe Simons, presidente da FTC". ("Equifax to pay up to $700m to settle data breach". *BBC News*, 22 jul. 2019). A ação coletiva contra a Equifax pode ser encontrada em: http://securities.stanford.edu/filings-documents/1063/EI00_15/2019128_r01x_17CV03463.pdf.

[299] WARZEL, Charlie. "Chinese hacking is alarming. So are data brokers". *New York Times*, 10 fev. 2020.

[300] THOMPSON, Stuart A.; WARZEL, Charlie. "Twelve million phones, one dataset, zero privacy". *New York Times*, 19 dez. 2019.

das pessoas rastreadas incluíam instalações psicológicas, clínicas para dependentes, espaços *queer*, igrejas, mesquitas e clínicas de aborto. Alguém que trabalhava no Pentágono visitou uma clínica de reabilitação e tratamento de doenças mentais mais de uma vez. Repórteres puderam identificar e acompanhar oficiais militares que gozavam de acesso restrito e policiais. Usando localizações das bases como guia, eles puderam inferir o cargo de um comandante da Reserva da Força Aérea dos Estados Unidos. Ainda mais alarmante, foram necessários minutos para desanonimizar os dados de localização e rastrear o próprio Presidente Trump (através do smartphone de um agente dos Serviços Secretos).[301] Se alguma dessas pessoas tem algo a esconder (e todos têm), esse fácil acesso a elas poderia torná-las alvos de chantagem. Na pior das hipóteses, dados de localização poderiam facilitar sequestros e assassinatos. Se as pessoas responsáveis pela segurança em nossos países são tão fáceis de encontrar, seguir e potencialmente ameaçar, então estamos todos em risco, e os atores estrangeiros estão todos bem cientes de como dados pessoais tornam os países vulneráveis.

As preocupações com a segurança nacional foram o motivo que levou os Estados Unidos a pressionar o Tiktok, uma rede social chinesa, para que vendesse o negócio para uma empresa norte-americana.[302] Antes disso, os Estados Unidos forçaram a gigante chinesa da indústria de jogos, Beijing Kunlun, a vender sua parte no Grindr para uma empresa norte-americana. Grindr é um aplicativo de encontros voltado para pessoas gays, bi e trans. Ele armazena dados incrivelmente sensíveis, incluindo conversas de conteúdo sexual, *nudes*, localização em tempo

---

[301] THOMPSON, Stuart; WARZEL, Charlie. "How to Track President Trump". *New York Times*, 20 dez. 2019.

[302] No momento em que escrevo, a Oracle e o Walmart estão competindo em conjunto pela TikTok. Dado que a Oracle possui e trabalha com mais de 80 corretores de dados, não parece ser uma boa notícia para a privacidade. A Oracle afirma vender dados sobre mais de 300 milhões de pessoas globalmente, com 30.000 pontos de dados por indivíduo (incluindo comportamento de consumo, transações financeiras, comportamento na mídia social, informações demográficas e mais), cobrindo "mais de 80% de toda a população da internet dos EUA" (RAM, Aliya; MURGIA, Madhumita. "Data brokers: regulators try to rein in the 'privacy deathstars'". *Financial Times*, 8 jan. 2019.).

real, endereços de e-mail e *status* de HIV. Se vivêssemos em um mundo no qual a privacidade fosse levada a sério, um aplicativo assim deveria ter um alto nível de recursos de privacidade e de segurança cibernética. Você não ficará surpreso em saber que não tem. Em 2018, uma organização de pesquisa norueguesa descobriu que o Grindr enviava dados pessoais, incluindo o status de HIV, a terceiros que ajudam a melhorar o desempenho de aplicativos. De acordo com o relatório, muitos desses dados pessoais, como dados de localização, foram enviados de modo não criptografado para várias empresas de publicidade.[303]

Os Estados Unidos não revelaram os detalhes sobre suas preocupações em relação ao Grindr — "fazê-lo poderia potencialmente revelar conclusões confidenciais das agências americanas", disse uma fonte – mas, em razão do contexto, essas conclusões não são difíceis de imaginar. Afinal, Kunlun havia dado a engenheiros de Pequim acesso às informações pessoais de milhões de americanos, incluindo mensagens privadas.[304] É provável que alguns membros das agências militares e de inteligência dos EUA estivessem usando o aplicativo, e a China poderia usar os dados deles para chantageá-los, ou para inferir os movimentos das tropas americanas.[305] Não seria a primeira vez que um aplicativo revelaria movimentos de tropas.

Como a maioria das pessoas, quem trabalha em projetos altamente sigilosos do governo costuma correr perto do local onde trabalha e vive. Quando os militares nos Estados Unidos compartilham suas rotas de corrida com a empresa Strava, não lhes ocorreu que eles estavam

---

[303] COLDEWAY, Devin. "Grindr send HIV status to third parties, and some personal data unencrypted". *TechCrunch*, 2 abr. 2018. Na Investigação do Conselho do Consumidor da Noruega no mecanismo de consentimento do Grindr resultou que o Grindr rejeitava um numero das sugestões do relatório enquanto acolhia uma discussão de boas práticas: "Grindr and Twitter face 'out of control' complaint'". *BBC News*, 14 jan. 2020.
[304] WANG, Echo; O'DONNELL, Carl. "Behind Grindr's doomed hookup in China, a data misstep and scramble to make up". *Reuters*, 22 mai. 2019.
[305] NEWTON, Casey. "How Grindr became a national security issue". *Verge*, 28 mar. 2019.

transmitindo a localização do que deveriam ser bases secretas do exército. A Strava publicou as rotas de corrida de todos os seus usuários em um mapa de calor em seu site, no qual era possível ampliar e explorar os caminhos mais ou menos comuns que haviam sido percorridos. Analistas apontaram que não apenas era possível inferir a localização de bases secretas do exército por estarem enquadradas em rotas de corrida de áreas com atividades escassas, como também era possível identificar usuários da Strava pelo nome, usando outros bancos de dados públicos. Graças ao mapa térmico, era possível identificar e seguir indivíduos militares de interesse.[306]

Neste caso, os dados que geraram uma ameaça à segurança nacional não foram sequer roubados ou comprados — eram públicos e de fácil acesso. Após o incidente, a Strava tornou a opção de não compartilhar mapas de calor mais visível e mais simples.[307] Um pouco tarde demais. As pessoas deveriam ter de *optar ativamente* pela coleta de dados. O desrespeito generalizado à privacidade significa que a privacidade de agentes militares e de funcionários do governo também está em perigo. Através deles, as potências estrangeiras podem comprometer a segurança de todo um país.

Ameaças à democracia

O escândalo da Cambridge Analytica ilustra como as perdas de privacidade podem contribuir para a manipulação[308] da democracia. Violações de privacidade permitiram a construção de perfis que foram usados para atingir pessoas com propagandas políticas que correspondiam

---

[306] HSU, Jeremy. "The Strava heat map and the end of secrets". *Wired*, 29 jan. 2018.
[307] LECHER, Colin. "Strava fitness app quietly added a new opt-out for controversial heat map". *Verge*, 1 mar. 2018.
[308] N. T.: O termo originalmente utilizado é "*gerrymandering*". *Gerrymandering* faz alusão a Elbridge Gerry, ex-governador de Massachusetts e ex-vice-presidente dos EUA, e consiste, resumidamente, na prática de manipular distritos eleitorais a fim de garantir resultados mais favoráveis nas eleições.

CAPÍTULO IV – DADOS TÓXICOS

à sua tendência psicológica. Christopher Wylie, o *whistleblower* da Cambridge Analytica, acredita que o Brexit não teria ganho no referendo se a empresa de dados não tivesse interferido.[309] De certa forma, a empresa prejudicou todos os cidadãos dos países em que se intrometeu, e cidadãos de outros países também, uma vez que todos nós somos afetados pela política global. Isso mostra o quão longe os danos causados pelos dados podem chegar.

Chris Sumner, diretor de pesquisa e cofundador da Online Privacy Foundation, uma organização sem fins lucrativos, liderou um projeto de pesquisa sobre anúncios obscuros. Os chamados "anúncios obscuros" são visíveis apenas para quem publicou o anúncio e o alvo a quem o anúncio é dirigido. Grupos podem ser visados a partir da utilização de dados de localização, dados comportamentais e informações psicográficas (o perfilamento psicográfico classifica as pessoas de acordo com os tipos de personalidade baseados em seus dados pessoais). Sumner se propôs a testar quão eficaz pode ser esse direcionamento. Ele e seu parceiro de pesquisa, Matthew Shearing, avaliaram a propensão de 2.412 pessoas ao autoritarismo no Facebook, e as dividiram em dois grupos: aqueles com tendências autoritárias altas, e baixas. Pessoas com personalidades autoritárias são caraterizadas por uma tendência a obedecer e a respeitar pessoas em uma posição de autoridade, por valorizar mais as tradições e normas, e são menos tolerantes com grupos externos. Sumner e Shearing, então, criaram propagandas que apoiavam ou se opunham à vigilância em massa do estado.

A equipe criou quatro campanhas publicitárias diferentes. O anúncio pró-vigilância projetado para pessoas com alto grau de autoritarismo mostrava uma imagem de edifícios bombardeados e dizia: "terroristas — não os deixem se esconder online. Diga sim à vigilância em massa". A versão criada para pessoas com tendências pouco autoritárias dizia: "o crime não para onde a internet começa. Diga sim à vigilância". Do outro lado, o anúncio antivigilância feito para pessoas

---

[309] GUIMÓN, Pablo. "Brexit wouldn't have happened without Cambridge Analytica". *El País*, 27 mar. 2018.

com altos níveis de autoritarismo trazia uma imagem das aterrissagens do Dia D e dizia: "eles lutaram por sua liberdade. Não abra mão dela! Diga não à vigilância em massa". A versão adaptada para pessoas com baixos níveis de autoritarismo mostrou uma fotografia de Anne Frank e dizia: "você realmente não tem nada a temer se não tem nada a esconder? Diga não à vigilância estatal".

Os anúncios sob medida eram mais eficazes com seus grupos-alvo pretendidos. O anúncio que apoiava a vigilância e visava personalidades altamente autoritárias, por exemplo, tinha vinte vezes mais *likes* e compartilhamentos do grupo com alto nível de autoritarismo do que o grupo com menor nível. As pessoas classificadas como altamente autoritárias tinham uma probabilidade significativamente maior de compartilhar um anúncio projetado para elas, e as pessoas classificadas como tendo baixos níveis de tendências autoritárias pensavam que os anúncios projetados para elas eram mais persuasivos do que aqueles que foram projetados para seus opostos.[310] O que não ficou claro, entretanto, é como essas métricas (probabilidade de compartilhar uma publicação, e achar um anúncio persuasivo) se traduzem em votos.

Alguns céticos têm argumentado que o microdirecionamento tem efeitos limitados e que, portanto, não devemos nos preocupar com seu impacto nas eleições. Um importante desafio enfrentado pelas campanhas que tentam influenciar a opinião das pessoas é que a correlação entre os traços pessoais e os valores políticos nem sempre é forte. Se as campanhas cometerem erros sobre as pessoas, elas podem direcionar errado as mensagens e sofrer uma reação negativa. Uma outra questão é que o poder preditivo do Facebook sobre seus *likes* tem uma data de validade — o que você gostava há cinco anos pode não ser o que você gosta agora, mas você nunca se deu o trabalho de clicar em "descurtir". Ademais, "curtir" pode ter um significado hoje, e um significado diferente daqui a um ano. "Curtir" um político antes e depois de um

---

[310] HERN, Alex. "Facebook 'dark ads' can swing political opinions, research shows". *Guardian*, 31 jul. 2017; REVELL, Timothy. "How to turn Facebook into a weaponised AI propaganda machine". *New Scientist*, 28 jul. 2017; HALPERN, Sue. "Cambridge Analytica and the perils of psychographics". *New Yorker*, 30 mar. 2018.

acontecimento político importante, como o referendo do Brexit, pode indicar posicionamentos políticos muito diferentes. Campanhas políticas também enfrentam a concorrência de outras campanhas que usam as mesmas táticas, de modo que, pelo menos, alguns dos efeitos podem se anular mutuamente.[311]

A preocupação, entretanto, é que o microdirecionamento tem um impacto, mesmo que limitado. Pesquisas sugerem que, por exemplo, quando um eleitor é alvo de conteúdo de um partido de oposição que enfatiza uma questão específica na qual o eleitor e o candidato político concordam, é mais provável que essa pessoa vote no partido de oposição ou se abstenha totalmente de votar.[312]

Quando as pessoas expostas aos anúncios direcionados estão na casa dos milhões, não é preciso que se tenha um grande efeito para influenciar uma eleição. Em 2012, o Facebook publicou na Nature os resultados de um estudo randomizado controlado sobre 61 milhões de seus usuários nos Estados Unidos durante as eleições para o Congresso de 2010. (Mantendo as tradições do Facebook, o estudo parece ter sido realizado sem consentimento informado das pessoas).[313] No dia das eleições, um grupo recebeu um aviso no topo de seus *feeds* de notícias

---

[311] CHEN, Angela; POTENZA, Alessandra. "Cambridge Analytica's Facebook data abuse shouldn't get credit for Trump". *Verge*, 20 mar. 2018; TRUMP, Kris-Stella. "Four and a half reasons not to worry that Cambridge Analytica skewed the 2016 election". *Washington Post*, 23 mar. 2018.

[312] ENDRES, Kyle. "Targeted issue messages and voting behavior". *American Politics Research*, vol. 48, n. 2, mar. 2020, pp. 317-328.

[313] O documento descreve a realização de um teste de controle randomizado "com todos os usuários de pelo menos 18 anos de idade nos Estados Unidos que acessaram o site do Facebook em 2 de novembro de 2010". Possivelmente, o Facebook presumiu que seu estudo estava coberto por seus termos e condições – uma suposição extremamente questionável. Uma controvérsia semelhante ocorreu em 2014, quando o Facebook publicou um estudo sobre contágio emocional. Kashmir Hill, uma jornalista, salientou que o Facebook havia acrescentado a seu Acordo de Usuário a possibilidade de que os dados fossem utilizados para pesquisas quatro meses após a realização do estudo. Mesmo assim, pode-se argumentar que concordar com os termos e condições, que a maioria das pessoas não lê, não pode ser entendido como conceder seu consentimento informado (HILL, Kashmir. "Facebook added

encorajando-o a votar, juntamente com um botão "eu votei". A outro grupo foi mostrado o mesmo aviso e até seis fotos de perfil de amigos do Facebook do usuário que já haviam clicado no botão "eu votei". Um terceiro grupo de controle não recebeu nenhuma mensagem. Os resultados mostram que aqueles que receberam a mensagem com fotografias de seus amigos tinham 0,4% a mais de chance de votar. Isso pode não parecer uma grande diferença, mas quando milhões de pessoas são expostas a uma mensagem ou imagem influente, os números se somam. Os autores do estudo afirmaram ter aumentado o comparecimento às urnas em cerca de 340.000 votos.[314]

Se você pensar em quantas eleições são ganhas por assustadoramente poucos votos, 340.000 votos parecem mais do que suficientes para mudar o rumo de uma eleição. Nos Estados Unidos, Trump venceu as eleições de 2016 por uma margem estreita de 70.000 votos em três estados de peso.[315] No referendo do Brexit, a opção por sair venceu por menos de 4% dos votos. O Facebook encorajando todos os seus usuários a votar pode não ser algo ruim. Mas e se eles encorajarem apenas algumas pessoas a votar e não outras? E não pessoas aleatórias, mas pessoas que provavelmente votarão em um candidato em particular? Um dos objetivos da Cambridge Analytica era identificar os eleitores que eles chamavam de "convencíveis" — aqueles que poderiam ser convencidos a se abster de votar ou a votar em um candidato no qual eles poderiam não ter votado. Para algumas pessoas eles mostraram *fake news* sobre os candidatos que estavam tentando prejudicar, para outras eles mostraram conteúdo que desencorajava o voto, e assim por diante.

'research' to user agreement 4 months after emotion manipulation study". *Forbes,* 30 jun. 2014.).

[314] BOND, Robert M.; Fariss, Christopher J.; Jones, Jason J.; Kramer, Adam D.; Marlow, Cameron.; Settle, Jaime E.; Fowler, James H. "A 61-million-person experiment in social influence and political mobilization". *Nature,* vol. 489, n. 7415, pp. 295-298, 13 set. 2012.

[315] CARUSO, Jay. "The latest battleground poll tells us democrats are over-correcting for 2020 — and they can't beat trump that way". *Independent,* 5 nov. 2019.

CAPÍTULO IV – DADOS TÓXICOS

Um documentário recente do *Channel* 4 mostrou como a campanha "Trump 2016" classificou mais de 3,5 milhões de negros americanos para fins de dissuasão política. O documentário descreve o tipo de dados que a campanha tinha sobre quase 200 milhões de eleitores: "se você tem um cão ou uma arma, se é provável que você se case, ou se está planejando ter um bebê; havia até mesmo uma pontuação para o tipo de personalidade". A julgar pelo colapso da participação em estados cruciais, o documentário sugere que a campanha pode ter sido bem-sucedida, embora outros fatores tenham de ser considerados. Assistir aos cidadãos negros americanos no modo como eles foram direcionados a não votar, ao se confrontar os dados que a campanha possuía sobre eles, é perturbador. Muitos dos anúncios destinados à supressão de votos eram anúncios obscuros no Facebook. De acordo com o documentário, a campanha de Trump gastou US$ 44 milhões para emitir quase 6 milhões de anúncios *diferentes* na plataforma. O Facebook mantém o conteúdo desses anúncios em segredo.[316]

O fato de uma empresa como o Facebook ter o poder de influenciar eleitores deve nos preocupar. Como os próprios autores do estudo do Facebook apontam, a corrida presidencial americana de 2000, entre Al Gore e George W. Bush, foi ganha por apenas 537 votos na Flórida — menos de 0,01% dos votos emitidos naquele estado. Se o Facebook tivesse encorajado os eleitores democratas na Flórida a ir às urnas, e não tivesse feito o mesmo pelos republicanos, Al Gore provavelmente teria se tornado presidente, e a história poderia ter tomado um rumo completamente diferente.

Os botões de votação do Facebook foram usados no referendo escocês em 2014, no referendo irlandês em 2015, nas eleições do Reino Unido no final daquele ano, no referendo do Brexit em 2016, nas eleições federais de 2017 na Alemanha, e nas eleições parlamentares de 2017 na Islândia. Pelo menos na Islândia, nem todos os cidadãos tiveram acesso aos botões, mas não sabemos quantas pessoas viram o botão e

---

[316] "Revealed: Trump campaign strategy to deter millions of black Americans from voting in 206". Disponível em: https://www.youtube.com/watch?v=KIf5ELaOjOk.

que critérios foram usados para decidir quem viu a mensagem de voto. *Simplesmente não sabemos que efeito essas mensagens tiveram em nossas eleições.* O Facebook guarda essas informações para si mesmo.[317] Permitir que uma das empresas mais poderosas do mundo saiba tanto sobre nós, e permitir que ela nos mostre mensagens que podem influenciar nosso comportamento na hora de votar durante as eleições é loucura – principalmente se nós sequer o fiscalizarmos. A possibilidade de manipulação da democracia deveria ser levada mais a sério.

Um dos mais importantes pilares de uma democracia saudável é a realização de eleições justas. Não só isso, as pessoas têm de se sentir confiantes sobre a justiça do processo eleitoral. Se a maioria dos cidadãos suspeitar de interferência eleitoral, a legitimidade do governo pode ser seriamente comprometida.

Houve alguns motivos para se preocupar com a interferência eleitoral e com o Facebook na disputa pela presidência dos Estados Unidos em 2020. Primeiro, quase 70% dos adultos americanos usam Facebook.[318] A rede social tem o potencial de influenciar a maioria dos eleitores estadunidenses.[319] Segundo, o Facebook provou ser notoriamente não confiável, como discutimos ao longo deste livro, falhando tantas vezes com seus usuários que manter a contagem se tornou um desafio.[320]

Terceiro, embora o Facebook tenha feito algumas mudanças desejáveis no sentido de moderar os anúncios políticos, ainda é o caso de suas políticas serem constantemente mutáveis, autoimpostas,

---

[317] GRASSEGGER, Hannes. "Facebook says its "voter button" is good for turnout. But should the tech giant be nudging us at all?". *Observer*, 15 abr. 2018.
[318] GRAMLICH, John. "10 Facts about Americans and Facebook". *Pew Research Center*, 16 mai. 2019.
[319] O YouTube, de propriedade do Google, e também envolvido no negócio de influenciar as pessoas através de dados, é única outra grande plataforma de rede social que é utilizada por mais americanos (73%).
[320] O *Wired* contou vinte e um escândalos apenas em 2018. LAPOWSKY, Issie. "The 21 (and counting) biggest Facebook scandals of 2018". *Wired*, 20 dez. 2018.

CAPÍTULO IV – DADOS TÓXICOS

autossupervisionadas e controversas.[321] O Facebook não apenas permitiu mentiras e notícias falsas, ele também as priorizou, uma vez que os anúncios pagos têm acesso a ferramentas, como o microdirecionamento, que maximizam sua influência.[322] As democracias modernas ainda não desenvolveram políticas bem estabelecidas, impostas pelo governo e supervisionadas de forma independente, para regular campanhas políticas em todas as plataformas de redes sociais. O Facebook não pode se autoconsertar, porque ele tem um modelo de negócio nocivo que faz com que seja de seu melhor interesse ter um conteúdo inflamatório que envolva os usuários por mais tempo.[323] A economia digital acende a chama das *fake news*. Menos de um mês antes das eleições, uma pesquisa do German Marshall Fund Digital, um *think tank*, sugeriu que "o nível de engajamento com artigos de veículos que repetidamente publicam conteúdo comprovadamente falso" no Facebook havia aumentado 102% desde a corrida eleitoral de 2016.[324]

---

[321] Em 2019, Zuckerberg anunciou que o Facebook não iria moderar ou verificar as propagandas políticas. Com o desenrolar dos acontecimentos, e o Facebook recebendo pressão para mudar suas políticas, Zuckerberg de certa forma cedeu. Os primeiros anúncios proibidos no Facebook visavam a supressão de votos. Mais recentemente, a empresa proibiu anúncios políticos que procuravam "deslegitimar uma eleição", incluindo alegações de fraude eleitoral. A plataforma também decidiu proibir todos os anúncios políticos após o encerramento das urnas em 3 de novembro por um período indeterminado. Embora essas políticas sejam positivas, nós não temos garantias, em primeiro lugar, de que serão implementadas de forma confiável e, em segundo lugar, de que são suficientes para garantir o *fair play* no Facebook (KANG, Cecilia; ISAAC, Mike. "Defiant Zuckerberg says Facebook won't police political speech". *New York Times*, 17 out. 2019). Enquanto este livro ia para a gráfica, o Facebook anunciou algumas pequenas mudanças depois que mais de 100 marcas retiraram anúncios da plataforma entre o *backlash* sobre as políticas do Facebook a respeito do discurso de ódio. O Facebook disse que removerá postagens que incitem a violência ou tentem suprimir votos e fixar rótulos em postagens midiáticas que violem outras políticas, tal como fez o Twitter. PAUL, Kari. "Facebook policy changes fail to quell advertiser revolt as coca-cola pulls ads". *Guardian*, 27 jun. 2020.

[322] WU, Tim. "Facebook isn't just allowing lies, it's prioritizing them". *New York Times*, 4 nov. 2019.

[323] MARANTZ, Andrew. "Why Facebook can't fix itself". *New Yorker*, 12 out. 2020.

[324] KORNBLUH, Karen; GOLDSTEIN, Adrienne; WEINER, Eli. "New study by digital new deal finds engagement with deceptive outlets higher on Facebook today

Quarto, e mais importante, o Facebook tinha um interesse particular no resultado dessas eleições porque queria evitar a regulamentação, o que tornou ainda mais tentador para eles interferir no processo.

A contratação pela empresa de ex-candidatos republicanos para cargos seniores e seu interesse pela desregulamentação deram origem a preocupações relacionadas a vieses conservadores.[325] A verdade é que, se quisesse, o Facebook poderia ter interferido nas eleições sem enfrentar qualquer responsabilização por isso. Ou ele poderia ter permitido que outros atores, como partidos russos, interferissem nas eleições. Talvez nós sequer saberíamos que isso aconteceu, a menos que um *whistleblower* denunciasse ou houvesse uma investigação séria.[326]

O Facebook pode ter agido de forma responsável e se abstido de interferir nas eleições, mesmo contra seu próprio interesse em evitar a regulamentação. Mas não deveríamos ter de confiar que o Facebook ou outras empresas respeitem nossos processos democráticos. O Estado de Direito não pode confiar somente na boa-fé. A democracia só pode ser robusta se ninguém for capaz de interferir impunemente nas eleições.

Assistir a plataformas como o Twitter e o Facebook apresentavam novas políticas para tentar frear os desdobramentos relativos às eleições de 2020 foi inquietante. Parecia que o que pensávamos ser uma democracia experiente e robusta estava tendo de reaprender de supetão como assegurar eleições seguras e justas. Muitas das políticas implementadas pelas plataformas de redes sociais assemelhavam-se a remendos aleatórios, respostas improvisadas às situações à medida que surgiam. Mais preocupante ainda era o fato de que havia algo de assustador ao observar empresas privadas inventarem regras para tentar proteger a democracia — plataformas que têm, até agora, contribuído

---

than run-up to 2016 election". *German Marshall Fund of the United States*, 12 out. 2020.

[325] SMITH, David. "How key Republicans inside Facebook are shifting its politics to the right". *Guardian*, 3 nov. 2019.

[326] ZITTRAIN, Jonathan. "Facebook could decide an election without anyone ever finding out". *New Statesman*, 3 jun. 2014.

CAPÍTULO IV – DADOS TÓXICOS

para a erosão da democracia. O Twitter e o Facebook não parecem ser o tipo de instituição que tem a experiência ou a legitimidade para elaborar as regras que devem moldar as eleições democráticas. Democracias robustas precisam de ferramentas mais estáveis, confiáveis, legítimas e transparentes para garantir eleições seguras e justas. E essas regras não podem ser estabelecidas por empresas, independentemente de quão bem-intencionadas elas possam ser. É claro que, na ausência de regras democráticas legítimas e de ampla abrangência social para regular campanhas políticas online, as plataformas de redes sociais tentarem limitar a desinformação e as possíveis interferências eleitorais é melhor do que nada. Não podemos deixar nossas democracias nas mãos de empresas privadas que são tão susceptíveis a ajudar a democracia quanto a destruí-la, se isso for do interesse financeiro delas.

Não podemos permitir que o que aconteceu com a Cambridge Analytica aconteça novamente. Mesmo que seja incerto até que ponto a Cambridge Analytica e outros esforços semelhantes foram bem-sucedidos em influenciar as eleições, o que resta absolutamente claro é que a intenção da Cambridge Analytica era impedir a democracia.[327] Eles queriam hackear o eleitorado. Eles não estavam tentando disseminar informações verdadeiras e dar bons argumentos para justificar por que deveríamos votar em um candidato. Pelo contrário, eles apelaram para as emoções mais primordiais das pessoas e foram inescrupulosos com a verdade, mostrando conteúdos muito diferentes para pessoas muito diferentes. Desencorajar as pessoas de votarem porque elas poderiam apoiar o candidato que você quer derrotar é o mesmo que impedir a democracia. É jogo sujo. É bem possível, talvez até provável, que tanto Brexit como Trump tivessem perdido se não fossem por anúncios políticos personalizados nas mídias sociais. Mas mesmo que não seja esse o caso, deve-se impedir as tentativas de hackear a democracia, assim

---

327 Os *whistleblowers* Chris Wylie e Brittany Kaiser afirmam que a Cambridge Analytica se engajou na supressão de eleitores (O'SULLIVAN, Donie; GRIFFIN, Drew. "Cambridge Analytica ran voter suppression campaigns, whistleblower claims". *CNN Politics*, 17 mai. 2018; KAISER, Brittany. *Targeted:* my inside story of Cambridge Analytica and how Trump, Brexit and Facebook broke democracy. Harper Collins, 2019, p. 231).

como as tentativas de assassinato devem ser impedidas, mesmo que haja uma chance de não serem bem-sucedidas.

Você pode se perguntar qual é a diferença, se é que existe alguma, entre anúncios políticos microdirecionados baseados em dados pessoais e propagandas políticas tradicionais. Afinal de contas, a era digital não inventou a propaganda ou mensagens políticas falsas. O que é novo e destrutivo é mostrar a cada pessoa informações diferentes e potencialmente contraditórias. As empresas de dados tentam explorar nossos traços de personalidade para nos dizer o que queremos ouvir, ou o que precisamos ouvir para nos comportar da maneira que eles querem. Um candidato poderia se safar dando uma imagem a alguns cidadãos e dando uma imagem oposta a um conjunto diferente de cidadãos.

Os anúncios personalizados fragmentam a esfera pública em realidades paralelas separadas. Se cada um de nós vive em uma realidade diferente porque estamos expostos a conteúdos dramaticamente diferentes, que chance temos de ter debates políticos saudáveis? Quando os políticos têm de elaborar um anúncio para toda a população, eles tendem a ser mais razoáveis, a apelar para argumentos que a maioria das pessoas provavelmente apoiará. Os anúncios personalizados são mais propensos a serem extremos.

Quando todos vemos os mesmos anúncios, podemos discuti-los. Jornalistas, acadêmicos e oponentes políticos podem conferir os fatos e criticá-los. Os pesquisadores podem tentar medir seu impacto. No momento, os dados sobre anúncios e campanhas políticas são confidenciais, o que torna difícil ou impossível o acesso dos pesquisadores a eles.[328] Todo esse escrutínio exerce pressão sobre os candidatos políticos para que sejam coerentes. Além disso, quando os anúncios são públicos, podemos mais facilmente controlar os partidos políticos para que não

---

[328] Em resposta aos pedidos por mais transparência, o Facebook abriu uma biblioteca online de todos os anúncios em sua plataforma. Jornalistas e pesquisadores, no entanto, reclamam que a ferramenta está "tão atormentada por bugs e restrições técnicas que é efetivamente inútil como forma de rastrear de forma abrangente a publicidade política". ROSENBERG, Matthew. "Ad tool Facebook built to fight disinformation doesn't work as advertised". *New York Times*, 25 jul. 2019.

gastem mais do que o permitido, e não façam propagandas de maneiras que sejam proibidas por lei. A publicidade política é altamente regulada em outros meios de comunicação, tais como televisão e rádio. No Reino Unido, ela é majoritariamente proibida, exceto por um número pequeno de "transmissões políticas partidárias" enfadonhas. Só podemos regular anúncios se pudermos vê-los, e é por isso que anúncios obscuros e personalizados têm de acabar (mais sobre anúncios no próximo capítulo).

Quando as redes sociais nos pedem para compartilharmos nossos dados em um esforço para nos classificar como velhos ou jovens, homens ou mulheres, conservadores ou liberais, brancos ou pretos, a favor ou contra a imigração, a favor ou contra o aborto, e nos tratam de acordo, eles criam e entrincheiram divisões. Não devemos permitir que a esfera pública se fragmente em direção às linhas que nos tornam diferentes. Não tem de ser assim. Para que a esfera pública seja confortável para todos, para coexistir em harmonia apesar de nossas diferenças, para que o pluralismo seja possível, nossa vida coletiva deve reter um grau de neutralidade, para o qual precisamos do liberalismo.

Ameaças ao liberalismo

O princípio básico das sociedades liberais é que os indivíduos devem ter a liberdade de viver suas vidas como lhes aprouver. Há uma presunção a favor da liberdade tal que "o ônus da prova deve estar com aqueles que [...] lutam por qualquer restrição ou proibição", como escreveu John Stuart Mill.[329] Devem ser estabelecidas regras para evitar danos às pessoas, para assegurar que os cidadãos estejam livres de interferências desnecessárias e para estabelecer uma vida comum na qual todos possam participar.

A privacidade é importante para construir uma esfera privada robusta, uma bolha de proteção da sociedade na qual os indivíduos

---

[329] MILL, John Stuart. *Collected Works of John Stuart Mill*. vol. 21. Toronto: University of Toronto Press, 1963, p. 262.

possam desfrutar de tempos e lugares livres dos olhares, julgamentos, perguntas e intrusões dos outros. As normas de privacidade têm uma função valiosa ao nos dar espaço para respirar. Um grau saudável de reticência e segredo é necessário para que a vida civilizada funcione sem problemas.[330] Se todos pudéssemos ler as mentes uns dos outros, a esfera privada se resumiria a nada e a esfera pública se tornaria contaminada por infinitos conflitos desnecessários. O liberalismo não é apenas uma questão de governos não interferirem na vida privada dos cidadãos. Para que o liberalismo prospere, ele deve estar embutido em uma cultura similar de comedimento na qual os cidadãos comuns se esforcem para deixar uns aos outros viverem livremente.

As redes sociais nos incentivam a "compartilhar" coisas online. O modelo de negócio do Facebook depende de pessoas revelando aspectos de si mesmas online. Quando os usuários compartilham menos conteúdo pessoal, o Facebook se preocupa e ajusta a plataforma para encorajar mais compartilhamento.[331] Compartilhe tudo que puder é a mensagem. Diga-nos quem você é, diga-nos como se sente, conte-nos sobre sua família e seus amigos, diga ao mundo o que você pensa sobre outras pessoas. Nós queremos saber. Queremos ouvir o que você tem a dizer.

As plataformas de redes sociais promovem uma cultura na qual as pessoas são desencorajadas de se conterem. Quanto mais pessoas compartilham, mais dados podem ser analisados e utilizados para vender acesso a nós. Quanto mais comentários as pessoas fazem sobre o que os outros compartilham, mais cliques, mais anúncios, mais dinheiro, mais poder. Pode parecer uma situação em que todos ganham. Temos a oportunidade de falar sem parar, e as empresas de tecnologia continuam ganhando seu sustento. Exceto que muito do que é compartilhado online não beneficia os usuários. Como usuário, seus dados são explorados de maneiras que não são do seu interesse, e o que você compartilha

---

[330] NAGEL, Thomas. "Concealment and Exposure". *Philosophy and Public Affairs*, vol. 27, n. 1, 1998, pp. 3-30.

[331] HOFFMAN, Anna Lauren. "Facebook is worried about users sharing less – but it only has itself to blame". *Guardian*, 19 abr. 2016.

CAPÍTULO IV – DADOS TÓXICOS

o expõe a outros usuários, alguns dos quais ficariam muito felizes em enganar, chantagear ou humilhar você. Redes sociais significam a possibilidade de comunicação irrestrita. Mas a civilidade exige certo comedimento — moderação em relação ao que você compartilha sobre si mesmo, às opiniões que expressa (especialmente sobre os outros) e às perguntas que você faz.

Comedimento não precisa equivaler a desonestidade. Assim como roupas não enganam os outros sobre o fato de você estar nu sob elas, não expressa o quão estúpido você pensa que outra pessoa é não se equipara a mentir. Não precisamos saber tudo um sobre o outro para ter uma conversa franca. Você não precisa conhecer os medos mais sombrios, segredos e fantasias de outra pessoa para ser amigo dela, muito menos um bom vizinho. Não queremos contar tudo sobre nós aos nossos concidadãos. E, tão importante quanto isso, não queremos saber tudo sobre eles.

Esperar santidade das pessoas em corpo, discurso e pensamento em todos os momentos é tanto irrealista quanto desarrazoado. Como aponta o filósofo Thomas Nagel, "todos têm o direito de cometer assassinatos na imaginação de vez em quando".[332] Se pressionarmos as pessoas a compartilhar mais do que elas compartilhariam se não fossem obrigadas, acabaríamos tendo um ambiente social mais pernicioso do que se incentivássemos as pessoas a fazer uma curadoria do que elas compartilham na esfera pública. Uma cultura de exposição nos impulsiona a compartilhar nossos assassinatos imaginários e, com isso, nos coloca uns contra os outros desnecessariamente. Poupar uns aos outros de nossos lados menos agradáveis não é uma falha — é uma gentileza.

O liberalismo pede que nada mais deve estar submetido ao escrutínio público do que é necessário para proteger os indivíduos e cultivar uma vida coletiva saudável. Uma cultura de exposição exige que *tudo* seja compartilhado e submetido à apreciação pública. As *big tech* vendem a fantasia de que aqueles que não fazem nada de errado não

---

[332] NAGEL, Thomas. "Concealment and Exposure". *Philosophy and Public Affairs*, vol. 27, n. 1, 1998, p. 7.

têm nada a esconder, que a transparência é sempre uma virtude. Não é. Exibicionistas que expõem outras pessoas não estão sendo virtuosos. Na economia digital, todos são pressionados a expressar mais do que é necessário para fins de amizade, comunicação eficaz e debate público — tudo num esforço para criar mais dados.

O compartilhamento excessivo beneficia as grandes empresas de tecnologia, não os usuários. Ele torna a esfera pública inabitável. Essa pressão social implacável para compartilhar leva a expressões de agressão e intolerância, ao vigilantismo e a caça às bruxas. Não há trégua. Cada imagem, palavra e clique é coletado, monetizado por empresas, examinado e potencialmente dilacerado em um ato público catártico de humilhação virtual por parte dos internautas. Essa confusão constante em razão de cada detalhe do que as pessoas dizem e fazem nos distrai de conversas mais importantes — de falar sobre questões de justiça, economia, ecologia e bens públicos. Enquanto estamos ocupados em brigas virtuais intermináveis, *trollando* uns aos outros e despedaçando as pessoas por fraquezas humanas das quais provavelmente compartilhamos, nossas democracias estão desmoronando.

Em alguns aspectos, culturas de exposição se assemelham à brutalidade das relações sociais das crianças. As crianças são notórias tanto por não saberem quando devem parar de falar quanto por sua potencial crueldade — especialmente quando estão em grupo. Talvez, à medida que a internet amadureça, nós nos distanciemos de uma cultura de compartilhamento excessivo e *bullying*, e nos aproximemos de formas mais adultas de nos relacionarmos uns com os outros.

Ameaças à segurança dos indivíduos

Dados pessoais podem ser, são e continuarão a ser mal utilizados. E alguns abusos dos dados pessoais são mais mortais do que o amianto.

Um dos usos indevidos de dados mais letais foi realizado pelo regime nazista durante a Segunda Guerra Mundial. Quando os nazistas

CAPÍTULO IV – DADOS TÓXICOS

invadiam um país, eles eram rápidos em tomar posse dos registros locais como um primeiro passo para controlar a população e, em particular, encontrar judeus. Os países variavam muito tanto no tipo de registros que possuíam quanto em sua reação à sede de dados dos nazistas. A comparação mais precisa é aquela entre os Países Baixos e a França.[333]

Jacobus Lambertus Lentz não era nazista, mas fez mais pelo regime nazista do que a maioria dos antissemitas fervorosos. Ele era o inspetor holandês dos Registros Populacionais, e tinha uma fraqueza por estatísticas demográficas. Seu lema era: "registrar é servir". Em março de 1940, dois meses antes da invasão nazista, ele propôs um sistema de identidade pessoal para o governo holandês, no qual todos os cidadãos seriam obrigados a portar um cartão de identidade. O cartão usava tintas translúcidas que desapareciam sob uma lâmpada de quartzo e papel filigranado para garantir que não pudesse ser falsificado. O governo rejeitou a proposta, argumentando que tal sistema era contrário às tradições democráticas holandesas, pois trataria pessoas comuns como criminosos. Lentz ficou profundamente desapontado. Alguns meses depois, ele proporia a mesma ideia ao Departamento de Polícia Criminal do Reich. As forças ocupadas avidamente a colocaram em prática. Todo adulto holandês era obrigado a portar um cartão de identificação. Um *J* era carimbado naqueles cartões carregados por judeus — uma sentença de morte em seus bolsos.

Além desses cartões, Lentz usou máquinas *Hollerith* — máquinas de tabulação vendidas pela IBM que usavam cartões perfurados para registrar e processar dados — para expandir os registros mantidos sobre a população. Em 1941, foi emitido um decreto exigindo que todos os judeus se registrassem no gabinete de recenseamento local. Durante décadas os holandeses haviam coletado ingenuamente dados sobre religião e outros dados pessoais, aspirando a ter um sistema abrangente que pudesse acompanhar cada pessoa "do berço à sepultura". Lentz e sua equipe utilizaram as máquinas *Hollerith* e todas as informações disponíveis para facilitar aos nazistas o rastreamento das pessoas.

---

[333] BLACK, Edwin. *IBM and the Holocaust*. Washington DC: Dialog Press, 2012.

Em contraposição aos Países Baixos, os censos na França não continham informações sobre religião por razões de privacidade. O último censo para coletar tais dados foi feito em 1872. Henri Bunle, o chefe do Escritório Geral de Estatísticas da França, deixou claro para a Comissão Geral de Questões Judaicas, em 1941, que a França não sabia quantos judeus viviam no país, muito menos onde moravam. Além disso, a França não tinha uma infraestrutura extensa de cartões perfurados como a dos Países Baixos, o que dificultava a coleta de novos dados. Se os nazistas quisessem que os departamentos policiais registrassem pessoas, eles teriam de fazê-lo manualmente, em folhas de papel e fichários.

Sem as máquinas *Hollerith*, não havia como organizar e registrar as informações que eram coletadas sobre a população. Os nazistas estavam desesperados. René Carmille, Controlador Geral do Exército Francês, e um entusiasta de cartões perfurados que possuía máquinas de tabular, incluindo as *Hollerith*, voluntariou-se para levar a ordem ao caos e entregar os judeus da França a seus algozes.

Carmille desenvolveu um número de identificação pessoal nacional que funcionava como um código de barras descritivo para as pessoas; é o precursor do atual número de previdência social da França. Diferentes números foram atribuídos para representar características pessoais, tais como profissão. Carmille também organizou o censo de 1941 para todos os cidadãos franceses com idade entre quatro e sessenta e cinco anos. A pergunta de número onze pedia aos judeus que se identificassem através de seus avós e de sua religião professada.

Passaram-se meses, e as listas de judeus que Carmille esperava não chegaram. Os nazistas ficaram impacientes. Eles começaram a arrolar os judeus em Paris, mas sem as tabulações de Carmille, eles dependiam principalmente de que os judeus se entregassem. Outros meses se passaram, e ainda assim as listas não chegaram.

Sem que os nazistas soubessem, René Carmille nunca teve a intenção de entregar seus concidadãos. Ele ocupava um dos mais altos postos da resistência francesa. Sua operação gerou cerca de 20.000 identidades

CAPÍTULO IV – DADOS TÓXICOS

falsas, e ele usou as máquinas de tabulação para identificar pessoas que poderiam lutar contra os nazistas. As respostas à pergunta onze, sobre se as pessoas eram judias, nunca foram tabuladas. Esses buracos nunca foram perfurados, esses dados foram perdidos para sempre. Mais de 100.000 cartões perfurados adulterados foram encontrados — cartões perfurados nunca foram entregues aos nazistas. Centenas de milhares de pessoas salvas por apenas *uma* pessoa que decidiu *não* coletar os dados deles — os dados tóxicos deles.

Parece razoável supor que Carmille sabia que ele eventualmente seria pego se ele não entregasse os dados que prometeu. Ele foi descoberto e detido pela *SS* em 1944. Ele foi torturado por dois dias e depois foi enviado para Dachau, onde morreu de cansaço em 1945.

A coleta de dados pode matar. Os holandeses tiveram a maior taxa de mortalidade de judeus na parte da Europa que foi ocupada — 73%. De um total estimado de 140.000 judeus holandeses, mais de 107.000 foram deportados, e 102.000 deles foram assassinados. A taxa de mortalidade de judeus na França foi de 25%. De um total estimado de 300.000 a 350.000 judeus, 85.000 foram deportados, e 82.000 deles foram mortos. A falta de privacidade foi fundamental para o assassinato de centenas de milhares de pessoas nos Países Baixos, enquanto a privacidade salvou centenas de milhares de vidas na França. O que fortalece a hipótese de que a coleta de dados fez a diferença entre os dois países é o fato de que os refugiados judeus que viviam nos Países Baixos vivenciaram uma taxa de mortalidade inferior à dos judeus holandeses. Os refugiados haviam escapado do registro.[334]

Outros casos documentados de mau uso de dados pessoais incluem a remoção de indígenas americanos de suas terras nos Estados Unidos no século XIX; a migração forçada de populações minoritárias na União Soviética nas décadas de 1920 e 1930; e o uso de um sistema de

---

[334] SELTZER, William; ANDERSON, Margo. "The dark side of numbers: the role of population data systems in human rights abuses". *Social Research*, vol. 68, n. 2, 2001, pp. 481-513.

registro implementado pelos belgas na década de 1930 para encontrar e assassinar tutsis durante o genocídio de Ruanda de 1994.[335]

A melhor forma de prever que algo acontecerá no futuro é isso ter acontecido no passado. Essas histórias não são de uma galáxia distante em um mundo fictício. Essas são histórias verdadeiras com as quais devemos aprender a fim de evitar que os erros mortais do passado se repitam.[336]

Imagine um regime autoritário contemporâneo se apoderando de todos os nossos dados pessoais. Os déspotas do passado tinham migalhas de dados em comparação com os milhares de dados que podem ser adquiridos sobre qualquer pessoa no mundo de hoje com apenas alguns cliques. Um governo autoritário poderia aprender sobre todas as nossas fraquezas de dentro para fora sem muito esforço. Se ele pudesse prever cada movimento nosso, poderia ser o início de um regime invencível. Para se ter uma ideia de quão perigosos dados pessoais podem ser, imagine um regime contemporâneo similar ao nazismo, que tem acesso em tempo real aos seus dados de localização, sua biometria facial, seu jeito de andar, seus batimentos cardíacos, suas convicções políticas, práticas religiosas, e muito mais.

Entre os muitos relatos sobre os dados da Segunda Guerra Mundial, um se destaca como particularmente instrutivo. Em março de 1943, uma célula da resistência holandesa atacou o registro municipal de Amsterdã. O objetivo era destruir o maior número possível de registros na tentativa de ajudar 70.000 judeus em Amsterdã a escapar da morte. Gerrit van der Veen, Willem Arondéus, Johan Brouwer, Rudi Bloemgarten, e outros entraram no prédio vestidos de policiais. Eles sedaram os guardas, poupando suas vidas, encharcaram os arquivos em benzeno e atearam fogo nos documentos. Simpatizantes entre os bombeiros

---

[335] SELTZER, William; ANDERSON, Margo. "The dark side of numbers: the role of population data systems in human rights abuses". *Social Research*, vol. 68, n. 2, 2001, pp. 481-513.

[336] Em vista desta história sombria de cartões de identidade, a decisão do Reino Unido de aboli-los em 1952 é compreensível, assim como a relutância aos debates recentes para reavivá-los.

CAPÍTULO IV - DADOS TÓXICOS

sabiam do ataque. Quando soou o alarme, eles fizeram um esforço para atrasar a colocação dos caminhões, dando tempo às chamas para fazer o trabalho. Quando chegaram ao registro, eles usaram o máximo de água possível para danificar o maior número possível de registros.

Infelizmente, o ataque ao registro não foi completamente exitoso. Doze membros da célula de resistência foram encontrados e executados. E o incêndio destruiu apenas cerca de 15% dos documentos.[337]

Assim como os nazistas sabiam como obter os registros, os malfeitores de hoje sabem onde encontrar nossos dados. E eles nem precisam invadir um país com tropas para obter nossas informações mais sensíveis. Eles só precisam de um bom hacker. Nesse sentido, o risco para nossos dados pessoais, e tudo o que nossa privacidade protege, é muito maior do que no mundo pré-internet.

Devemos aprender com os erros do passado. Os dados pessoais são tóxicos, e devemos regulá-los como tal. Não vamos fazer o que fizemos com amianto. Usamos amianto em toda parte: em lonas de freio de carro, tubulações, telhas e pisos, concreto, cimento, tijolos, roupas, colchões, cobertores elétricos, aquecedores, torradeiras, tábuas de passar, filtros para charutos e neve artificial, entre outras coisas. Uma vez em nossos telhados e paredes, na própria estrutura dos lugares que habitamos, tornou-se muito difícil extraí-lo sem risco. O amianto mata centenas de milhares de pessoas a cada ano. E segue envenenando pessoas em todo o mundo, mesmo em lugares onde agora é proibido.[338]

Não deixemos que dados pessoais envenenem indivíduos, instituições e sociedades. Felizmente para nós, não é tarde demais para corrigir nossa trajetória atual quando se trata de dados pessoais.

---

[337] DE ZWART, Hans. "During World War II, we did have something to hide". *Medium*, 30 abr. 2015.

[338] DOUGLAS, Thomas; VAN DEN BORRE, Laura. "Asbestos neglect: why asbestos exposure deserves greater policy attention". *Health Policy*, vol. 123, n. 5, 2019, pp. 516-519.

Podemos consertar a internet e a economia. Vamos aprender com a experiência dos Países Baixos durante a Segunda Guerra Mundial. Os holandeses cometeram pelo menos dois grandes erros no que diz respeito à privacidade. Eles acumularam dados pessoais em excesso. E quando perceberam o quão tóxicos esses dados eram, não tinham uma maneira fácil e rápida de apagá-los. Nós estamos cometendo esses dois erros em uma escala sem precedentes. Precisamos mudar antes que seja tarde demais.

CAPÍTULO V
DESLIGANDO DA TOMADA

A economia de vigilância foi longe demais. Ela abusou de nossos dados pessoais de muitas maneiras, muitas vezes. E a quantidade e a sensibilidade dos dados comercializados tornam esta grande experiência perigosa demais para continuar. Temos de pôr um fim ao comércio de dados pessoais.

 A economia de dados tem de acabar pois está em desacordo com as democracias livres, igualitárias, estáveis e liberais. Podemos esperar por um desastre de dados verdadeiramente gigantesco antes de começarmos a proteger a privacidade — qualquer coisa, desde um vazamento monumental de dados biométricos (considere que, ao contrário das senhas, nossos rostos não são algo que podemos alterar quando quisermos) até o mau uso de dados pessoais para perpetuar um genocídio — ou podemos reformar a economia de dados agora, antes que seja tarde demais.

 Os dados pessoais se tornaram uma parte tão grande da economia que pode parecer irrealista interromper seu uso. Mas houve um tempo em que a ideia de reconhecer os direitos dos trabalhadores parecia tão estranha, se não a mais estranha. Hoje, olhamos para o passado e lamentamos a selvageria das práticas de exploração do trabalho, por exemplo, durante a revolução industrial. Amanhã, vamos olhar para o hoje e lamentar a insensatez da economia da vigilância.

Embora os seres humanos nem sempre sejam excelentes em evitar desastres, alguns exemplos mostram que somos capazes de coordenar nossas ações e retraçar uma rota mal percorrida. O ozônio nas camadas mais externas da atmosfera absorve a maior parte dos raios ultravioletas do sol. Sem uma camada de ozônio para nos proteger, nossos olhos, pele, sistema imunológico e genes seriam danificados pelos raios ultravioletas. Com o afinamento da camada de ozônio na segunda metade do século XX, a incidência de cânceres de pele aumentou. Em 1985, um grupo de cientistas publicou um artigo na Nature descrevendo a extensão da redução anual da camada de ozônio acima da Antártida. Estávamos indo em direção ao desastre.

Apenas dois anos depois, em 1987, foi assinado o Protocolo de Montreal, um acordo internacional com o objetivo de proibir a produção e o uso de produtos químicos nocivos à camada de ozônio, incluindo CFC (clorofluorcarboneto). Esses compostos químicos eram utilizados em todo o mundo em refrigeradores, aparelhos de ar-condicionado e latas de aerossóis. O que os tornava atraentes era sua baixa toxicidade, inflamabilidade (como o amianto) e reatividade. Infelizmente, o fato de não reagirem com outros compostos também os torna perigosos, pois lhes dá uma longa vida útil durante a qual podem se dispersar na atmosfera.

Graças à oposição de especialistas e da população à produção e ao uso de CFC, a indústria inovou e encontrou alternativas. Os buracos e o desgaste da camada têm se recuperado a uma taxa de cerca de 1 a 3% por década desde 2000. A este ritmo, espera-se que a camada de ozônio sobre o hemisfério norte esteja completamente restaurada até a década de 2030. Em 2060, o ozônio terá se recuperado completamente em todo o mundo. A eliminação progressiva dos CFCs teve um benefício adicional: reduziu pela metade o aquecimento global.[339]

---

[339] HARVEY, Fiona. "Ozone layer finally healing after damage caused by aerosols, UN says". *Guardian*, 5 nov. 2018.

CAPÍTULO V – DESLIGANDO DA TOMADA

Se nós podemos salvar a camada de ozônio, podemos salvar nossa privacidade.

A maioria das recomendações deste capítulo são dirigidas aos formuladores de políticas públicas. Tal qual salvar a camada de ozônio, acabar com a economia de dados requer regulamentação. Não há como contornar isso. Mas o que fará os políticos agirem é a pressão de *vocês*, de nós, do povo. Em última análise, cabe a nós exigir o fim do comércio de dados pessoais, e há muito que você pode fazer para ajudar nesse esforço.

Políticos muitas vezes estão interessados em nos proteger. Mas eles podem temer as consequências de dar um passo ousado — talvez os colegas de partido discordem, talvez os eleitores não apreciem o que está sendo feito em seu nome, talvez isso os prejudique em ascender na carreira política. O poder que os políticos recebem vem de nós. Se eles souberem que nos preocupamos com a privacidade, e que retiraremos nossos votos e apoio se eles não regularem a privacidade, você pode ter certeza de que eles vão agir. Eles estão apenas esperando a nossa deixa. Nosso trabalho é estar o mais bem informados possível para que saibamos o que pedir a nossos políticos. Você pode expressar suas convicções entrando em contato com seus representantes, votando, e protegendo sua privacidade, que é o tópico do próximo e último capítulo.

Parem a publicidade personalizada

Voltemos ao ponto de partida. A origem dos lados obscuros da economia de dados está no desenvolvimento da publicidade personalizada — e aí está o início de uma solução. Anúncios microdirecionados que são baseados em sua identidade e comportamento não valem as consequências negativas que eles geram.

Um dos perigos mais graves da publicidade personalizada, como vimos quando discutimos a toxicidade dos dados pessoais, é a possibilidade de corroer os processos políticos. Você pode pensar que uma solução mais razoável para esse problema é proibir os anúncios políticos, como fez o Twitter em 2019. Mas não é fácil demarcar claramente o que é político do que não é. O Twitter define conteúdo político como "conteúdo que faz referência a um candidato, partido político, funcionário eleito ou nomeado do governo, eleição, referendo, votação, medida, legislação, regulamentação, diretiva ou resultado judicial". E os anúncios que negam a mudança climática? Ou que informam o público sobre a mudança climática? Ou anúncios contra a imigração? Ou anúncios de centros de saúde e planejamento familiar? Tudo isso parece político e poderia estar intimamente relacionado a um candidato ou eleição em particular, e ainda não está claro se eles seriam ou deveriam ser banidos pelo Twitter.

Uma solução melhor é proibir completamente os anúncios personalizados. Não só porque eles polarizam a política. Eles também são muito mais invasivos do que a maioria das pessoas imagina. Quando você vê um anúncio personalizado, isso não significa apenas que uma determinada empresa sabe mais sobre você do que seus amigos. É muito pior do que isso. Conforme a página carrega, e muitas vezes antes mesmo de você ter a chance de consentir (ou não) com a coleta de dados, anunciantes concorrentes disputam uns contra os outros pelo privilégio de mostrar a você seus anúncios.

O leilão em tempo real (*real-time bidding,* ou RTB) envia seus dados pessoais aos anunciantes interessados, muitas vezes sem sua permissão. Suponha que a Amazon receba esses dados e o reconheça como um usuário que já tenha visitado seu site antes em busca de sapatos. Eles podem estar dispostos a pagar mais do que outros para convencê-lo a comprar sapatos. E é assim que você recebe um anúncio de sapatos da Amazon. Infelizmente, nesse processo, dados muito pessoais como orientação sexual e afiliação política podem ter sido enviados para quem sabe quantos anunciantes possíveis sem o seu conhecimento ou consentimento. E essas empresas estão armazenando seus dados pessoais.[340]

---

[340] INFORMATION COMMISSIONER'S OFFICE. "Update Report Into Adtech and Real Time Bidding". Reino Unido, 2019.

CAPÍTULO V – DESLIGANDO DA TOMADA

O fascínio da publicidade comportamental é compreensível. Usuários não querem ver produtos nos quais não têm interesse. Se você não dá a mínima para tratores, ver tratores piscando em sua tela é um incômodo. Por sua vez, os anunciantes não querem desperdiçar seus recursos mostrando anúncios para pessoas que nunca comprariam seus produtos. Como o famoso varejista John Wanamaker disse no século XIX: "Metade do dinheiro que gasto em publicidade é desperdiçado; o problema é que eu não sei qual metade".

A publicidade direcionada promete resolver ambos os problemas, mostrando aos clientes o que eles estão interessados em comprar e garantindo que os anunciantes só paguem por anúncios que aumentarão suas vendas. Essa é a teoria, uma situação em que todos ganham. Infelizmente, a prática não se parece em nada com a teoria. A prática tem normalizado a vigilância. Ela tem levado à disseminação de *fake news* e caça-cliques. Tem danificado a esfera pública, e até comprometido nossos processos democráticos. Como se todas estas externalidades não fossem suficientes, a publicidade microdirecionada não faz nem mesmo o que ela diz na lata: não nos mostra o que queremos ver, e não está claro sequer se ela permite aos anunciantes economizar dinheiro ou aumentar as vendas.

A publicidade é, na maioria das vezes, um esforço menos científico do que se poderia imaginar. Os marqueteiros frequentemente perseguem uma estratégia publicitária mais por intuição do que por terem provas concretas sobre o que vai funcionar. Em alguns casos, esta abordagem intuitiva levou empresas proeminentes a desperdiçar milhões de libras.[341]

Não há pesquisas suficientes que nos permitam avaliar a eficácia da publicidade direcionada com um alto grau de confiança. Há, no entanto, razões para pensar que anúncios personalizados não são tão lucrativos quanto os otimistas esperavam.[342] Pesquisas preliminares

---

[341] FREDERIK, Jesse; MARTIJN, Maurits. "The New Dot Com Bubble Is Here: It's Called Online Advertising". *Correspondent*, 6 nov. 2019.
[342] HAGEY, Keach. "Behavioral Ad Targeting Not Paying Off for Publishers, Study Suggest". *Wall Street Journal*, 29 maio 2019.

mostram que a publicidade baseada em cookies aumenta as receitas, mas apenas em cerca de 4% — um aumento médio de apenas US$ 0,00008 por anúncio. No entanto, os anunciantes estão dispostos a pagar muito mais por um anúncio direcionado do que por um anúncio não direcionado. De acordo com um relatório, um anúncio online que não usa cookies custa apenas 2% do valor do mesmo anúncio com um cookie.[343] "Há uma espécie de pensamento mágico acontecendo quando se trata de publicidade dirigida [que afirma] que todos se beneficiam disso", diz Alessandro Acquisti, professor da Universidade Carnegie Mellon e um dos autores do estudo. "À primeira vista, isto parece plausível. O problema é que, após uma inspeção mais aprofundada, você percebe que há muito pouca validação empírica destas alegações".[344]

Se os anúncios direcionados forem muito mais caros do que os não direcionados, e o aumento de receita que eles oferecem for marginal, podemos estar perdendo nossa privacidade por nada. Plataformas como o Google e o Facebook podem estar lucrando indevidamente com a venda de fumaça.[345] Uma pesquisa realizada pela Digiday confirma essa suspeita. Dos quarenta executivos de publicação que participaram da pesquisa, para 45% deles, anúncios direcionados baseados em comportamento não geraram nenhum benefício notável, enquanto 23% dos entrevistados disseram que, na verdade, causaram queda de suas receitas publicitárias.[346] Em cumprimento ao GDPR, o New York Times interrompeu os anúncios personalizados, mas não viu a receita gerada por seus anúncios cair; ao contrário, ela aumentou.[347]

---

[343] BASSETT, Laura. "Digital Media Is Suffocating — and It's Facebook and Google's Fault". *American Prospect*, 6 maio 2019.

[344] LOMAS, Natasha. "The Case Against Behavioral Advertising Is Stacking Up". *TechCrunch*, 20 jan. 2019.

[345] Vale a pena ter em mente, porém, que mesmo que os anúncios direcionados não valham o que custam, as grandes plataformas podem fornecer acesso a uma audiência tão grande que ainda pode ser do interesse geral dos anunciantes utilizar essas plataformas.

[346] WEISS, Mark. "Digiday Research: Most Publishers Don't Benefit From Behavioral Ad Targeting". *Digiday*, 5 jun. 2019.

[347] DAVIES, Jessica. "After GDPR, The New York Times Cut Off Ad Exchanges in Europe — and Kept Growing Ad Revenue". *Digiday*, 16 jan. 2019.

CAPÍTULO V – DESLIGANDO DA TOMADA

Uma razão pela qual os anúncios direcionados podem não ter muito sucesso no aumento da receita é porque as pessoas os odeiam.[348] Você se lembra quando os anúncios eram criativos e inteligentes? Anúncios costumavam ser interessantes o suficiente para que você pudesse compilá-los em um programa de TV de uma hora e as pessoas iriam *querer* vê-los. Não mais. A maioria dos anúncios hoje em dia — especialmente os anúncios online — são desagradáveis na melhor das hipóteses e abomináveis na pior delas. Tipicamente, eles são feios, perturbadores e intrusivos.

A publicidade contemporânea esqueceu as lições de David Ogilvy, conhecido como o pai da publicidade, que escreveu que "você não pode *aborrecer* as pessoas para que comprem seu produto; você só pode fazer com que tenham *interesse* em comprá-lo". Você também não pode (e não deve) *intimidar* as pessoas para que comprem seu produto: "É mais fácil vender algo [para] alguém com um aperto de mão amigável do que batendo-lhe na cabeça com um martelo. Você deve tentar *encantar* o consumidor", escreveu Ogilvy.[349] Em alguns sentidos, os anúncios online são piores do que ser golpeado por um martelo.

Pode ser que as pessoas odeiem especialmente anúncios direcionados porque eles invadem nossa privacidade. Você já se sentiu observado inadequadamente por seus anúncios? Você conta a um amigo sobre um tópico sensível — talvez que você esteja pensando em mudar de emprego, ou ter um filho, ou comprar uma casa — e o próximo anúncio que você vê está diretamente relacionado ao que você pensava ser uma conversa particular. Sem surpresa, as pesquisas sugerem que os anúncios são menos eficazes quando as pessoas os consideram assustadores.[350] Se

---

[348] HSU, Tiffany. "The Advertising Industry Has a Problem: People Hate Ads". *New York Times*, 28 out. 2019.

[349] OGILVY, David; *Confessions of an Advertising Man*. Harpenden: Southbank Publishing, 2013. pp. 17, 114.

[350] MATSAKIS, Louise. "Online Ad Targeting Does Work — As Long As It's Not Creepy". *Wired*, 11 maio 2018; KIM, Tami; BARASZ, Kate; JOHN, Leslie K. "Why Am I Seeing This Ad? The Effect of Ad Transparency on Ad Effectiveness". *Journal of Consumer Research*, vol. 45, 2019.

as pessoas souberem que um anúncio foi direcionado a elas através do seu rastreamento na internet, ou a partir de inferências sobre elas, é menos provável que eles se envolvam com ele.

O Google sentiu que as pessoas não gostariam ser espionadas há muito tempo e adotou uma abordagem sigilosa, como explicado anteriormente. Você se lembra da primeira vez que começou a entender como seus dados estavam sendo utilizados pelas grandes empresas tecnológicas? Imagino que você não ficou sabendo disso através de uma mensagem clara de uma das grandes plataformas. Talvez você tenha começado a perceber como os anúncios que via eram relacionados a você, mas diferentes daqueles vistos por seus amigos e familiares. Ou talvez você tenha lido sobre isso em um artigo ou em um livro.

A publicidade direcionada pode não oferecer as vantagens que foi projetada para oferecer, fazendo com que nossa perda de privacidade pareça ainda mais fútil e absurda. Mas mesmo que a publicidade direcionada funcionasse para nos mostrar o que queremos ver e aumentar a receita dos comerciantes, ainda assim teríamos boas razões para acabar com ela.

Os anúncios direcionados podem não funcionar muito bem para as empresas, mas eles podem funcionar muito bem em eleições incertas, como já vimos. Um efeito de 4% na venda de um produto não é suficiente para compensar o custo do anúncio, mas esse mesmo efeito em termos de número de eleitores poderia muito bem decidir uma eleição.

Os anúncios personalizados normalizaram os usos hostis da tecnologia. Eles transformaram o marketing em uma arma ao difundir informações errôneas, e têm despedaçado e polarizado a esfera pública. Enquanto plataformas como o Facebook utilizarem anúncios personalizados, eles permanecerão alienantes, expondo-nos a conteúdos que nos colocam uns contra os outros, apesar da declaração da empresa de que sua missão é "aproximar o mundo". O Facebook será cada vez mais prejudicial enquanto dominar a publicidade online.

O Facebook afasta os editores de seus próprios canais de distribuição e incentiva o conteúdo caça-cliques. O fato de relação entre editores e seus públicos ser enfraquecida é especialmente problemático no caso dos jornais. Isso os torna dependentes de plataformas que podem mudar seu algoritmo e afetar sua visibilidade.[351] Mesmo antes de o Facebook anunciar, em 2018, uma mudança em seu algoritmo para promover postagens de familiares e amigos, em vez de conteúdo produzido por editoras, as organizações jornalísticas já estavam vivenciando a experiência de o tráfego ser direcionado pelo Facebook. Em alguns casos, determinados sites relataram uma queda de 40%. O BuzzFeed teve que demitir funcionários, e o maior jornal do Brasil, Folha de São Paulo, removeu seu conteúdo do Facebook.[352]

Proibir publicidade direcionada aumentará a concorrência. Um dos elementos que impede a concorrência contra o Facebook e o Google é a quantidade de dados pessoais que eles têm acumulada. Todos querem anunciar com eles em parte porque há uma suposição de que, quanto mais dados uma plataforma tiver, mais eficaz será a personalização de anúncios. Se, em vez disso, todos usassem publicidade contextual, as plataformas estariam em pé de maior igualdade.[353] A publicidade contextual mostra anúncios de sapatos quando você digita "sapatos" em sua busca. Não precisa saber quem você é ou onde você esteve. Se as empresas não fossem autorizadas a usar dados pessoais para anúncios, isso eliminaria parte da vantagem competitiva do Google e do Facebook, no entanto, os dois gigantes da tecnologia continuariam sendo colossos da publicidade por causa do número de usuários que eles têm.

Há espaço para a publicidade no mundo online. Especialmente para a publicidade informativa (em oposição à publicidade combativa ou persuasiva), que, na visão de David Ogilvy, é o tipo de marketing moralmente mais correto e mais lucrativo. Anunciantes online fariam

---

[351] MOLLA, Rani. "These Publications Have the Most to Lose From Facebook's New Algorithm Changes". *Vox*, 25 jan. 2018.
[352] BELL, Emily. "Why Facebook's News Feed Changes Are Bad News For Democracy". *Guardian*, 21 jan. 2018; PHILLIPS, Dom. "Brazil's Biggest Newspaper Pulls Content From Facebook After Algorithm Change". *Guardian*, 8 fev. 2018.
[353] WEINBERG, Gabriel. "What if We All Just Sold Non-Creepy Advertising?". *New York Times*, 19 jun. 2019.

bem ao lembrar o adágio de Ogilvy de que "a publicidade é um negócio de *palavras*". Talvez os anúncios online devam se parecer mais com anúncios de revistas do que com anúncios de televisão. Em vez de projetar anúncios tóxicos que tanto nos vigiam quanto nos distraem de nossos pensamentos com imagens saltitantes, os anúncios online deveriam se esforçar para ser baseados em palavras e fatos, seguindo o modelo de Ogilvy. Incluir fatos sobre um produto, em vez de adjetivos, e acrescentar bons conselhos, tais como "como remover uma mancha", ou a receita de um prato, são exemplos de boas práticas.[354] Os anunciantes online deveriam nos oferecer informações, ao invés de retirar informações de nós.

Anúncios são particularmente justificados no caso de novos produtos e marcas. Mas eles não precisam violar nosso direito à privacidade para serem eficazes. Além disso, há um argumento que deve ser apresentado para limitar a parte da economia que é dedicada à publicidade. No momento, os anúncios são o núcleo da economia de dados. No entanto, ter muitos anúncios dominando nossa vista pode ser ruim para o bem-estar.

Um estudo recente realizado com aproximadamente um milhão de cidadãos europeus em vinte e sete países, conduzido ao longo de três décadas, sugere que existe uma correlação entre o aumento dos gastos com propaganda em um país e a diminuição dos níveis de satisfação com a vida. Mesmo consideradas outras variáveis macroeconômicas, tais como desemprego e as características socioeconômicas dos indivíduos, os pesquisadores estimam que se um país gasta duas vezes mais com propaganda que outro, há uma queda subsequente de 3% na satisfação relatada — o que corresponde a cerca de um quarto da insatisfação por estar desempregado.[355] Se a publicidade está impulsionando nossa eco-

---

[354] OGILVY, David; *Confessions of an Advertising Man*. Harpenden: Southbank Publishing, 2013. pp. 168, 112, 127.

[355] MICHEL, Chloé; SOVINSKY, Michelle; PROTO, Eugenio; OSWALD, Andrew. "Advertising as a Major Source of Human Dissatisfaction: Cross-National Evidence on One Million Europeans". In: ROJAS, M. (Coord.) *The Economics of Happiness*. Springer, 2019.

CAPÍTULO V – DESLIGANDO DA TOMADA

nomia ao custo de nossa felicidade, talvez devêssemos pensar duas vezes sobre o tipo de influência que permitimos que ela tenha em nossas vidas.

De acordo com um relatório encomendado pela Associação de Anunciantes Nacionais e pela The Advertising Coalition, a publicidade correspondia a 19% da produção econômica total dos Estados Unidos em 2014.[356] Colocando isso em perspectiva, o turismo contribuiu com 7,7% naquele mesmo ano.[357] O valor do mercado publicitário americano é maior do que o da indústria bancária.[358] E ainda assim, esta é uma indústria que, ao que parece, nos torna extremamente infelizes. Como colocado pelo ex-cientista de dados do Facebook Jeff Hammerbacher, eu também acho deprimente que "as melhores mentes da [nossa] geração estão pensando em como fazer as pessoas clicarem nos anúncios".[359] Limitar os anúncios também seria uma forma natural de diminuir o poder de grandes plataformas tecnológicas que dependem substancialmente deles. Não esqueçamos que os anúncios compõem a maior parte da receita da Alphabet e do Facebook.[360]

Os anúncios personalizados têm de acabar. Os leilões em tempo real devem ser proibidos. Devemos limitar o domínio dos anúncios, ou modificá-los para que não tenham um efeito negativo sobre o bem-estar das pessoas. Felizmente, você não precisa esperar pelos políticos para reformar a indústria publicitária: você pode usar bloqueadores de anúncios (veja o próximo capítulo para detalhes).

---

[356] "Economic Impact of Advertising in the United States". IHS Economics and Country Risk, 2015.

[357] KNOEMA. "United States of America – Contribution of Travel and Tourism to GDP as a Share of GDP", 2018.

[358] "Something Doesn't Ad Up About America's Advertising Market". *The Economist*, 18 jan. 2018.

[359] ROSENBERG, Eli. "Quote: The Ad Generation". *Atlantic*, 15 abr. 2011.

[360] "Something Doesn't Ad Up About America's Advertising Market". *The Economist*, 18 jan. 2018.

Parem o comércio de dados pessoais

Os dados pessoais não devem ser algo que se possa comprar, vender ou compartilhar para explorar com fins lucrativos. As oportunidades de abuso são demasiadas e estão se proliferando. Quanto mais sensíveis os dados, mais rigorosa a proibição e mais dura deve ser a pena ao se infringir a lei. Permitirmos que as empresas lucrem com o conhecimento de que alguém tem uma doença, ou perdeu seu filho em um acidente de carro, ou foi vítima de um estupro, é revoltante.

Eu nunca encontrei um bom argumento para justificar os corretores de dados. Os corretores de dados são os necrófagos proibidos da savana digital. Eles se alimentam dos rastros de dados que deixamos para trás, vendem-nos a quem der o maior lance e muito raramente têm qualquer consideração pelas pessoas titulares dos dados com que eles estão lucrando.

Há vinte anos, Amy Boyer foi assassinada por seu perseguidor depois que ele comprou suas informações pessoais e dados de localização da Docusearch[361] — um corretor de dados que, incrivelmente, ainda existe. Em seu site, eles afirmam que estão *"online* e dignos de confiança há mais de 20 anos". Não se pode confiar nos abutres de dados. Os corretores de dados têm vendido os dados das pessoas a golpistas. Em 2014, LeapLab, um corretor de dados em Nevada, vendeu detalhes íntimos de centenas de milhares de pessoas a uma "empresa" que usou os registros para fazer saques não autorizados nas contas bancárias das pessoas.[362] Alguma vez você já teve dinheiro que desapareceu de sua conta? Talvez você deva agradecer a algum corretor de dados por isso; eles podem ter vendido ou perdido seus dados. A quebra de dados da Equifax, discutida no capítulo anterior, é uma das piores da história

---

[361] O'HARROW JR, Robert. "Online Firm Gave Victim's Data to Killer"". *Chicago Tribune*, 6 jan. 2006.

[362] SINGER, Natasha. "Data Broker Is Charged With Selling Consumers' Financial Details to 'Fraudsters'". *New York Times*, 23 dez. 2014.

CAPÍTULO V – DESLIGANDO DA TOMADA

da indústria.[363] O fato de que as tragédias relacionadas aos dados têm sido relativamente poucas, considerando a ampla negligência quanto à segurança dos dados, é uma prova de que os seres humanos geralmente são decentes e obedientes à lei. Mas nem sempre podemos confiar na gentileza das pessoas. Precisamos de melhores medidas de segurança.

A própria existência de arquivos sensíveis sobre usuários da internet é um risco para toda a população. Muitas vezes, os dados pessoais mantidos pelos corretores de dados não são nem mesmo criptografados ou devidamente protegidos. Os corretores de dados não têm incentivo suficiente para investir em boa segurança. Governos estrangeiros e atores maliciosos podem invadir esses dados e usar esse conhecimento contra nós. Quanto mais os corretores de dados coletam nossos detalhes pessoais, e quanto mais eles vendem esses arquivos para outras empresas, mais cresce nosso risco de sofrer danos devido a um vazamento de dados. E o que recebemos em troca? Nada. Estávamos bêbados quando fechamos este negócio? Não, nunca nos perguntaram.

A compra de perfis pelos corretores de dados não é nem mesmo cara. Números de contas bancárias podem ser comprados por 50 centavos, e um relatório completo sobre uma pessoa pode custar míseros 95 centavos.[364] Por menos de 25 dólares por mês, você poderia verificar os antecedentes de todos os seus conhecidos (mas, por favor, não o faça). Em maio de 2017, a ONG Tactical Tech e a artista Joana Moll adquiriram um milhão de perfis de namoro online da USDate, uma corretora de dados de relacionamento. A aquisição incluía quase 5 milhões de fotografias, nomes de usuários, endereços de e-mail, detalhes sobre nacionalidade, gênero e orientação sexual, traços de personalidade, e mais. Embora haja algumas dúvidas em relação à fonte dos dados, há evidências que sugerem que tais dados vieram de algumas das plataformas de namoro mais populares e amplamente utilizadas. Elas pagaram 136

---

[363] HOFFMAN, David A. "Intel Executive: Rein In Data Brokers". *New York Times*, 15 jul. 2019.

[364] DWOSKIN, Elizabeth. "FTC: Data Brokers Can Buy Your Bank Account Number for 50 Cents". *Wall Street Journal*, 2014; ANGWIN, Julia, *Dragnet Nation*. Nova York: Times Books, 2014. p. 7.

euros (cerca de 150 dólares).[365] A possibilidade de uma transação dessas é algo espantoso. E bárbaro. Dados pessoais tão *valiosos* e tão *baratos* são a pior combinação possível para a privacidade.

Parte do que uma boa regulação implica é impedir que um tipo de poder se transforme em outro. Por exemplo, uma boa regulamentação impede que o poder econômico se transforme em poder político (ou seja, dinheiro comprando votos, ou políticos). Da mesma forma, precisamos impedir que o poder acumulado através de dados pessoais se transforme em poder econômico ou político. Os dados pessoais devem beneficiar os cidadãos — e não encher os bolsos dos abutres de dados.

Mesmo nas sociedades mais capitalistas, concordamos que certas coisas não estão à venda — entre elas estão pessoas, votos, órgãos e os placares dos jogos esportivos. Devemos acrescentar dados pessoais a essa lista. Os dados pessoais parecem muito abstratos. Essa abstração é muito conveniente para abutres de dados. Na verdade, estamos falando é de nossas esperanças e medos, nossos históricos médicos, nossas conversas mais privadas, nossas amizades, nossos mais sombrios arrependimentos, nossos traumas, nossas alegrias, a maneira como nos expressamos e como nosso coração bate quando fazemos amor[366][367] — isso é o que está sendo explorado para lucro, muitas vezes, contra nossos melhores interesses.

---

[365] MOLL, Joana. "The Dating Brokers: an Autopsy of Online Love", 2018. Disponível em: https://datadating.tacticaltech.org/viz. Acesso em: 25 maio 2021.

[366] Se você tiver um dispositivo *wearable*, ele está rastreando, registrando e analisando seu batimento cardíaco ao longo do dia; atividades sexuais podem ser inferidas. Em 2019, Bloomberg, o Guardian, e a Vice News revelaram que a Amazon, Google, Facebook, Microsoft, e Apple têm usado empregados humanos para analisar gravações de voz realizadas por assistentes virtuais. Os funcionários admitiram às vezes ouvir as pessoas fazendo sexo. Um denunciante da Apple disse: "Ouvi pessoas falando sobre seu câncer, sobre parentes mortos, religião, sexualidade, pornografia, política, escola, relacionamentos ou drogas sem nenhuma intenção de ativar o Siri".

[367] HERN, Alex. "Apple Contractors 'Regularly Hear Confidential Details' on Siri Recordings". *Guardian*, 26 jul. 2019; HERN, Alex. "Apple Contractors 'Regularly Hear Confidential Details' on Siri Recordings". *Guardian*, 26 jul. 2019; COX, Joseph. "Revealed: Microsoft Contractors Are Listening to Some Skype Calls". *Motherboard*, 7 ago. 2019; CARR, Austin; DAY, Matt; FRIER, Sarah; GURMAN, Mark. "Silicon Valley Is Listening to Your Most Intimate Moments". *Bloomberg*

CAPÍTULO V – DESLIGANDO DA TOMADA

Proibir o comércio de dados pessoais não significa proibir a coleta ou o uso adequado de tais dados. Alguns tipos de dados pessoais são necessários. Compartilhar seus dados pessoais com seu médico, por exemplo, é necessário para receber o cuidado adequado. Mas nosso sistema de saúde não deve ter autorização para compartilhar esses dados, muito menos vendê-los.

O fim do comércio de dados pessoais não significa que outros tipos de dados não deveriam ser compartilhados — a proibição só precisa se aplicar aos dados *pessoais*. Na verdade, alguns dados não pessoais devem ser amplamente compartilhados para promover a colaboração e a inovação. Como argumentam o cientista da computação Nigel Shadbolt e o economista Roger Hampson, a combinação ideal é ter "dados públicos abertos" e "dados privados seguros".[368]

Precisamos, entretanto, de definições mais rígidas do que conta como dados pessoais. No momento, legislações como o GDPR não se aplicam a dados anonimizados. Como vimos no primeiro capítulo, porém, com demasiada frequência os dados que se pensavam serem anônimos tornam-se facilmente reidentificados. Parte do problema é que não temos certeza sobre quais técnicas podem ser desenvolvidas e usadas no futuro para reidentificar indivíduos em um banco de dados "anônimo". Portanto, nós temos de ser tão rigorosos quanto nossa imaginação nos permite ser para definir o que conta como anônimo.

Também precisamos ter um entendimento muito amplo do que conta como comércio de dados. Os corretores de dados fornecem dados pessoais em troca de dinheiro, mas muitas outras empresas fazem negócios de dados que são menos grosseiros. O Facebook, por exemplo, tem dado a outras empresas acesso aos dados pessoais de seus usuários em troca de tratamento favorável para estas empresas no Facebook em suas plataformas. O Facebook permitiu que a Netflix e o Spotify

---

Businessweek, 11 dez. 2019; HERN, Alex. "Apple Whistleblower Goes Public Over 'Lack of Action'". *Guardian*, 20 maio 2020.
[368] SHADBOLT, Nigel; HAMPSON, Roger. *The Digital Ape:* How to Live (in Peace) with Smart Machines. Oxford University Press, 2019.

lessem as mensagens privadas de seus usuários, e deu à Amazon acesso aos nomes e informações de contato dos usuários através de seus amigos. Parte do que recebeu em troca foram dados para alimentar a sua ferramenta invasiva de amizade, "pessoas que talvez você conheça".[369] Os dados pessoais não devem ser parte do comércio. Eles não devem ser vendidos, divulgados, transferidos ou compartilhados de qualquer forma para fins de lucro ou vantagem comercial.

Mais uma vez, você não precisa esperar que os políticos proíbam o comércio de dados pessoais para começar a trabalhar para esse objetivo se você seguir os conselhos do próximo capítulo.

Parem a coleta de dados pessoais *by default*

Algumas das *big tech* cresceram saqueando nossos dados sem pedir permissão, sem pensar nas possíveis consequências que suas ações poderiam ter para seus usuários e para a sociedade em geral. Essa atitude imprudente é melhor descrita pelo lema interno do Facebook: *"Move fast and break things"*[370]. A estratégia das grandes empresas de tecnologia tem sido fazer o que elas querem até que enfrentem resistência. Uma vez que se deparam com resistência, as grandes empresas de tecnologia geralmente tentam ignorá-la. Quando isso não funciona, elas tentam seduzir as pessoas com vantagens extras, e cansam seus críticos com infinitas respostas vazias. Somente quando a resistência é persistente as *big tech* dão um passo atrás, e geralmente depois de terem dado muitos passos à frente. O que eles esperam com este ciclo, argumenta Shoshana Zuboff, é que gradualmente nos acostumemos a aceitar condições que nunca teríamos concordado caso elas nos tivessem sido apresentadas de antemão desde o início.[371]

---

[369] DANCE, Gabriel J.X.; LAFORGIA, Michael; CONFESSORE, Nicholas. "As Facebook Raised a Privacy Wall, It Carved an Opening for Tech Giants". *New York Times*, 18 dez. 2018.

[370] [N.T.] "Mova-se rapidamente e quebre as coisas", em tradução livre.

[371] ZUBOFF, Shoshana. *The Age of Surveillance Capitalism*. Londres: Profile Books, 2019. pp. 138-155.

CAPÍTULO V – DESLIGANDO DA TOMADA

Foi através desse ciclo que nos acostumamos que nossos dados fossem coletados automaticamente por todos que detinham os meios para coletá-los. Aguentamos porque descobrimos tarde demais, uma vez que já estávamos viciados em tecnologias digitais, e porque nos disseram que isso era necessário para que nossos aparelhos continuassem funcionando como funcionam, e que todo mundo estava fazendo isso de qualquer maneira. Também nos disseram que a vigilância era necessária para nos manter seguros. Somente quando as empresas enfrentaram um *techlash*, e regulamentos como o GDPR foram introduzidos, elas fizeram algumas concessões, como nos contar um pouco sobre o tipo de dados que elas possuem sobre nós. Mas isso não é suficiente. Agora estamos mais espertos. Sabemos que é possível ter aparelhos com tecnologia de ponta sem invasões de privacidade. E sabemos que a privacidade é um componente importante para garantir nossa segurança.

A conjuntura atual é de uma coleta de dados onipresente. Quase todos os sites, aplicativos e *gadgets* com os quais você interage estão coletando seus dados. Algumas dessas empresas nem sabem o que fazer com eles. Elas coletam os dados apenas para o caso de serem úteis no futuro. Mas, como já vimos, a coleta de dados não é inofensiva. Ela coloca todos nós em risco.

Até agora, a legislação tem tratado principalmente do *uso* de dados, não de sua coleta. Mesmo que a GDPR inclua um princípio de minimização de dados, segundo o qual as empresas só devem coletar dados adequados, relevantes e necessários, muitas instituições parecem estar se protegendo atrás de uma interpretação muito ampla do que são "interesses legítimos" para o processamento de dados. Precisamos ser mais rigorosos com a coleta de dados.

Qualquer pessoa que já tenha usado a internet sabe que o sistema atual de "consentimento" para a coleta de dados é falho. Ele coloca um fardo muito pesado sobre os cidadãos. Não só é irritante ter de clicar em, às vezes, dezenas de opções para rejeitar a coleta de dados; como você disse "não" aos cookies, você é punido ao ter de passar pelo mesmo processo toda vez que usar aquele site. Se não houvesse uma coleta de dados por padrão, as pessoas não precisariam pedir constantemente que sua privacidade fosse respeitada. E as pessoas que optassem pela coleta de dados poderiam ser legitimamente relembradas, portanto, só precisariam fazer isso uma vez.

O padrão — para empresas, agências governamentais e usuários em cada site e aplicativo — deve ser *não* coletar os dados, ou apenas coletar o mínimo *necessário* de dados. As configurações padrão são importantes, porque a maioria das pessoas nunca mexerá em suas configurações. As pessoas devem ter de optar pela coleta de dados, em vez de optar pela interrupção dela.

O que conta como dados necessários deve ser entendido, estritamente, como dados indispensáveis para o fornecimento de um serviço útil — não para financiar esse serviço através da venda dos nossos dados ou do acesso a nós através de nossos dados, mas para construir ou manter o serviço. Alguns serviços precisam dos dados das pessoas para mapear o tráfego, por exemplo — mas eles não precisam dos dados de *todos* para fazê-lo de forma eficaz. Se os dados de uma amostra de usuários forem suficientes, qualquer coleta de dados para além disso é desnecessária.

Precisamos investir mais na inovação da privacidade. Se as *big tech* forem forçadas a enfrentar o desafio de inventar maneiras de usar os dados ao mesmo tempo em que protegem a privacidade, há uma boa chance de elas estarem à altura. Se lhes for permitido continuar como foi até agora, essas inovações nunca serão desenvolvidas.

Um método promissor de coleta de dados é através da *privacidade diferencial*. Privacidade diferencial significa essencialmente inserir apenas o ruído matemático necessário em determinado banco de dados para que você consiga camuflar satisfatoriamente cada membro do banco de dados — você não pode inferir nada em particular sobre nenhum indivíduo — mas não tanto a ponto de impedir que você obtenha respostas precisas ao realizar análises estatísticas. Pode parecer complicado, mas aqui está um exemplo simples para ilustrar a ideia.

Suponhamos que você queira saber quantas pessoas em Nova York votaram no Trump. Normalmente, você ligaria para alguns milhares de números de telefone e perguntaria a cada pessoa de que forma votaram.

CAPÍTULO V – DESLIGANDO DA TOMADA

Mesmo se você não coletasse nomes, se você coletasse números de telefone e como as pessoas votaram, esses eleitores poderiam ser facilmente identificados e seu direito ao voto secreto seria comprometido. Para coletar dados usando a privacidade diferencial, em contrapartida, você também ligaria para alguns milhares de números de telefone, mas ao invés de perguntar diretamente como as pessoas votaram, você lhes pediria que atirassem uma moeda ao ar. Se a moeda der cara, então as pessoas devem lhe dizer como votaram. Se a moeda der coroa, eles devem atirar a moeda ao ar novamente, e se cair cara dessa vez, eles devem dizer a verdade; se cair coroa, eles devem mentir. É importante que as pessoas nunca te digam como a moeda caiu. Como você controla a frequência com que as pessoas mentem para você, você sabe que aproximadamente um quarto de seus resultados são incorretos (uma mentira), e você pode ajustar estatisticamente para isso. O resultado é um banco de dados que é quase tão preciso quanto um banco comum, e que não contém dados pessoais, porque somente os entrevistados sabem como a moeda caiu. Você não tem como saber quem votou no Trump, mas pode saber aproximadamente quantas pessoas votaram nele. Cada participante gozará da possibilidade de "negação plausível": eles podem afirmar que não votaram no Trump, e ninguém seria capaz de provar o contrário (pelo menos com base neste banco de dados).[372]

É claro que nem todos os tipos de dados podem ser coletados usando o recurso da privacidade diferencial, e o método precisa ser aperfeiçoado para que as instituições possam implementá-lo de maneira fácil e eficaz. Não é minha pretensão sugerir que a privacidade diferencial é perfeita ou a solução para todos os nossos problemas. Não é. E se não for implementada corretamente, pode criar uma falsa sensação de segurança. No entanto, ainda gosto dela como um exemplo porque ilustra que existem maneiras criativas de analisar os dados sem colocar em risco a privacidade das pessoas. Criptografia homomórfica

---

[372] Eu peguei esse exemplo de uma entrevista com Aaron Roth (ele utilizou a campanha de Trump para ilustrar o método). Cf.: "Differential Privacy Theory & Practice with Aaron Roth – TWIML Talk #132". Disponível em: https://twimlai.com/twiml-talk-132-differential-privacy-theory-practice-with-aaron-roth.

e aprendizagem federada são duas outras técnicas que vale a pena explorar. Devemos investir mais no desenvolvimento de ferramentas de privacidade, em vez de investir apenas em métodos de exploração da privacidade para obter lucro, conveniência ou eficiência.

Quando não houver outra alternativa além da coleta de dados pessoais, tais dados devem ser coletados somente quando um indivíduo consentir total e livremente com tal coleta, e quando os usos desses dados e os planos para apagá-los tiverem sido especificados (mais sobre isso no último ponto abaixo). Limitar a coleta de dados pessoais não é suficiente, porém, porque informações sensíveis podem ser adquiridas não apenas através da coleta de dados, mas também através de inferências.

Parem as inferências clandestinas de dados sensíveis

Instituições sedentas por saber mais sobre nós podem ir além dos limites que estabelecemos para elas através da inferência, em vez da coleta de informações sensíveis sobre nós. Os rastros digitais que deixamos para trás enquanto interagimos com a tecnologia são rotineiramente tratados como amostras de comportamento, que são então utilizadas para fazer inferências sobre nós.

Teorias sobre o que nossos rastros de dados dizem a nosso respeito têm proliferado nos últimos anos. A forma como as pessoas utilizam seus *smartphones* pode ser usada para prever os resultados de testes de habilidades cognitivas, como memória e concentração. Os problemas de memória podem ser identificados pela rapidez com que as pessoas digitam em seu telefone, pelos erros que cometem e pela rapidez com que descem em sua lista de contatos.[373] *Likes* no Facebook têm sido usados para inferir orientação sexual, etnia, visões religiosas e políticas, traços

---

[373] METZ, Rachel. "The Smartphone App That Can Tell You"re Depressed Before You Know it Yourself". *MIT Technology Review*, 15 out. 2018.

CAPÍTULO V – DESLIGANDO DA TOMADA

de personalidade, inteligência, felicidade, uso de substâncias viciantes, separação dos pais, idade e gênero.[374] Padrões de movimentos oculares podem ser usados para detectar dislexia. O ritmo de sua caminhada, medido pelo acelerômetro de seu smartphone, pode ser utilizado para inferir sua expectativa de vida. Suas publicações no Twitter e suas expressões faciais podem ser usadas para descobrir casos de depressão. A lista continua, mas você percebe: sinais externos estão sendo sistematicamente usados por empresas e instituições para inferir informações particulares sobre você.[375]

Há muitas preocupações em relação às inferências sensíveis, algumas das quais são compartilhadas com outros tipos de práticas invasivas da privacidade, e algumas delas são particulares às inferências. Assim como é o caso da coleta clandestina de dados pessoais, é preocupante que sua privacidade possa ser violada sem que você nunca tenha conhecimento disso. Pior, você tem pouco ou nenhum controle sobre alguns desses sinais externos, de tal forma que não há muito que você possa fazer para se proteger. Você pode tentar evitar dar seus dados pessoais, mas não pode mudar seu rosto ou seu andar, por exemplo, ou a maneira como você digita em seu telefone. Todos estes são marcadores involuntários. E não há como você saber se alguém está usando essas informações, nem para que fins.

Uma outra preocupação com inferências sensíveis é que elas podem estar erradas a seu respeito, mas ainda podem ser usadas contra você. Inferências baseadas em algoritmos são probabilísticas — elas estão corretas em apenas algumas das vezes. A precisão das inferências varia muito, e as empresas podem não ter muito incentivo para garantir que sejam tão precisas quanto possível. Enquanto as empresas sentirem que as inferências lhes dão uma vantagem, elas podem se contentar em usá-las, mesmo que sejam imperfeitas.

---

[374] KOSINSKI, Michal; STILLWELL, David; GRAEPEL, Thore. "Private Traits and Attributes Are Predictable From Digital Records of Human Behavior". *PNAS*, vol. 110, 2013.
[375] BURR, Christopher; CRISTIANINI, Nello. "Can Machines Read our Minds?". *Minds and Machines*, vol. 29, 2019.

Pesquisadores, por exemplo, foram capazes de inferir corretamente se uma pessoa fumava com base em seus *likes* no Facebook em 73% dos casos.[376] Suponha que uma empresa utilize tal inferência como um filtro para a contratação de funcionários. Se eles tiverem candidatos suficientes para um emprego, podem não se incomodar por estarem errados cerca de 27% desses candidatos, porque, de sua perspectiva, eles ainda estão melhor do que se não tivessem tentado inferir essa informação. Se você é uma das pessoas azaradas que é classificada erroneamente como fumante, porém, você sofreu uma injustiça, e pode nunca saber disso, porque a empresa pode nunca lhe dizer por que você não conseguiu o emprego.

Em alguns casos, inferências sensíveis podem ser aceitáveis. Como paciente, você pode querer que seu médico analise como você digita em seu smartphone para que eles possam detectar possíveis problemas cognitivos o mais cedo possível. Mas as inferências sensíveis têm de ser reguladas de forma tão rigorosa quanto os dados pessoais, pois estão sendo usados como dados pessoais mesmo quando elas estão erradas. O consentimento dos cidadãos deve ser solicitado sempre que sinais externos forem usados para inferir informações privadas sobre eles. Eles devem ter o poder de contestar e retificar inferências imprecisas, e as informações sensíveis inferidas devem ser tratadas como dados pessoais.

Com a abolição dos anúncios microdirecionados, das vendas de dados pessoais, da coleta de dados pessoais *by default* e das inferências sensíveis, a privacidade já estará muito melhor. Mas essas medidas ainda não são suficientes, porque ainda precisamos dar conta dos contextos nos quais os dados pessoais não são vendidos, mas podem ser usados contra os interesses dos cidadãos.

---

[376] KOSINSKI, Michal; STILLWELL, David; GRAEPEL, Thore. "Private Traits and Attributes Are Predictable From Digital Records of Human Behavior". *PNAS*, vol. 110, 2013.

CAPÍTULO V – DESLIGANDO DA TOMADA

Implementem deveres fiduciários

Na maioria dos países, a lei não força os suspeitos de crimes a se autoincriminar. Há algo de perverso em tornar as pessoas cúmplices de sua própria derrocada. Um juiz federal da Califórnia proibiu a polícia de forçar os suspeitos a abrir seus telefones porque isso é análogo à autoincriminação.[377] E ainda assim, toleramos que os cidadãos inocentes sejam forçados a abrir mão de seus dados pessoais, que depois são usados de todas as formas contrárias aos seus interesses. Devemos proteger os internautas pelo menos tanto quanto protegemos os suspeitos de crimes. Nossos dados pessoais não devem ser usados como uma arma contra nossos melhores interesses.

Para atingir tal objetivo, devemos vincular as instituições que coletam e administram dados pessoais a deveres fiduciários rigorosos.[378] Fiduciários, tais como contadores, médicos e advogados, que têm um dever de lealdade e cuidado para com seus clientes — e o mesmo deve acontecer com as empresas que tratam dados pessoais.

A palavra *fiduciário* vem do verbo latino *fidere*, que significa confiar. A confiança está no cerne das relações fiduciárias. Primeiro, porque ao fiduciário é confiado algo muito valioso — suas finanças, seu corpo, seus assuntos legais, ou seus dados pessoais. Segundo, porque, ao confiar este bem valioso a outros, você se torna extremamente vulnerável a eles. Ao aceitar o que lhes é confiado e em reconhecimento de sua vulnerabilidade, os fiduciários lhe devem sua confiabilidade.[379]

Deveres fiduciários existem para proteger indivíduos que estão em uma posição de fraqueza contra profissionais que supostamente os

---

[377] KRAMER, Alexis. "Forced Phone Fingerprint Swipes Raise Fifth Amendment Questions". *Bloomberg Law*, 7 out. 2019.

[378] BALKIN, Jack M. "Information Fiduciaries and the First Amendment". *UC Davis Law Review*, vol. 49, 2016; ZITTRAIN, Jonathan. "How to Exercise the Power You Didn't Ask For". *Harvard Business Review*, 19 set. 2018.

[379] MACLACHLAN, Alice. "Fiduciary Duties and the Ethics of Public Apology". *Journal of Applied Philosophy*, vol. 35, 2018. p. 366.

servem, mas que podem ter interesses conflitantes. Seu contador poderia fazer negócios abusivos com sua conta para ganhar mais comissões, ou poderia usar seu dinheiro para comprar títulos para si mesmo. Seu médico poderia realizar uma cirurgia em você que fosse muito arriscada ou desnecessária simplesmente como uma oportunidade para praticar suas habilidades, ou para acrescentar mais informações a alguma pesquisa. Seu advogado poderia vender seus segredos a outro cliente cujos interesses se opõem aos seus. E, como vimos, aqueles que coletam seus dados podem fornecê-los a abutres de dados, criminosos, e assim por diante. Nenhum desses profissionais deve abusar do poder que lhes foi dado em virtude de suas profissões.

Os deveres fiduciários, portanto, são apropriados quando existe uma relação econômica na qual existe uma assimetria de poder e conhecimento, e na qual um profissional ou uma empresa pode ter interesses que vão contra os interesses de seus clientes. Conselheiros financeiros, médicos, advogados e especialistas em dados sabem muito mais sobre finanças, medicina, direito e dados, respectivamente, do que nós. Eles também podem saber mais sobre você do que você mesmo sabe. É provável que seu contador tenha uma melhor compreensão de seus riscos financeiros. Seu médico entende melhor do que você o que está acontecendo em seu corpo. Seu advogado terá uma compreensão mais profunda de seu caso jurídico. E aqueles que analisam seus dados podem saber (ou podem pensar que eles sabem) muito mais sobre seus hábitos e sua mente do que você sabe. Tal conhecimento nunca deve ser usado contra você.

Fiduciários devem agir no melhor interesse de seus clientes, e, quando surgem conflitos, eles devem colocar os interesses de seus clientes acima dos seus próprios. As pessoas que não querem ter deveres fiduciários não devem aceitar que lhes sejam confiadas informações pessoais valiosas, ou bens. Se você não quer ter o dever de agir no melhor interesse de seus pacientes, então não se torne um médico. Querer realizar intervenções médicas no corpo das pessoas não é suficiente. O trabalho vem com certas expectativas éticas. Da mesma forma, se as empresas não quiserem ter de lidar com deveres fiduciários relativos aos dados, elas não devem estar no negócio de coletar dados pessoais.

CAPÍTULO V – DESLIGANDO DA TOMADA

Querer analisar dados pessoais para fins de pesquisa ou propósitos comerciais é algo aceitável, mas tal privilégio vem com responsabilidades.

Os críticos da ideia de que os deveres fiduciários deveriam se aplicar às grandes empresas tecnológicas têm apontado que tal política iria contra os deveres fiduciários das empresas tecnológicas para com seus acionistas. De acordo com a lei em Delaware — onde Facebook, Google e Twitter estão alocados — os conselheiros têm de "tratar o bem-estar dos acionistas como o único fim, considerando outros interesses apenas na medida em que isso esteja racionalmente relacionado ao bem-estar dos acionistas".[380]

O fato de as empresas terem de trabalhar em benefício de seus acionistas em detrimento de seus clientes parece uma política moralmente duvidosa — particularmente se o negócio em questão trouxer efeitos negativos para a vida de milhões de cidadãos. Moralmente, os interesses econômicos dos acionistas não podem possivelmente superar os direitos de privacidade e os interesses democráticos dos bilhões de usuários das *big tech*. Uma opção para contornar este problema é estabelecer que, sempre que os interesses dos acionistas entrarem em conflito com os interesses dos usuários, os deveres fiduciários dos usuários têm prioridade. Outra opção é instituir multas tão grandes por violação de deveres fiduciários para com os usuários que se torne do interesse dos acionistas que as empresas honrem esses deveres, caso eles se preocupem com seus resultados.

Os deveres fiduciários percorreriam longos caminhos para assegurar que os interesses das *big tech* estivessem alinhados com os interesses de seus usuários. Se as empresas de tecnologia querem colocar em risco os nossos dados, devem arriscar seus negócios no processo. Se as empresas de tecnologia puderem arriscar nossos dados e ter certeza de que seremos os únicos a pagar a conta — através de exposição, roubo de identidade, extorsão, discriminação injusta, e mais —, elas continuarão a ser imprudentes.

---

[380] KHAN, Lina; POZEN, David E. "A Skeptical View of Information Fiduciaries". *Harvard Law Review*, vol. 133, 2019. p. 530.

Com deveres fiduciários adicionados à lista, o cenário para os dados é muito melhor. Nossos dados não seriam mais compartilhados, vendidos ou usados contra nossos interesses. Entretanto, nossos dados pessoais ainda podem ser perdidos por negligência, e é por isso que precisamos implementar padrões mais elevados de segurança cibernética.

Melhorem os padrões de cibersegurança

Nossa privacidade não será adequadamente protegida enquanto os aplicativos, sites e *gadgets* com os quais interagimos não forem seguros. É muito fácil roubar nossos dados. Na situação atual, as empresas têm pouca motivação para investir em cibersegurança. A cibersegurança é cara e não é algo que os usuários apreciem, pois é invisível. Os internautas não têm uma maneira fácil de comparar os padrões de segurança entre produtos.[381] Sabemos mais ou menos como é uma porta segura, mas não há indicadores comparáveis em aplicativos ou sites.

As empresas não só não têm muito a ganhar investindo em segurança cibernética, como também não têm o suficiente a perder quando as coisas dão errado. Se os dados são roubados, os clientes são que arcam com a maior parte das consequências. Se uma empresa for considerada grosseiramente negligente, poderá ser multada, mas se a multa não for suficientemente grande (por exemplo, se for inferior ao que teria custado investir em cibersegurança), as empresas se verão tentadas a considerar tais multas como um custo que vale a pena suportar ao fazer negócios.

A cibersegurança é um problema que diz respeito à ação coletiva. A sociedade estaria melhor se todos possuíssem padrões aceitáveis de segurança cibernética. Os segredos das instituições estariam mais bem protegidos, e elas poderiam desfrutar da confiança de seus clientes. Os dados dos cidadãos estariam seguros. E a segurança nacional estaria igualmente salvaguardada. Mas não é do interesse da

---

[381] SCHNEIER, Bruce. *Click Here to Kill Everybody:* Security and Survival in a Hyper-Connected World. Nova York: W.W. Norton & Company, 2018. p. 134.

CAPÍTULO V – DESLIGANDO DA TOMADA

maioria das empresas investir em segurança porque ela lhes dá poucas vantagens, e é cara, o que pode colocá-las em desvantagem em relação a seus concorrentes. Na situação atual, produtos inseguros podem retirar produtos seguros do mercado, pois não há retorno em investir em cibersegurança.

A regulamentação governamental é como a segurança é melhorada. Se não fosse pelos governos implementando normas e padrões, coisas como edifícios, remédios, produtos alimentícios, carros e aviões seriam muito menos seguras. As empresas muitas vezes reclamam quando são obrigadas a melhorar seus padrões de segurança pela primeira vez. As empresas automobilísticas resistiram muito aos cintos de segurança obrigatórios. Elas os achavam feios e que os usuários os odiariam. Na verdade, os usuários ficaram muito felizes por estarem mais seguros. Com o tempo, as empresas passaram a adotar uma regulamentação que protege a elas e a seus clientes contra desastres de segurança. E elas começam a entender que a regulamentação é, às vezes, a única maneira de uma empresa investir em algo valioso que não tem retorno imediato sem incorrer em uma desvantagem competitiva, porque todas as demais também têm de fazê-lo.

Embora grande parte da privacidade que perdemos desde 2001 tenha sido a consequência direta ou indireta de governos que supostamente priorizam a segurança, a experiência nos ensinou que a segurança e a privacidade não são um jogo de tudo ou nada. Quando corroemos nossa privacidade, na maioria das vezes prejudicamos nossa segurança. A internet foi feita insegura para permitir que as empresas e os governos roubassem nossos dados a fim de que, em teoria, eles pudessem nos manter seguros. A realidade é que uma internet insegura é extremamente perigosa para indivíduos, empresas e sociedades.

Se nossos aparelhos são inseguros, regimes hostis podem espionar nossos funcionários públicos. Operadores desonestos podem derrubar a rede elétrica de um país inteiro ao hackear dezenas de milhares de dispositivos que se alimentam de energia, como chuveiros elétricos e aparelhos de ar-condicionado, causando uma explosão na demanda de eletricidade.[382] Eles também podem assumir o controle de usinas nucleares,[383] ou mesmo de armas nucleares.[384] Um ataque cibernético maciço poderia fechar um país inteiro.[385] É uma das duas mais proeminentes ameaças catastróficas que os governos do mundo inteiro identificaram em suas avaliações de risco. A outra é uma pandemia.

Há *décadas,* os especialistas alertam sobre o risco de pandemias. Não só as sociedades continuaram a se engajar nas práticas de risco que sabemos que as causam (por exemplo, *wet markets*[386] e pecuária industrial), como também não nos preparamos para elas. A pandemia do coronavírus nos pegou sem equipamentos de proteção suficientes para os profissionais de saúde, por exemplo — algo que é imperdoável, visto que já sabíamos. Seres humanos são capazes de evitar situações que não viveram antes, mas não é fácil. Usar nossa imaginação para prever o que pode dar errado é vital para nos motivar a agir.

Imagine estar em *lockdown* e seu país sofrer um ciberataque em massa. A internet trava. Talvez a eletricidade também seja atingida. Mesmo sua linha telefônica, se você ainda tiver uma, poderá ser afetada. Você não consegue se comunicar com sua família, não pode ligar para seu médico, não pode nem mesmo ouvir as notícias. Você não pode sair

---

[382] GREENBERG, Andy. "How Hacked Water Heaters Could Trigger Mass Blackouts". *Wired*, 13 ago. 2018. A Rússia causou um apagão na Ucrânia em 2016 por meio de um ciberataque GREENBERG, Andy. "New Clues Show How Russia's Grid Hackers Aimed for Physical Destruction". *Wired*, 12 set. 2019.

[383] LYNGAAS, Sean. "Hacking Nuclear Systems Is the Ultimate Cyber Threat. Are We Prepared?". *Verge*, 23 jan. 2018.

[384] DUNN, Will. "Can Nuclear Weapons Be Hacked?". *New Statesman*, 7 maio 2018. Os Estados Unidos e Israel obstruíram um programa nuclear do Irã através de um ciberataque (Stuxnet). NAKASHIMA, Ellen; WARRICK, Joby. "Stuxnet Was Work of US and Israeli Experts, Officials Say". *Washington Post*, 2 jun. 2012. Um ataque que tentasse ativar uma arma nuclear seria mais preocupante.

[385] WALL, Matthew. "5G: 'A Cyber-Attack Could Stop the Country'". *BBC News*, 25 out. 2018.

[386] [N.T.] O termo pode ser traduzido literalmente como "mercados úmidos", e se refere a mercados que comercializam animais vivos ou carnes e outros produtos agrícolas frescos.

CAPÍTULO V – DESLIGANDO DA TOMADA

por causa da pandemia. Escurece cedo e você ainda tem uma vela para acender (quem ainda guarda caixas de velas?). Seu aquecedor elétrico não funciona. Você não sabe o que aconteceu, e não sabe quando ou se a normalidade será retomada.

Este cenário não é tão exagerado. Afinal, os ataques cibernéticos aumentaram como resultado da pandemia do coronavírus.[387] Com tantas pessoas trabalhando em casa com o Wi-Fi e dispositivos desprotegidos, a "superfície de ataque", ou possíveis pontos de entrada, aumentou. O administrador do sistema de eletricidade britânico foi atingido por um ataque cibernético durante o *lockdown*; felizmente, isso não afetou o fornecimento de eletricidade.[388] Os ataques contra a Organização Mundial da Saúde quintuplicaram durante o mesmo período.[389] É apenas uma questão de tempo até que um ataque cibernético maciço aconteça. Nós sabemos disso, assim como sabíamos que uma pandemia aconteceria mais cedo ou mais tarde. Temos de estar melhor preparados, e temos que agir agora se quisermos ter alguma chance de prevenir ou mitigar tal evento.

Para melhorar nossa cibersegurança, é crucial que desentrelacemos os sistemas.[390] Há uma tendência atual de fazer com que tudo se conecte: suas caixas de som ao telefone, seu telefone ao computador, seu computador à televisão, e assim por diante. Se os entusiastas da tecnologia pudessem fazer o que quisessem, o próximo ponto de conexão seria o seu cérebro. É uma má ideia. Usamos portas corta-fogo para conter possíveis incêndios em nossas casas e edifícios, e compartimentos

---

[387] Um grupo de pessoas suspeitas senta-se em uma mesa. Um deles tem uma arma. "Por razões de saúde e segurança, vamos fazer a transição para o crime cibernético", é o conteúdo de uma charge recente de Paul Noth publicada no New Yorker.

[388] AMBROSE, Jillian. "Lights Stay On Despite Cyber-Attack on UK's Electricty System". *Guardian*, 14 maio 2020.

[389] 'WHO Reports Fivefold Increase in Cyber Attacks, Urges Vigilance". Disponível em: https://www.who.int/news-room/detail/23-04-2020-who-reports-fivefold--increase-in-cyber-attacks-urges-vigilance.

[390] SCHNEIER, Bruce. *Click Here to Kill Everybody:* Security and Survival in a Hyper-Connected World. Nova York: W.W. Norton & Company, 2018. pp. 118/119.

estanques para limitar possíveis enchentes em navios. Precisamos criar divisórias semelhantes no ciberespaço. Cada nova conexão em um sistema é um possível ponto de entrada. Se todos os seus dispositivos estiverem conectados, isso significa que hackers podem potencialmente obter acesso a seu telefone (um dispositivo relativamente sofisticado, sensível e seguro, se você tiver um bom aparelho) através de sua chaleira inteligente (muito provavelmente um sistema inseguro). Se todos os nossos sistemas nacionais estiverem igualmente conectados, um ataque cibernético poderia derrubar todos eles através de apenas um sistema.

Inicialmente, melhores padrões de segurança cibernética cuidarão principalmente de remendar sistemas ruins. Mas, eventualmente, a segurança tem de ser introduzida na forma como a tecnologia é projetada. No momento, por exemplo, a autenticação nos protocolos de conexão entre seu smartphone e as torres com as quais ele se conecta é inadequada. Seu smartphone cede dados sensíveis para todas elas. É por isso que os interceptores IMSI podem aspirar seus dados, como vimos no primeiro capítulo.[391] Temos de começar a projetar toda a tecnologia tendo os hackers em mente. O tempo em que a internet podia parecer com casas de campo sem cercas, portas ou fechaduras terminou há anos. Temos que nos colocar a par da realidade.

Eliminem os dados

Sem mais anúncios personalizados, sem abutres de dados, sem coleção de dados *by default*, deveres fiduciários e forte segurança cibernética, o cenário da privacidade pode ser em grande parte reconstruído. Mas e todos os nossos dados pessoais que já estão por aí, e os dados pessoais que serão justificadamente coletados no futuro? Precisamos apagar os dados pessoais que foram coletados clandestinamente e de

---

[391] SCHNEIER, Bruce. *Click Here to Kill Everybody:* Security and Survival in a Hyper-Connected World. Nova York: W.W. Norton & Company, 2018. pp. 32/33, 168; ZETTER, Kim. "How Cops Can Secretly Track Your Phone". *Intercept*, 31 jul. 2020.

CAPÍTULO V – DESLIGANDO DA TOMADA

forma ilegítima. Mesmo no caso de dados pessoais coletados de forma legítima para fins necessários, deve haver sempre um plano para apagá-los. Com poucas exceções (tais como registros de nascimento), nenhum dado pessoal deve ser coletado sem a possibilidade de apagá-los ou um plano que o permita.

Em seu livro *"Delete"*, Viktor Mayer-Schönberger argumenta que "esquecer" é uma virtude que deveríamos recuperar na era digital. A capacidade de esquecer é um componente importante de uma vida saudável. Imagine não poder esquecer nada do que você já vivenciou. Pesquisadores estudaram o caso de Jill Price, uma mulher na Califórnia que não tem o dom de esquecer suas experiências. Ela foi capaz, por exemplo, de lembrar instantaneamente o que tinha feito a cada Páscoa de 1980 a 2008. Do nada, sem aviso prévio ou preparação. Sua memória era tão rica que ofuscava seu presente. Isso não a tinha feito nem feliz nem particularmente bem-sucedida em sua carreira. Ela é uma pessoa relativamente comum que se sente ansiosa e solitária na companhia de suas memórias superlotadas.

O psicólogo cognitivo Gary Marcus tem a hipótese de que a memória extraordinária de Price pode não ser o resultado de ter um cérebro incomum, mas sim de um distúrbio obsessivo-compulsivo que não lhe permite deixar o passado para trás.[392] Manter registros permanentes *by default* pode estar recriando esse tipo de obsessão em todos nós, ou pelo menos algumas de suas características negativas.

As pessoas que se lembram demais gostariam de poder desligar (às vezes, pelo menos) essa capacidade que pode acabar parecendo uma maldição. Quando sua mente se agarra ao passado, é difícil seguir em frente, deixar tanto os tempos trágicos quanto os mais felizes para trás, e viver no presente. É difícil aceitar o que você tem à sua frente se a atração de tempos melhores e piores parecer tão vívida quanto o presente. Tempos piores podem entristecê-lo, e tempos melhores podem inspirar

---

[392] MARCUS, Gary. "Total Recall: The Woman Who Can't Forget". *Wired*, 23 mar. 2009.

nostalgia. Relembrar constantemente tudo o que os outros disseram e fizeram também pode deixar as pessoas muito ressentidas.

Esquecer não é apenas uma virtude para os indivíduos, mas também para as sociedades. O esquecimento social proporciona segundas oportunidades. Expurgar antigos registros criminais de crimes menores ou cometidos durante a juventude, esquecer falências e apagar os registros de dívidas pagas oferecem uma segunda chance para as pessoas que cometeram erros. As sociedades que se lembram de tudo isso tendem a ser impiedosas.

Nunca nos lembramos tanto quanto nos lembramos hoje, seja como indivíduos seja como sociedades. Antes da chegada dos computadores, tínhamos duas formas de esquecer: voluntariamente, queimando ou rasgando nossos registros, e involuntariamente, quando não podíamos registrar a maioria dos eventos e naturalmente os esquecíamos, ou quando perdíamos nossos registros através de acidentes e desgaste.

Durante a maior parte da história, manter registros foi difícil e caro. O papel costumava ser extremamente caro, e precisávamos de uma quantidade razoável de espaço para armazená-lo. A escrita exigia tempo e dedicação. Tais restrições nos obrigavam a escolher o que queríamos lembrar. Apenas uma pequena fração da experiência podia ser preservada, e mesmo assim a memória tinha uma vida mais curta do que tem hoje. Quando o papel era não alcalino, por exemplo, ele se desintegrava muito rapidamente. Tais documentos tinham uma data de validade estabelecida pelos materiais de que eram feitos.[393]

A era digital virou a economia da memória de ponta cabeça. Hoje é mais fácil e mais barato lembrar-se de tudo do que esquecer. De acordo com Mayer-Schönberger, quatro elementos tecnológicos contribuíram para que o "lembrar" seja nosso padrão: digitalização, armazenamento barato, fácil acesso e alcance global. As experiências são automaticamente transformadas em dados de computador, que são

---

[393] MAYER-SCHÖNBERGER, Viktor. *Delete:* The Virtue of Forgetting in the Digital Age. Princeton University Press, 2009, pp. 39-45.

CAPÍTULO V – DESLIGANDO DA TOMADA

armazenados em dispositivos cada vez menores que são cada vez mais baratos. Temos então acesso a nossos dados ao apertar algumas teclas e podemos enviá-los para qualquer lugar do mundo com um clique.

Uma vez que a coleta de dados se tornou automatizada, e o armazenamento tornou-se tão barato a ponto de se tornar realista o desejo de coletar tudo, passamos do ter de selecionar o que lembrar para o ter de selecionar o que esquecer. Como a seleção exige esforço, o esquecimento se tornou mais caro do que a memória *by default*.

É tentador pensar que ter mais dados nos tornará necessariamente mais inteligentes, ou capazes de tomar melhores decisões. Na verdade, isso pode impedir nossa capacidade de pensar e de tomar decisões. O esquecimento humano é, em parte, um processo ativo de filtragem do que é importante. Não selecionar o que lembramos significa que cada dado recebe o mesmo peso, o que torna mais difícil identificar o que é relevante num mar de dados irrelevantes.[394]

Estamos coletando tantos dados que é impossível para nós obtermos uma imagem clara a partir deles — nossas mentes não evoluíram para lidar com uma quantidade tão grande de informações. Quando temos dados demais e tentamos dar sentido a eles, enfrentamos duas opções. A primeira é selecionar um pouco de informação com base em algum critério de nossa escolha que pode nos tornar cegos para o contexto de maneira que pode reduzir nossa compreensão, em vez de aumentá-la. Imagine que você tem uma discussão com um amigo porque ele votou no Bolsonaro[395]. Ao ruminar sobre a discussão, você decide reler todas as mensagens de texto que contenham a palavra "Bolsonaro". Essas mensagens podem não exemplificar seu relacionamento como um todo, por apenas mostrarem uma discordância, mas ficar cismado com elas pode levá-lo a acabar com sua amizade. Se você tivesse se lembrado de todos os bons momentos que vocês tiveram e que não foram capturados

---

[394] MAYER-SCHÖNBERGER, Viktor. *Delete:* The Virtue of Forgetting in the Digital Age. Princeton University Press, 2009.

[395] [N.T.] Na versão original, a autora cita o ex-presidente dos Estados Unidos, Donald Trump. Realizamos a substituição para fins meramente explicativos.

digitalmente, ou se tivesse lido as mensagens em que seu amigo o apoiava em momentos difíceis, você teria lembrado o porquê de serem amigos.

 A segunda e cada vez mais comum opção para tentar dar sentido a quantidades desordenadas de dados é confiar em algoritmos como filtros que podem nos ajudar a tecer uma narrativa, mesmo que eles não tenham o mínimo de noção para saber o que é importante. Por exemplo, um algoritmo projetado para determinar quem é criminoso, ao analisar imagens faciais, pode acabar escolhendo pessoas que não estão sorrindo. O algoritmo não tem a capacidade de raciocínio necessária para entender que, nas bases de dados usadas para seu treinamento, as imagens de criminosos fornecidas pela polícia eram fotos de identificação em que as pessoas não estavam sorrindo.[396] Além disso, os algoritmos já se mostraram falhos no sentido de reproduzir preconceitos embutidos em nossos dados, nas suposições que fazemos sobre o que estamos tentando medir, e em nossa programação. Recentemente encontrei alguém que afirmava confiar mais nos algoritmos do que nos seres humanos porque as pessoas cometem muitos erros. Facilmente perdemos de vista o fato de que são as pessoas que criam algoritmos, e muitas vezes a tecnologia não apenas não corrige nossos erros — ela os amplifica.

 Manusear dados em excesso, portanto, pode levar a menos conhecimento e a piores tomadas de decisões. Os riscos duplos de distorcer a verdade e de a memória ser um obstáculo à mudança se combinam para tornar os registros permanentes e abrangentes sobre as pessoas positivamente perigosas. Esses registros capturam as pessoas no seu pior e as congelam nessa imagem, não permitindo que elas superem completamente seus erros. Dados pessoais antigos também podem nos tornar enviesados em relação à nossa própria história: se usarmos dados antigos para determinar o futuro, seremos propensos a repetir os erros de nosso passado.

---

[396] Pego este exemplo da análise de Carl Bergstrom e Jevin West sobre um artigo que afirma que um algoritmo pode determinar se alguém é um criminoso a partir da análise de uma imagem facial ("Case Study – Criminal Machine Learning". Disponível em: https://www.callingbullshit.org/case_studies/case_study_criminal_machine_learning.html).

CAPÍTULO V – DESLIGANDO DA TOMADA

Precisamos introduzir datas de validade e o esquecimento no mundo digital. Poderíamos projetar tecnologias que permitissem que quaisquer dados que fossem criados se autodestruíssem após um período de tempo. Alguns aplicativos já o fazem: você pode definir uma data de validade em suas mensagens de texto no *Signal*, por exemplo. Poderíamos fazer o mesmo com os arquivos em nossos computadores, nossos e-mails, nossas buscas online, nossos históricos de compras, nossos Tuítes, e a maioria dos outros rastros de dados.

Qualquer que seja o meio tecnológico que escolhamos utilizar, o que importa é que o padrão não deve manter os dados pessoais indefinidamente. É muito perigoso. Precisamos ter métodos que permitam a eliminação periódica dos dados pessoais que não são mais necessários.

Um crítico pode argumentar que não se pode forçar eticamente uma sociedade a esquecer. As democracias não se distinguem por forçar o esquecimento. Queimar livros e apagar postagens online são marcas de governos autoritários, não de democracias. A tendência natural para sociedades estáveis que respeitem os direitos dos cidadãos é acumular dados, segue o argumento. Tal raciocínio seria convincente se não tivéssemos a capacidade de reter dados para sempre. Não há nada de natural nos registros permanentes. A natureza costumava nos impor o esquecimento através da capacidade de esquecer, e agora que desafiamos esse processo natural, estamos percebendo que o preço é muito alto. Precisamos reintroduzir o que é natural em um contexto — o mundo digital — que está tão longe da natureza quanto possível. Importante, os dados nunca devem ser apagados por motivos ideológicos. Um governo não deve apagar dados que o façam parecer ruim. Somente dados *pessoais* devem ser apagados, e somente com base no respeito aos direitos dos cidadãos, sem discriminação com relação a seu conteúdo político.

Há algo a ser dito, no entanto, no que se refere a reter certos tipos de dados. Muito do que aprendemos com a história, por exemplo, vem de diários pessoais. Deveríamos apagar alguns dados completamente, mas em alguns casos, na minoria deles, talvez seja suficiente colocar cadeados nos dados para torná-los menos acessíveis, ou acessíveis apenas em determinadas circunstâncias (por exemplo, após a morte da pessoa, ou cem anos após a sua criação). Podemos legar alguns dos nossos dados para as pessoas que amamos, e, em particular, para nossos filhos e netos, para que eles possam conhecer suas origens. Com o consentimento das pessoas relevantes, talvez possamos manter sob fortes salvaguardas uma pequena fração de dados pessoais que pode ser representativa de um determinado período e lugar, para que os historiadores aprendam com ela no futuro.

As fechaduras para esses dados não só devem ser legais (pois as leis mudam e são violadas), mas também técnicas (por exemplo, usando criptografia), e práticas. Por prático, quero dizer dificultar o acesso das pessoas a esses dados. Se um diário for mantido em papel em um cartório em uma cidade, isso o torna acessível a pesquisadores sérios, mas dificulta que atores desonestos cheguem até ele, ao contrário do que aconteceria se fosse publicado online e indexado em mecanismos de busca. O quão acessível alguma coisa é, importa. Essa é a essência do direito ao esquecimento europeu.

Quando Mario Costeja fez uma busca no Google sobre seu nome em 2009, alguns dos primeiros itens que surgiram foram algumas notas do final dos anos 90 do jornal espanhol La Vanguardia. As notas eram sobre o leilão da casa de Costeja, realizado para cobrir suas dívidas com a previdência social. Elas haviam sido publicadas pela primeira vez na edição impressa do jornal, que mais tarde foi digitalizada.

Costeja foi à Agência Espanhola de Proteção de Dados para reclamar contra o La Vanguardia. Ele argumentou que essas notificações não eram mais relevantes, uma vez que suas dívidas haviam sido liquidadas. Ter essa mancha ligada a seu nome estava prejudicando sua vida pessoal e profissional. O jornal havia se recusado a apagar os registros, e a Agência Espanhola de Proteção de Dados concordou com isso – o La Vanguardia tinha publicado esses registros públicos legalmente. Mas a agência pediu ao Google que excluísse o link para o edital do leilão. Uma pessoa que tivesse pagado suas dívidas não deveria ser obrigada a carregar esse peso para o resto de sua vida.

O Google recorreu da decisão, e o caso foi parar no Tribunal de Justiça Europeu, que em 2014 decidiu a favor do direito de ser esquecido. Os registros de Costeja ainda podem ser encontrados em La Vanguardia, mas esses dados não estão mais indexados na busca do Google. Embora a implementação desse direito tenha dado origem a dúvidas e críticas, seu princípio faz sentido. É questionável permitir que empresas privadas sejam os árbitros que decidem se um pedido para tornar algo menos acessível tem mérito, mesmo que a decisão possa ser recorrida e encaminhada a uma Agência de Proteção de Dados. O que mais importa, entretanto, é que o direito de ser esquecido nos protege de sermos assombrados por dados pessoais que são "desatualizados, inexatos, inadequados, irrelevantes ou desprovidos de propósito, e quando não há interesse público".[397] A menos que reaprendamos como esquecer na era da máquina, permaneceremos presos no passado, tanto como sociedades quanto como indivíduos. Nem sempre será fácil, no entanto, garantir que nossos dados tenham sido apagados, ou, se não foram apagados, supervisionar como estão sendo utilizados. Não temos acesso aos bancos de dados das instituições, e é por isso que talvez precisemos desenvolver formas de rastrear nossos dados pessoais.

Rastreando nossos dados pessoais

Um dos maiores desafios de regular os dados pessoais é a dificuldade de policiamento dos dados. No momento, somos forçados a confiar na palavra de empresas de tecnologia que mostraram não ser confiáveis. As autoridades de proteção de dados na Europa muitas vezes não têm funcionários o suficiente, e são subfinanciadas. É difícil ter órgãos reguladores que possam supervisionar todas as instituições que lidam com dados pessoais. Os gigantes da tecnologia são atualmente mais poderosos e mais ricos do que muitos países. A limitação do uso de dados pessoais das maneiras que sugiro facilitará o trabalho de policiamento, nem que seja porque haverá menos dados pessoais circulando por aí. Mas os dados pessoais ainda serão difíceis de monitorar.

---

[397] POWLES, Julia; CHAPARRO, Enrique. "How Google Determined Our Right to Be Forgotten". *Guardian*, 2015.

Os indivíduos não poderem saber quem detém seus dados é uma enorme desvantagem. Isso agrava as já preocupantes assimetrias entre indivíduos e instituições, e coloca o ônus de identificar abusos somente nas mãos das agências de supervisão.

Seria ideal se pudéssemos rastrear nossos próprios dados. Imagine ter um aplicativo que poderia lhe mostrar um mapa em tempo real de quem tem seus dados e como eles estão sendo usados, e lhe permitisse retirá-los de circulação imediatamente se você quisesse. Um dos aspectos mais assustadores da era digital é que, enquanto você lê estas palavras, é possível que você esteja sendo submetido a dezenas de algoritmos que estão julgando seus dados pessoais e decidindo seu destino com base neles, tudo sem seu conhecimento ou consentimento. Neste momento, um algoritmo pode estar classificando você como não merecedor de crédito, enquanto outro algoritmo está decidindo colocá-lo ainda mais atrás na lista de espera para aquela cirurgia que você precisa (possivelmente com base em um critério equivocado), e ainda outro está considerando que você não é qualificado para determinado emprego. Se você não souber quando um algoritmo peneira seus dados e toma uma decisão a seu respeito, como você pode notar que foi vítima de uma injustiça? Se você não pode rastrear quem tem seus dados e como eles estão sendo usados, como pode ter certeza de que seus direitos enquanto titular estão sendo respeitados?

Há pelo menos dois grandes desafios técnicos associados à ideia de permitir que as pessoas rastreiem seus dados. O primeiro é associar os dados pessoais a seus respectivos titulares, e assegurar que todos deem o seu consentimento antes que os seus dados sejam compartilhados. Há casos fáceis: precisamos só de seu consentimento para coletar ou usar seu endereço de e-mail. Mas quando os dados pessoais incluem dados sobre mais de um indivíduo, isso pode se tornar complicado. Para compartilhar seus dados genéticos de maneira ética, você precisa do consentimento de seus pais, irmãos e filhos, no mínimo. Mas e se seus filhos ainda forem menores de idade, e não consentiriam se fossem adultos? E quanto aos seus primos? Até onde devemos pedir o consentimento da família? É difícil responder a essas perguntas porque não podemos ter certeza sobre que tipos de inferências podem ser feitas sobre seus primos com seus dados genéticos no futuro. Em caso de dúvida, devemos seguir o caminho da precaução. Talvez não devêssemos permitir que as pessoas compartilhassem seus dados genéticos, exceto com seus médicos, e quando houver uma necessidade médica séria.

O segundo grande desafio é encontrar uma maneira de estarmos completamente informados sobre como nossos dados são utilizados sem colocar ainda mais em risco nossa privacidade. É uma tarefa difícil, e pode sequer ser possível. Pode ser que ao identificarmos mais dados pessoais a fim de rastreá-los, inevitavelmente acabaremos nos expondo, e nosso objetivo principal — proteger melhor nossa privacidade — acabaria sendo minado. Veremos. O criador da *World Wide Web* ("rede mundial de computadores"), Sir Tim Berners-Lee, está atualmente trabalhando em um projeto, *Solid*, que visa desenvolver cápsulas de dados pessoais que dão aos usuários controle completo sobre suas informações pessoais. Se a *Solid* ou um projeto similar conseguir superar estes e outros problemas técnicos, isso poderá mudar drasticamente a maneira como administramos os dados pessoais.

Restrinja a vigilância governamental

Governos não precisam se envolver em vigilância em massa para manter os cidadãos seguros. A coleta e a análise de dados não devem acontecer sem um mandado individual (em oposição a um mandado coletivo), e só devem acontecer se forem necessárias. Também deve ser direcionada (em oposição à vigilância em massa), e proporcional às circunstâncias. De acordo com o New York Times, pelo menos 2.000 agências de segurança pública em todos os cinquenta estados dos Estados Unidos possuem ferramentas para invadir telefones bloqueados e criptografados e baixar seus dados. E às vezes policiais vasculham celulares em busca de crimes menores, como uma investigação sobre uma briga por causa de U$70 em um McDonald's. Isso não é um uso proporcional de uma vigilância que é extremamente invasiva.[398]

---

[398] NICAS, Jack. "The Police Can Probably Break Into Your Phone". *New York Times*, 21 out. 2020.

Governos não devem pedir às empresas que construam acessos secundários para eles, e não devem subverter a cibersegurança. É mais importante para a segurança nacional que todos os cidadãos tenham dispositivos seguros do que o governo ter acesso a todos os dispositivos, porque, se seu governo tem esse acesso, outros atores, possivelmente nefastos, também o têm.

Deve haver uma forte supervisão dos poderes de vigilância. Órgãos de supervisão devem ter acesso a todas as informações relevantes. Deve haver uma quantidade adequada de transparência para garantir que os cidadãos conheçam as regras de seu país. Os indivíduos que estão sendo vigiados devem ser notificados antes que isso aconteça ou, se isso puder prejudicar uma investigação criminal, após o fato. As pessoas que foram vigiadas devem ter acesso aos seus dados, e ter a oportunidade de corrigi-los ou fornecer um contexto relevante.

A espionagem governo-a-governo deve ser separada da vigilância. A vigilância de governos é função do Exército e do Ministério das Relações Exteriores ou Departamento de Estado. A vigilância de cidadãos particulares é justificável em investigações criminais, e é função da polícia. As regras da espionagem podem ser secretas. As regras de vigilância devem ser conhecidas. Tanto a espionagem quanto a vigilância devem ser direcionadas.[399]

Whistleblowers devem ser protegidos por lei contra represálias. *Whistleblowers* são os canários morais da mina de carvão que é a sociedade. Canários são mais sensíveis que os seres humanos aos gases tóxicos, como o monóxido de carbono, razão pela qual os mineiros os utilizavam para detectar perigo. Em alguns aspectos, os *whistleblowers* são mais sensíveis do que a maioria dos demais à imoralidade. Eles nos alertam sobre os perigos que a sociedade corre. Uma vez que o canário mostrava sinais de envenenamento por monóxido de carbono, os mineiros o reanimavam com um tanque de oxigênio. Temos que nos certificar de que temos tanques de oxigênio para nossos *whistleblowers*.

---

[399] Essas e outras boas sugestões podem ser encontradas em SCHNEIER, Bruce. *Data and Goliath*. Londres: W.W. Norton & Company, 2015, Capítulo 13.

CAPÍTULO V – DESLIGANDO DA TOMADA

Metadados são dados sobre dados. São informações que os computadores precisam para operar, e são o subproduto de tais operações. A maior parte deles não pode ser criptografada, porque, se fossem, os computadores não seriam capazes de se comunicar uns com os outros. Isso é um grande problema para a privacidade. Para limitar a vigilância baseada nos metadados, pode ser uma boa ideia dispersar o tráfego de internet para que não haja muito tráfego por alguns poucos centros de dados, e devemos usar mais roteamento cebola (uma técnica que preserva o anonimato) para proteger esses dados.

Metadados incluem informações como o sistema operacional que criou os dados, a hora e data de criação, o autor dos dados e o local onde os dados foram criados. Metadados são mais sensíveis do que parecem. Pode-se inferir coisas como se alguém está fazendo um aborto, por exemplo. "Se você tem metadados suficientes, você não precisa realmente de conteúdo", disse o ex-conselheiro geral da NSA, Stewart Baker. "Nós matamos pessoas com base em metadados", disse o General Michael Hayden, ex-diretor da NSA e da CIA.[400] Devemos tentar ao máximo impedir que regimes autoritários tenham acesso a metadados através de infraestrutura.

Proíbam equipamentos de vigilância

Há algumas tecnologias de vigilância que são tão perigosas, tão propícias para o abuso, que talvez seja melhor proibi-las completamente, assim como proibimos algumas armas que são demasiado cruéis e perigosas. Devemos considerar a proibição do reconhecimento facial, assim como o reconhecimento da maneira de andar, de batimentos cardíacos, e outras tecnologias que destroem o anonimato — elas são ferramentas ideais para a opressão.[401] Assim como os interceptadores IMSI, softwares

---

[400] COLE, David. "We Kill People Based on Metadata". *The New York Review of Books*, 2014.
[401] SELINGER, Evan; HARTZOG, Woodrow. "What Happens When Employers Can Read Your Facial Expressions?". *New York Times*, 17 out. 2019; HARTZOG,

projetados para invadir smartphones e outros softwares espiões similares deveriam ser ilegais.⁴⁰² De acordo com uma ação judicial, um software projetado pela empresa de vigilância israelense NSO Group tem sido usado para invadir os telefones de ativistas, advogados, jornalistas e acadêmicos.⁴⁰³ Além de tecnologias de identificação e softwares espiões, satélites de alta resolução e drones são um terceiro tipo de vigilância que devemos evitar.⁴⁰⁴

O Projeto Satélite Sentinela visava usar imagens de satélite para fornecer um sistema de alerta antecipado para dissuadir atrocidades em massa no Sudão. Dois dias após o projeto ter publicado imagens de satélite de uma nova estrada no Sudão, a qual eles acreditavam que poderia ser usada para transportar armas, um grupo rebelde emboscou uma equipe de construção perto de um cruzamento em uma das fotos e tomou vinte e nove pessoas como reféns. O momento da publicação das imagens e do ataque sugere que eles podem estar relacionados.⁴⁰⁵ A publicação de imagens de satélite de alta resolução pode ser perigosa. Will Marshall e sua equipe no Planet Labs já capturam o planeta inteiro, todos os dias, por meio de satélites. Agora, eles estão indexando todos os objetos capturados e torná-los pesquisáveis em sua totalidade. *Qualquer um* poderia vigiar você usando os satélites da Planet Labs. O fato de eles realizarem este trabalho, e de apresentá-lo sem nenhuma menção à privacidade, é muito alarmante.⁴⁰⁶ O céu não deveria estar nos observando.

Woodrow; SELINGER, Evan. "Facial Recognition Is the Perfect Tool for Oppression". *Medium*, 2 ago. 2018. HAMBLING, David. "The Pentagon Has a Laser That Can Identify People From a Distance — By Their Heartbeat". *MIT Technology Review*, 27 jun. 2019.

402 MILES, Tom. "UN Surveillance Expert Urges Global Moratorium on Sale of Spyware". *Reuters*, 18 jun. 2019.

403 HOPKINS, Nick and Stephanie KIRCHGAESSNER. "WhatsApp Sues Israeli Firm, Accusing It of Hacking Activists" Phones". *Guardian*, 29 out. 2019.

404 PARCAK, Sarah. "Are We Ready for Satellites That See Our Every Move?". *New York Times*, 15 out. 2019.

405 MAXMEN, Amy. "Surveillance Science". *Nature*, vol. 569, 2019.

406 MARSHALL, Will. "The Mission to Create a Searchable Database of Earth's Surface". Disponível em: https://www.ted.com/talks/

CAPÍTULO V – DESLIGANDO DA TOMADA

Há uma corrida para mapear o mundo público e o privado, para criar uma duplicata digital do nosso mundo físico. Você consegue imaginar quão poderoso seria um regime autoritário que tivesse um mapa detalhado em tempo real de cada sala e edifício do mundo (incluindo móveis e pessoas que vivem nesses lugares)? Se você tem o último modelo do aspirador de pó *Roomba*, ele provavelmente está criando uma planta do local onde você mora.[407] A Amazon anunciou recentemente um drone autônomo para ambientes internos que pode mapear sua casa e vigiar melhor sua família.[408] De acordo com o vídeo promocional do Projeto Aria do Facebook, a plataforma já está permitindo que "algumas centenas de trabalhadores" usem seus óculos inteligentes "nos campi e em espaços públicos". O vídeo menciona as vantagens de ter o mundo mapeado, como poder encontrar suas chaves facilmente.[409] Renunciar à nossa privacidade não vale a pena. Há outras maneiras de encontrar suas chaves que não exigem a criação de uma cópia virtual em tempo real da realidade. Que direito tem o Facebook — uma empresa privada com um dos piores históricos de privacidade — de criar uma duplicata do nosso mundo para que eles possam nos vigiar melhor? Nenhum. Esse tipo de dado não deve pertencer a uma corporação. Há aspectos e cantos da realidade que nem deveriam ser transformados em dados, em primeiro lugar.

Financiem a privacidade

Além de investir no desenvolvimento de ferramentas de privacidade, precisamos de uma melhor governança de dados. Os órgãos reguladores

---

will_marshall_the_mission_to_create_a_searchable_database_of_earth's_surface.

[407] VINCENT, James. "iRobot's Latest Roomba Remembers Your Home's Layout and Empties Itself". *Verge*, 6 set. 2018.
[408] ACKERMAN, Evan. "Why You Sould Be Very Skeptical of Ring's Indoor Security Drone". *IEEE Spectrum*, 25 set. 2020.
[409] "Announcing Project Aria: A Research Project on the Future of Wearable AR". Disponível em: https://about.fb.com/news/2020/09/announcing-project-aria-a--research-project-on-the-future-of-wearable-ar.

encarregados da proteção de dados devem ser mais bem financiados e ter mais funcionários. Para que as autoridades de proteção de dados tenham uma chance contra os titãs tecnológicos, temos de lhes dar ferramentas suficientes. Algumas das sugestões aqui já estão presentes em leis como o GDPR e a Lei de Privacidade do Consumidor da Califórnia. Mas, até agora, as agências de proteção de dados na Europa têm sido sobrecarregadas, e seus recursos, insuficientes para a tarefa de cumprir com suas responsabilidades.[410] Primeiro, precisamos apoiar vigorosamente as agências de privacidade, para garantir que a lei seja aplicada. E, então, devemos regular a economia de dados de maneira a extingui-la.

Criem agências regulatórias específicas

A União Europeia, a Austrália e o Reino Unido já estão discutindo a criação de uma agência regulatória para as *big tech*. Faz sentido fazer o mesmo nos Estados Unidos. Se existe a Comissão de Valores Mobiliários para os mercados, a Administração Federal de Aviação para as companhias aéreas, a Administração de Alimentos e Medicamentos para os produtos farmacêuticos e a Comissão Federal de Comunicações para as telecomunicações, as *big tech* podem muito bem merecer ter sua própria agência reguladora especializada.[411]

Atualizem as leis antitruste

A regulamentação antitruste tem de refletir as realidades do poder na era digital. Se uma empresa pode estabelecer termos de serviços abusivos sem perder clientes, eles devem ser investigados, ainda que não cobrem nada de seus usuários.

---

[410] SATARIANO, Adam. "Europe's Privacy Law Hasn't Shown Its Teeth, Frustrating Advocates". *New York Times*, 27 abr. 2020.
[411] LOHR, Steve. "Forget Antitrust Laws. To Limit Tech, Some Say a New Regulator Is Needed". *New York Times*, 22 out. 2020.

CAPÍTULO V – DESLIGANDO DA TOMADA

É possível que as *big tech* sejam tão poderosas, que talvez precisemos desmembrá-las antes de podermos regular adequadamente os dados pessoais. Os pessimistas tendem a pensar que as *big tech* são muito grandes para serem desmembradas ou reguladas, mas essa visão carece de perspectiva histórica. Temos regulado todas as outras indústrias que as precederam. Por que a de tecnologia seria diferente? O [fato de o] Departamento de Justiça dos Estados Unidos ter ingressado com uma ação antitruste contra o Google este ano pode ser o início de uma luta séria contra as *big tech*. Uma preocupação legítima, no entanto, é que as ações antitruste podem levar muito tempo (como exemplo, o caso da Microsoft durou oito anos), e as *big tech* se movimentam muito rapidamente. É por isso que devemos usar muitas abordagens para regulá-las, não apenas uma. Uma razão para o otimismo é que há muitos países no mundo que querem regular a tecnologia. Ter um objetivo comum pode dar mais poder de regulamentação, se as nações ao redor do mundo colaborarem e coordenarem.

Desenvolvam a diplomacia de dados

Assim como a mudança climática, a privacidade é um problema que demanda ação coletiva, e os acordos internacionais serão importantes para proteger os dados pessoais. Os fluxos de dados raramente respeitam fronteiras.[412]

Se os países se comportarem de maneira muito individualista, podemos ver o surgimento de "paraísos de dados". Semelhante aos paraísos fiscais, um paraíso de dados seria um país envolvido em "lavagem de dados", estando disposto a hospedar dados adquiridos de forma ilegal que depois são reaproveitados em produtos aparentemente dignos de respeito. Esses dados também poderiam ser utilizados para fins de

---

[412] Fui levada a pensar mais sobre a importância da diplomacia a partir de uma conversa online que tive com Tom Fletcher, Zeid Ra'ad e Mike Wooldridge, e pelo livro de Tom Fletcher, "*The Naked Diplomat*". Para ver a conversa, cf. "How to Protect Your Privacy: 21st Century Survival Skills". Disponível em: https://www.youtube.com/watch?v=LnV8iU0CLpg.

treinamento de softwares espiões que podem ser vendidos a quem estiver disposto a pagar por eles, incluindo regimes autoritários.[413] A pressão internacional será fundamental para melhorar os padrões de privacidade em todos os lugares.

Outra área em que precisamos de trabalho diplomático diz respeito ao tipo de dados que deveriam poder ser compartilhados entre agências de inteligência aliadas. Poderíamos elaborar boas regras para coibir a vigilância estatal em nosso próprio país, mas esse esforço será inútil se nosso governo puder adquirir os dados pessoais de seus cidadãos vindos de outro país (por exemplo, os Estados Unidos e o Reino Unido frequentemente). As democracias muitas vezes ficam sem saber que dados seu governo tem sobre elas porque seu governo afirma não ter autoridade para revelar dados que foram coletados por uma agência de inteligência aliada. Precisamos de regras claras e mais transparência em relação aos dados que nossas agências de inteligência podem solicitar de outros países.

Protejam nossas crianças

Devemos proteger a todos, mas sobretudo as crianças, pois elas estão em uma posição excepcionalmente vulnerável. As crianças pequenas dependem de suas famílias e escolas para proteger a privacidade delas. E a tendência atual é monitorá-las desde o momento em que elas são concebidas, sob a desculpa de mantê-las seguras.

Há duas razões fundamentais para se preocupar com a privacidade das crianças em particular. Primeiro, a vigilância pode comprometer o futuro delas. Não queremos que as oportunidades das nossas crianças sejam ameaçadas pelas instituições que as julgam (e provavelmente as julgam mal) em razão dos dados relativos à saúde, às capacidades intelectuais, ou o comportamento na escola ou com os amigos. Da mesma forma, e possivelmente ainda mais importante, vigilância demais pode violar o

---

[413] VÉLIZ, Carissa. "You"ve Heard of Tax Havens. After Brexit, the UK Could Become a 'Data Haven'". *The Guardian*, 17 out. 2020.

espírito das pessoas. Educar crianças sob vigilância é criar súditos, não cidadãos. E nós queremos cidadãos. Para seu próprio bem-estar e para o bem da sociedade.

A sociedade precisa de cidadãos autônomos e engajados, capazes de questionar e transformar o *status quo*. Os grandes países não são formados por seguidores servis. Para se tornarem pessoas com corações e mentes fortes, as crianças precisam explorar o mundo, cometer erros e aprender com a própria experiência, sabendo que os erros não serão registrados, muito menos usados contra elas. A privacidade é necessária para cultivar a intrepidez.

Provavelmente, por causa de sua extrema vulnerabilidade, as crianças, e em particular os adolescentes, são geralmente mais sensíveis do que os adultos em relação ao que os outros pensam sobre eles. A vigilância pode, portanto, ser ainda mais opressiva para eles. Os jovens que são vigiados o tempo todo terão menos chance de ousar algo novo, algo no qual eles podem ser ruins no início, mas que poderiam muito bem dominar com a prática ao longo do tempo, se ao menos fossem deixados sós para fazer papel de idiotas sem uma audiência assistindo.

O que torna o caso das crianças um caso difícil é que elas precisam de alguma supervisão para mantê-las seguras. O risco é que a segurança seja usada como desculpa para uma vigilância indevida, e a linha entre o que é necessário e o que é injustificado nem sempre é óbvia.

Os defensores da vigilância escolar argumentam que estão "educando" os alunos para serem bons "cidadãos digitais", acostumando-os à vigilância onipresente a que serão expostos após graduarem-se. "Veja um adulto no trabalho. Você não pode digitar o que quiser em seu e-mail de trabalho: ele está sendo monitorado", disse Bill McCullough, porta-voz da Gaggle, uma empresa americana que monitora escolas. "Estamos preparando as crianças para que se tornem adultos melhores".[414] Não. O que a vigilância excessiva faz é ensinar às crianças que os direitos humanos

---

[414] BECKETT, Lois. "Under Digital Surveillance: How American Schools Spy on Millions of Kids". *Guardian*, 22 out. 2019.

não têm de ser respeitados. Não podemos esperar realisticamente que as pessoas que foram ensinadas enquanto crianças que seus direitos não importam tenham qualquer respeito pelos direitos como adultos.

Vigiar as crianças desde o início para que elas se acostumem com isso na vida adulta é como implementar um sistema de avaliação completamente injusto na escola para que as crianças se acostumem com as injustiças da vida. Se não aceitamos um, não devemos aceitar o outro. Um sistema de avaliação justo não apenas dá a todas as crianças o mesmo acesso às oportunidades, mas também as ensina a esperar justiça das instituições, o que mais tarde na vida as encorajará a exigir, lutar e produzir justiça quando ela não é ofertada. O mesmo se aplica à privacidade.

A vigilância ensina a autocensura. É um aviso para que os estudantes não forcem os limites, não falem ou sequer pesquisem sobre tópicos sensíveis online; qualquer comportamento fora dos limites do que é política e socialmente seguro poderia desencadear uma investigação escolar, ou mesmo um inquérito policial. Mas a adolescência tem tudo a ver com a curiosidade sobre as coisas da vida. Os jovens se perguntam sobre sexo, drogas e morte, entre outras questões sensíveis, e desencorajá-los a explorar esses tópicos não contribuirá para o conhecimento ou a maturidade deles. De certa forma, quando nós supervisamos demais os jovens, impedimos que eles se tornem adultos responsáveis que não precisarão de supervisão. Ao sobrecarregar as crianças, ao oprimi-las com uma "Polícia do Pensamento", corremos o risco de criar uma geração de pessoas que nunca foram autorizadas a crescer.

Como pais, há muito que você pode fazer para proteger a privacidade de seus filhos. Mas antes de passarmos ao que podemos fazer como indivíduos para proteger a privacidade, há uma pergunta comum que vale a pena responder.

Não precisamos de dados pessoais?

Entusiastas da economia de dados certamente dirão a você que desligar os dados pessoais da tomada dificultará a inovação. A versão mais

CAPÍTULO V — DESLIGANDO DA TOMADA

alarmista dessa afirmação argumenta que, se regularmos tardiamente a economia de dados, entidades estrangeiras, possivelmente adversários, desenvolverão a IA mais rapidamente do que nós, e seremos deixados para trás. Limitar o que podemos fazer com os dados é pôr um fim ao progresso, e por aí vai.

A resposta curta para essa pergunta é "não" — progresso é defender os direitos humanos das pessoas, não os minar. Os benefícios da economia de dados, em termos de lucros, avanço científico e segurança, têm sido consistentemente exagerados e seus custos têm sido subestimados pelos entusiastas da tecnologia.

Há uma resposta mais longa. Mesmo que consideremos que progresso significa apenas progresso tecnológico, a resposta ainda é "não" — a proteção da privacidade não precisa ocorrer às custas do avanço da tecnologia. Não esqueçamos que muitos desses dados pessoais são utilizados principalmente para se obter ganhos financeiros. Empresas como o Google nem mesmo precisam inovar para ter um modelo de negócios sustentável. Talvez as chances do Google de vender diretamente seus serviços aos consumidores não fossem grandes no começo. Os consumidores não haviam experimentado como é navegar na vida diária com a ajuda do mecanismo de busca do Google, o Google Maps e outros produtos. Mas, agora, os internautas têm uma ideia melhor sobre o valor dos produtos do Google. Deixem que paguemos por esses produtos, caso os apreciemos o suficiente. Em 2013, o Google já funcionava extremamente bem. Tinha cerca de 1,3 bilhão de usuários e tinha uma receita anual de cerca de 13 bilhões de dólares. Ganhava cerca de $10 ao ano por cada usuário.[415] Não seria esse um preço razoável a pagar pelos serviços do Google? É menos do que o que as pessoas pagam por serviços de entretenimento como a Netflix, que custa um pouco mais do que $10 por mês.

Permitir que os dados pessoais sejam lucrativos cria um incentivo para coletar mais deles do que é necessário para o progresso tecnológico.

---

[415] LOUIS, Tristan. "How Much Is a User Worth?". *Forbes*, 31 ago. 2013.

O uso de dados para fins científicos e tecnológicos continuará sendo permitido, mas se as instituições quiserem fazer experimentos com dados *pessoais*, precisarão assumir as responsabilidades devidas para respeitar os direitos das pessoas. É um pedido razoável. Se as empresas de tecnologia conseguirem transformar seus esforços em serviços valiosos para os internautas, então, teremos prazer em pagar por eles, assim como temos a satisfação de pagar por outras coisas que valorizamos no mundo offline.

Além disso, está longe de ser claro que infinitas hordas de dados pessoais resultarão necessariamente em progresso tecnológico e científico. Como já vimos, dados em excesso podem impedir o pensamento e a tomada de decisões. Alimentar um algoritmo ruim com mais dados não fará dele um bom algoritmo. O que almejamos quando projetamos inteligências artificiais é, bem, exatamente isso — inteligência. Se você interagiu com um assistente virtual recentemente, você provavelmente percebeu que eles não são muito inteligentes.

Os seres humanos às vezes podem aprender coisas novas com um exemplo, e podem transferir esse conhecimento para cenários novos, mas similares. À medida que os sistemas de IA tornem-se mais inteligentes, podemos esperar que eles precisem de menos dados.[416] Os desafios mais importantes para o desenvolvimento da IA são técnicos, e não serão resolvidos jogando mais dados no problema.[417] À luz dessas observações, não deve nos surpreender que as contribuições mais sofisticadas da IA até o momento não foram realizadas através da exploração de dados pessoais.

AlphaZero é um algoritmo desenvolvido pela DeepMind, do Google, que joga o antigo jogo chinês Go (e também xadrez e shogi). O que torna o Go um jogo particularmente interessante para a IA tentar dominar é, em primeiro lugar, sua complexidade. Comparado

---

[416] WILSON, James H.; DAUGHERTY, Paul R.; DAVENPORT, Chase. "The Future of AI Will Be About Less Data, Not More". *Havard Business Review*, 14 jan. 2019.

[417] SCHNEIER, Bruce; WALDO, James. "AI Can Thrive in Open Societies". *Foreign Policy*, 2019.

CAPÍTULO V – DESLIGANDO DA TOMADA

ao xadrez, o Go tem um tabuleiro maior, e muitas outras alternativas a serem consideradas em cada jogada. O número de jogadas possíveis em uma determinada posição é de cerca de 20 no xadrez; no Go, é de cerca de 200. O número de configurações possíveis do tabuleiro é maior do que o número de átomos no universo. Em segundo lugar, o Go é um jogo no qual se acredita que a intuição tem um grande papel. Quando perguntam aos jogadores profissionais por que eles fizeram uma jogada em particular, eles frequentemente respondem algo como "parecia correto". É essa qualidade intuitiva que faz com que as pessoas considerem o Go uma arte, e seus jogadores, artistas. Para que um programa de computador vença os jogadores humanos no Go, então, ele teria de reproduzir a intuição humana — ou, mais precisamente, reproduzir os resultados da intuição humana.

O que é mais notável no AlphaZero é que ele foi treinado *exclusivamente* jogando contra si mesmo. Não utilizou nenhum dado externo. AlphaGo, o algoritmo que antecedeu o AlphaZero, foi parcialmente treinado através de centenas de milhares de vídeos de jogos de Go entre seres humanos. A DeepMind levou meses para treinar o AlphaGo até que ele fosse capaz de vencer o campeão mundial, Lee Sedol. O AlphaZero desenvolveu habilidades sobre-humanas no jogo de Go em três dias. Sem dados pessoais.

E a medicina?

A medicina constitui um caso muito especial no mundo dos dados. Primeiro, porque a medicina é extremamente importante para todos nós. Todos nós queremos ter vidas mais longas e mais saudáveis. Todos querem que a medicina avance o mais rápido possível. Em segundo lugar, porque os dados médicos são muito sensíveis — podem levar à estigmatização, discriminação, e coisas piores. Terceiro, porque é tremendamente difícil e às vezes impossível tornar anônimos os dados médicos. Os dados genéticos, como vimos, são um bom exemplo: são os dados que identificam você como *você* — eles incorporam a sua própria identidade. De maneira mais geral, para que os dados médicos sejam úteis, é importante identificar dados específicos pertencentes a uma mesma pessoa, e quanto mais dados específicos tivermos sobre alguém, mais fácil se torna identificá-lo.

O avanço da medicina depende do *comércio de* dados pessoais? Não. Primeiro, devemos ser mais céticos sobre o poder da tecnologia digital. Segundo, existem maneiras de usar dados pessoais para fins de pesquisa médica que minimizam os riscos para os pacientes e que demandam o consentimento deles. Terceiro, alguns dos avanços médicos mais importantes podem não precisar usar dados pessoais de forma alguma. Vamos dar uma olhada mais detalhada nestes três pontos.

Tecnologias de medicina digital em perspectiva

As tecnologias digitais e o *big data* não são mágicos. Não podemos esperar que eles resolvam todos os nossos problemas. Às vezes, as inovações que salvam mais vidas não são as de alta tecnologia, mas sim mudanças menos glamorosas, como melhores práticas de higiene. Isto não quer dizer que a alta tecnologia não possa contribuir para a medicina, mas não devemos abandonar nosso espírito crítico sempre que discutimos tecnologia. Quando a tecnologia se torna uma ideologia, como às vezes acontece, ela se afasta da ciência e caminha em direção à superstição. Aqui estão dois exemplos de como a tecnologia digital tem sido excessivamente promissora, mas malsucedida, no contexto da medicina.

O primeiro caso é a inteligência artificial da IBM, Watson. Em 2011, após Watson ter conseguido derrotar dois campeões humanos em *Jeopardy!*, um concurso de perguntas e respostas dos EUA, a IBM anunciou que sua IA iria se tornar um médico. A empresa disse que esperava que seus primeiros produtos comerciais estivessem disponíveis em 18 a 24 meses. Nove anos depois, essa promessa ainda não foi cumprida.

Em 2014, a IBM investiu US$ 1 bilhão no Watson. Até 2016, ela havia adquirido quatro empresas de dados de saúde por um total de

US$ 4 bilhões. No entanto, muitos dos hospitais que começaram projetos com o Watson da IBM tiveram de encerrá-los. O MD Anderson Cancer Center teve de cancelar seu projeto de desenvolvimento de uma ferramenta de aconselhamento para oncologistas usando o Watson depois de ter gastado 62 milhões de dólares nele.[418] Na Alemanha, o hospital universitário de Giessen and Marburg também desistiu. Quando um médico disse ao Watson que um paciente estava sofrendo de dor no peito, o sistema não considerou que ele poderia estar sofrendo um ataque cardíaco. Ao invés disso, ele sugeriu uma doença infecciosa rara.[419] Em outra ocasião, o Watson sugeriu um medicamento para um paciente com câncer e com sangramento grave que poderia ter agravado o sangramento. "Esse produto é uma m****", concluiu um médico do Jupiter Hospital na Flórida.[420]

Watson não é um caso isolado de decepção tecnológica na medicina. Em 2016, a DeepMind fez um acordo com o Royal Free NHS Trust em Londres. A DeepMind obteve os registros médicos de 1,6 milhão de pacientes, sem o consentimento ou conhecimento deles. Isso significa que a empresa teve acesso a relatórios de patologia, exames de radiologia, *status* de HIV, detalhes de overdoses de drogas, quem fez aborto, quem teve câncer — tudo isso.[421] O Information Commissioner's Office considerou posteriormente que o Royal Free havia violado as leis de proteção de dados.[422]

---

[418] STRICKLAND, Eliza. "How IBM Watson Overpromised and Underdelivered on AI Health Care". *IEEE Spectrum*, 2 abr. 2019.

[419] MÜLLER, Von Martin U. "Medical Applications Expose Current Limits of AI". *Spiegel*, 3 ago. 2018.

[420] CHEN, Angela. "IBM's Watson Gave Unsafe Recommendations For Treating Cancer". *Verge*, 26 jul. 2018.

[421] HODSON, Hal. "Revealed: Google AI Has Access to Huge Haul of NHS Patient Data". *New Scientist*, 29 abr. 2016.

[422] O ICO constatou no julgamento que o Royal Free não obedeceu à legislação de proteção de dados. Cf.: "Royal Free - Google DeepMind trial failed to comply with data protection law." Disponível em: https://ico.org.uk/about-the-ico/news-and-events/news-and-blogs/2017/07/royal-free-google-deepmind-trial-failed-to-comply-with-data-protection-law.

A ideia original era usar a IA para desenvolver um aplicativo para detectar lesões renais agudas. Os pesquisadores logo perceberam que eles não tinham dados bons o suficiente para usar a IA, então, eles se contentaram com algo mais simples. Por fim, Streams, o aplicativo que foi desenvolvido, demonstrou não ter "nenhum impacto benéfico estatisticamente significativo nos resultados clínicos dos pacientes".[423]

Essas duas falhas não implicam que todas as tentativas fracassarão, mas elas dão alguma perspectiva às promessas das tecnologias digitais na medicina. Uma meta-análise recente examinou cerca de 20.000 estudos de sistemas de IA médica, os quais afirmavam que poderiam diagnosticar doenças tão bem quanto os médicos. Os pesquisadores descobriram que apenas quatorze desses estudos (menos de 0,1%) possuíam qualidade metodológica suficiente para testar esses algoritmos em um ambiente clínico.[424]

Que a IA médica não possa auxiliar os pacientes não é o único problema. Uma preocupação mais importante é que ela pode prejudicar os pacientes. Por exemplo, a IA pode levar a um tratamento excessivo. Algumas tecnologias digitais médicas parecem errar quando se trata de falsos-positivos (detectando problemas médicos quando não há nenhum). Alguns algoritmos que procuram células cancerosas, por exemplo, rotulam como anômalas células perfeitamente saudáveis a uma taxa de oito erros do tipo falso-positivo por imagem.[425] Se empresas e médicos tiverem interesse (financeiro, profissional ou orientado pelos dados) em intervir nos pacientes, isso pode levar a um problema de tratamento excessivo.

---

[423] POWLES, Julia. "DeepMind's Latest AI Health Breakthrough Has Some Problems". *Medium*, 6 ago. 2019.
[424] LIU, Xiaoxuan, et al. "A Comparison of Deep Learning Performance Against Health-Care Professionals in Detecting Diseases From Medical Imaging: A Systematic Review and Meta-Analysis". *Lancet Digital Health*, vol. 1, 2019.
[425] WANG, L. et al. "Automated Identification of Malignancy in Whole-Slide Pathological Images: Identification of Eyelid Malignant Melanoma in Gigapixel Pathological Slides Using Deep Learning". *British Journal of Ophthalmology*, vol. 104, 2020.

Outro possível problema é a existência de falhas. É perigoso depender da tecnologia digital porque a programação é extremamente difícil, e a tecnologia digital tem necessidades que a tecnologia analógica não tem, o que faz com que a tecnologia digital muitas vezes seja uma tecnologia menos robusta que a analógica. Compare um e-book com um livro em papel. O dispositivo de leitura de e-books precisa ser carregado esporadicamente, ele pode ser hackeado, ele depende de conexão com a internet, pode estragar se você deixá-lo cair na areia, ou na água, ou em uma superfície dura, e assim por diante. Em contraposição, os livros de papel são notavelmente resistentes. Não há necessidade de carregar a bateria, e, se você deixá-lo cair do topo de um edifício, provavelmente ele sobreviverá (mas a pessoa que estiver andando embaixo no prédio pode não sobreviver, então não faça isso). Quando estamos lidando com equipamentos que salvam vidas, queremos tecnologia tão robusta quanto um livro de papel.

Esses fracassos têm apenas o objetivo de proporcionar algum realismo e perspectiva sobre o potencial das tecnologias digitais na medicina. É claro que a IA pode vir a desempenhar um papel muito importante no avanço da medicina. Mas, como com qualquer outra intervenção, precisamos que ela seja baseada em provas concretas antes que solicitem que entreguemos nossos dados pessoais, e precisamos de algumas garantias de que nossos dados serão tratados adequadamente e que os benefícios serão compartilhados de forma justa e equitativa. Com muita frequência, a IA recebe um passe livre.

Suponha que tomemos a decisão de que queremos fazer pesquisa médica usando dados pessoais e tecnologias digitais. Afinal, as promessas da medicina personalizada são atraentes. Há maneiras de fazê-lo que são mais éticas do que aquelas empregadas pela DeepMind e pelo Royal Free.

Ética na pesquisa médica

A ética médica tem um longo histórico de recrutar pessoas para pesquisas. A pesquisa com dados pessoais não deve ser vista como muito diferente de outros tipos de pesquisa médica. Mesmo que doar dados pessoais não pareça nada como doar sangue — sem agulha, sem dor — também há riscos envolvidos. Nós não forçamos as pessoas a se inscreverem em pesquisas clínicas (embora costumássemos fazê-lo, antes que a ética médica aparecesse). Também não devemos forçar as pessoas a se inscreverem em pesquisas médicas com seus dados pessoais. Não é aceitável usar a população em geral como cobaias sem o consentimento delas, sem as devidas salvaguardas e sem compensação. Ao contrário, devemos pedir o consentimento, estabelecer algumas regras para o uso e a exclusão dos dados, e compensar as pessoas adequadamente, assim como fazemos em outros tipos de pesquisa.

Às vezes, as instituições públicas de saúde não têm o tipo de recursos ou tecnologia necessários para analisar dados, e podem se beneficiar da colaboração com a indústria. Nesses casos, devemos ter certeza absoluta de que os acordos firmados são benéficos para os titulares dos dados e para os pacientes. Entre os muitos erros cometidos pela Royal Free, dois se destacam como particularmente flagrantes. Primeiro, eles não obtiveram nenhuma garantia legal de que a DeepMind não usaria esses dados para qualquer outra coisa que não fosse desenvolver o aplicativo. Eles receberam a promessa de que os dados não seriam analisados em conjunto com outros dados armazenados pelo Google, mas, quando a divisão de saúde da DeepMind foi absorvida pelo Google, os especialistas em privacidade temeram que essa promessa pudesse ser quebrada.[426]

O segundo grande erro foi que a Royal Free não garantiu que os pacientes se beneficiariam dos produtos desenvolvidos com seus dados.[427] As instituições de saúde pública possuem tantos dados médicos preciosos que têm poder de barganha — eles deveriam usá-los. Elas deveriam limitar o acesso das empresas a esses dados. Talvez as empresas pudessem usar os dados, mas não os armazenar, por exemplo. E elas deveriam pedir

---

[426] MURPHY, Margi. "Privacy Concerns as Google Absorbs DeepMind's Health Division". *Telegraph*, 13 nov. 2018.
[427] HODSON, Hal. "Revealed: Google AI Has Access to Huge Haul of NHS Patient Data". *New Scientist*, 29 abr. 2016.

CAPÍTULO V – DESLIGANDO DA TOMADA

garantias legais de que qualquer produto desenvolvido será oferecido às instituições de saúde pública e ao público a preços acessíveis.

Será sempre uma luta manter os dados pessoais seguros ao interagir com empresas que não têm o bem comum como seu principal objetivo. Mas se tivermos sorte, talvez os avanços médicos mais importantes oferecidos pela IA não serão o produto do trabalho com dados pessoais.

Avanços médicos sem dados pessoais

Como vimos, AlphaZero, o filho prodígio da IA, é um feito extraordinário, mas não tem aplicações práticas na vida diária (pelo menos não ainda). Uma maneira pela qual a IA pode mudar (e possivelmente salvar) nossas vidas é através da descoberta de novos remédios.

Os antibióticos são, muito provavelmente, o avanço médico mais importante do século passado. Antes dos antibióticos, as principais causas de morte no mundo inteiro eram as doenças infecciosas bacterianas. A maioria das pessoas nos países desenvolvidos agora morre muito mais tarde do que morreriam antigamente, e de doenças não transmissíveis, tais como condições cardíacas e câncer.[428] Infelizmente, a eficácia desses medicamentos milagrosos está agora sob ameaça devido à resistência aos antibióticos. Através de processos evolutivos, como mutações, as bactérias estão se tornando resistentes aos antibióticos aos quais foram expostas. Quanto mais usamos antibióticos, mais oportunidades essas bactérias têm de criar resistência. Um mundo sem antibióticos eficazes é uma perspectiva realista e muito assustadora. Os procedimentos cirúrgicos considerados de baixo risco se tornariam de alto risco. Muito mais mulheres morreriam após o parto. Uma ida ao dentista ou um sexo casual que resulte em uma infecção poderia matá-lo. A quimioterapia e o transplante de órgãos seriam muito mais perigosos, pois

---

[428] Até o presente momento, ainda não está claro se a pandemia do coronavírus irá tirar vidas suficientes para contar como uma exceção ao fato de a maioria das pessoas morrerem de doenças não transmissíveis.

estes tratamentos deprimem o sistema imunológico. A resistência aos antibióticos pode ser um fator que contribuiria muito para uma queda na nossa expectativa de vida.

Precisamos desesperadamente de novos antibióticos, mas o processo de descoberta e desenvolvimento de novos medicamentos é lento e caro. Os pesquisadores do MIT, entretanto, acreditam que podem ter desenvolvido uma maneira de encontrar novos antibióticos. Através da inserção de informações sobre as características atômicas e moleculares de milhares de medicamentos e compostos naturais em um programa de computador, eles treinaram um algoritmo para identificar os tipos de moléculas que matam as bactérias. Em seguida, eles apresentaram ao algoritmo um banco de dados de 6.000 compostos. O algoritmo selecionou uma molécula que previu ter um forte poder antibacteriano e que, mais importante, tem uma estrutura química diferente dos antibióticos existentes.

Esse modelo computacional pode analisar mais de 100 milhões de compostos químicos em apenas alguns dias, algo que seria impossível de ser feito em um laboratório normal.[429] A esperança é que o novo antibiótico, a halicina, seja forte o suficiente e funcione de novas maneiras, às quais as bactérias ainda não desenvolveram resistência. Avanços similares poderiam ser possíveis na descoberta de medicamentos antivirais e antifúngicos, assim como vacinas. Se a IA nos ajudar a vencer a corrida armamentista contra as superbactérias, ela terá conquistado seu lugar na medicina.

O fato de dois dos avanços mais notáveis na IA terem sido alcançados sem qualquer tipo de dados pessoais pode não ser uma coincidência: os dados pessoais são frequentemente imprecisos, e podem tornar-se obsoletos relativamente rápido.

O resultado final é que não estaremos impedindo o desenvolvimento da IA ao protegermos nossa privacidade. Podemos usar dados pessoais, com as devidas precauções, mas não temos que transformá-los

---

[429] TRAFTON, Anne. "Artificial Intelligence Yields New Antibiotic". *MIT News Office*, 20 fev. 2020.

CAPÍTULO V – DESLIGANDO DA TOMADA

em uma mercadoria. E talvez não precisemos deles para a maioria dos avanços. O sinal de verdadeiro progresso é a proteção dos direitos dos cidadãos e a melhoria do bem-estar das pessoas. Em ambos os casos, o comércio de dados pessoais não tem nada a contribuir.

Cuidado com as crises

Enquanto escrevo este capítulo, a pandemia do coronavírus segue violenta. Empresas de tecnologia e telecomunicação em todo o mundo ofereceram seus serviços de coleta e análise de dados aos governos para tentar deter o contágio. Google e Apple concordaram em unir forças para modificar os softwares para apoiar o desenvolvimento de aplicativos de rastreamento de contato.[430] É um momento perigoso para a privacidade. Quando o pânico é geral, há uma disposição tendenciosa de se renunciar às liberdades civis em troca da sensação de segurança. Mas será que os *apps* de coronavírus nos tornarão mais seguros? Estamos longe de uma resposta.

Na cidade de Vò, onde foi registrada a primeira morte por coronavírus na Itália, a Universidade de Pádua realizou um estudo. Os pesquisadores testaram todos os habitantes. Eles descobriram que pessoas infectadas, mas assintomáticas, desempenham um papel fundamental na propagação da doença. Eles encontraram sessenta e seis casos positivos,

---

[430] Em julho de 2020, o New York Times informou que, embora a Apple e o Google tenham prometido privacidade aos usuários de aplicativos de rastreamento de contatos suportados por suas API, para que os aplicativos funcionem em aparelhos Android, os usuários devem ligar a configuração de localização do dispositivo, o que ativa o GPS, ainda que os próprios aplicativos só utilizem Bluetooth. O GPS é mais invasivo à privacidade do que o Bluetooth porque registra a localização. O medo é que o Google possa aproveitar a situação para coletar e monetizar os dados de localização dos usuários (SINGER, Natasha. "Google Promises Privacy With Virus App but Can Still Collect Location Data". *New York Times*, 20 jul. 2020.). Em julho, o Google atualizou a API. As pessoas com Android 11 podem usar os aplicativos sem ligar a configuração de localização do dispositivo, mas ainda é necessário ligar a configuração para telefones em versões mais antigas do sistema operacional (GOOGLE. "An update on Exposure Notifications". Disponível em: https://blog.google/inside-google/company-announcements/update-exposure-notifications.).

e isolaram essas pessoas durante catorze dias. Após duas semanas, seis delas continuaram a testar positivos para o vírus. Eles tiveram de permanecer isolados. Depois disso, não houve novos casos. A infecção estava completamente sob controle. Nenhum aplicativo foi necessário.[431]

Aplicativos de rastreamento de contatos são certamente menos precisos do que os testes, dizendo a algumas pessoas para ficarem em casa mesmo que não estejam infectadas (apesar de terem estado perto de alguém infectado) e permitindo que outras pessoas que estão infectadas e deveriam ser isoladas vagueiem livremente. Os aplicativos não podem substituir os testes porque eles funcionam através de *proxies* (indicadores), o que é diferente de testar se alguém tem o vírus.

O que precisamos saber é se alguém contraiu o coronavírus. O que os aplicativos fazem é tentar encontrar maneiras de inferir a infecção. Mas todos eles apresentam problemas, porque o que conta como "contato" para um aplicativo não é o mesmo que ser infectado. Os aplicativos geralmente definem um "contato" como estar perto de uma pessoa (dentro de uma distância de dois metros) por quinze minutos ou mais. A primeira coisa a se notar é que os aplicativos funcionam em telefones. Se você não estiver com seu telefone, o aplicativo não funciona. Mas suponha que todo mundo carregue o telefone por aí (talvez por uma exigência legal, o que seria gravemente intrusivo). Podemos rastrear os contatos através de GPS ou Bluetooth. Nenhum dos dois é perfeito. O aplicativo pode identificar duas pessoas em contato que estão, na realidade, em andares diferentes do mesmo prédio, ou que estão no mesmo andar, mas separadas por uma parede fina. Se elas são contatadas e avisadas sobre uma possível infecção, elas irão constituir falsos positivos. Mas também é esperável que os aplicativos resultem em um alto número de falsos negativos. Suponha que você encontre um amigo na rua e, como faz muito tempo desde a última vez que se viram, vocês imediatamente se abraçam e se beijam sem pensar duas vezes. Se você não é mediterrâneo ou latino, talvez vocês apertem as

---

[431] TONDO, Lorenzo. "Scientists Say Mass Tests in Italian Town Have Halted Covid-19 There". *Guardian*, 18 mar. 2020.

CAPÍTULO V – DESLIGANDO DA TOMADA

mãos. De qualquer forma, você pode se infectar e o aplicativo não suspeitaria de você, porque vocês não passaram quinze minutos juntos. Ou você pode se infectar através de uma superfície contaminada. Em ambos os casos, o aplicativo não identificaria você como alguém em risco. Nesses casos, o *app* poderia criar uma falsa sensação de segurança que pode fazer com que as pessoas ajam de maneira menos cuidadosa do que agiriam normalmente.

Rastrear todas as pessoas através de aplicativos quando, na maioria dos países, apenas pessoas hospitalizadas ou com sintomas estão sendo testadas para o vírus faz pouco sentido. Os aplicativos notificarão as pessoas que estiveram em contato com aqueles que tiveram testado positivo para o coronavírus, mas a essa altura, tais pessoas terão infectado outras, que por sua vez terão infectado outras, muitas das quais permanecerão assintomáticas e espalharão a infecção ainda mais.

A maioria das pessoas infectadas não irá parar no hospital, e muitas não serão testadas (de acordo com as atuais políticas de combate à pandemia na maioria dos países ao redor do mundo na época em que escrevia). Para conter a propagação do vírus, então, precisamos de testes em massa. E se tivermos testes em massa, não sabemos se os aplicativos ainda seriam úteis. Se tivéssemos acesso a testes de coronavírus que fossem baratos e simples de usar, para que cada pessoa pudesse fazer um teste diário em casa, não precisaríamos de um aplicativo — já saberíamos quem tem o vírus, quem tem de ficar em casa e quem pode sair. Seis meses após o início da pandemia, a maioria dos países ainda não tinha uma capacidade de testagem que nos permitisse parar a propagação através da identificação daqueles que haviam sido infectados.

Há uma narrativa perigosa circulando que argumenta que o que permitiu à China controlar melhor a pandemia que países mais democráticos foi o autoritarismo chinês; em particular, o uso de um aplicativo extremamente intrusivo. O mais provável é que seu sistema de testagem em massa tenha sido o que fez o trabalho pesado. Em maio de 2020, a China testou toda a cidade de Wuhan em dez dias. Em outubro de 2020, ela testou toda a população de nove milhões de pessoas na cidade de Qingdao em cinco dias após a descoberta de uma dúzia de casos de infecções.⁴³² Nenhum país ocidental realizou testes em massa em larga escala assim.

Além de ser impreciso, qualquer aplicativo também trará riscos de privacidade e de segurança. A maneira mais fácil de ser invadido é provavelmente ligando o Bluetooth. Usando o aplicativo, pessoas com conhecimento técnico podem potencialmente descobrir quem os infectou ou infectou a um ente querido — uma informação perigosa quando se trata de uma doença que pode ser fatal. Ou alguém poderia alavancar o sistema para vigiar os usuários do aplicativo, ou gerar mapas de calor de onde as pessoas infectadas estão, por exemplo. Yves-Alexandre de Montjoye e sua equipe estimaram que rastreadores instalados nos telefones de 1% da população de Londres permitiriam que um hacker rastreasse a localização em tempo real de mais da metade da cidade.⁴³³ Lembre-se, a privacidade é coletiva.

Por que, então, os aplicativos foram priorizados, em oposição à testagem em massa da população? Talvez porque são mais baratos. Talvez porque as empresas de tecnologia são as principais protagonistas no contexto atual. Sempre que há uma crise, as empresas são solicitadas a ajudar. Talvez se as maiores empresas do mundo fossem as de manufatura, elas estariam oferecendo a produção de higienizadores de mãos, máscaras, luvas e ventiladores. Em contraposição, o que as empresas de tecnologia têm a oferecer são aplicativos e vigilância. Não é que um aplicativo seja exatamente o que precisamos nesta situação e, por coincidência, temos a sorte de viver na era da economia da vigilância. Para quem só sabe usar martelo, todo problema é um prego.

---

432 "Covid-19: China's Qingdao to Test Nine Million in Five Days". *BBC News*, 12 out. 2020.

433 Yves-Alexandre de Montjoye e sua equipe escreveram um post em um blog sobre o que eles pensam ser os maiores riscos dos aplicativos sopre coronavírus (DE MONTJOYE, Yves-Alexandre; HOUSSIAU, Florimond; GADOTTI, Andrea; GUEPIN, Florent. "Evaluating COVID-19 Contact Tracing Apps? Here Are 8 Privacy Questions We Think You Should Ask". *Computational Privacy Group*, 2 abr. 2020. Disponível em: https://cpg.doc.ic.ac.uk/blog/evaluating-contact-tracing-apps-here-are-8-privacy-questions-we-think-you-should-ask/).

CAPÍTULO V – DESLIGANDO DA TOMADA

Talvez os aplicativos tenham sido priorizados porque muitas vezes existe um pensamento mágico em torno da tecnologia — a esperança de que ela resolva milagrosamente todos os nossos problemas. Talvez porque haja incentivo econômico para a coleta de dados. Talvez porque os governos não sabiam como resolver a crise, e aceitar as muitas ofertas de aplicativos recebidos era uma maneira fácil de mostrar ao público que eles estavam fazendo *algo*. (O fato de que talvez não fossem úteis e até mesmo prejudiciais é outra história). Talvez tenha sido uma combinação de coisas. Mas nenhum aplicativo pode ser um substituto para nossas necessidades médicas. O que precisamos são testes médicos para diagnosticar as pessoas, um bom sistema de apoio às pessoas que precisam se autoisolar, equipamentos de proteção e vacinas para prevenir a doença, medicamentos e outros recursos para tratar os pacientes. Aplicativos não são varinhas mágicas, e ter mais dados e menos privacidade não é a solução para cada um de nossos problemas.

A pandemia de 2020 não foi a primeira situação de emergência que pôs em risco a privacidade, e não será a última. Temos de aprender como lidar com situações como estas de uma maneira melhor. "Nunca desperdice uma crise grave", disse Rahm Emanuel, Chefe de Gabinete de Barack Obama; é "uma oportunidade de fazer coisas que você acha que não poderia fazer antes".[434] Em seu livro *The Shock Doctrine*, Naomi Klein documentou extensivamente os casos em que os desastres foram aproveitados como oportunidades para aprovar iniciativas políticas extremas que reforçaram os poderes do Estado.[435] Quando a crise surge, os cidadãos estão distraídos, assustados e mais à mercê de seus líderes. Com muita frequência, isso acaba sendo uma má combinação para a democracia. Circunstâncias extraordinárias são aproveitadas para impor novas normas que nunca teriam sido toleradas pelos cidadãos em tempos menos excepcionais. E poucas mudanças são tão duráveis quanto aquelas que deveriam ser temporárias.

Lembre-se, foi assim que chegamos aqui, em primeiro lugar. Aceitamos medidas extraordinárias após o 11 de Setembro, e essas medidas ainda

---

[434] "Rahm Emanuel on the Opportunities of Crisis". Disponível em: https://www.youtube.com/watch?v=_mzcbXi1Tkk.
[435] KLEIN, Naomi. *The Shock Doctrine*. Random House: 2007.

nos assombram. Na China, eventos como os Jogos Olímpicos de Pequim 2008 e a Exposição Mundial de 2010 foram utilizados para introduzir a vigilância que permaneceu em vigor após o término dos eventos.[436] Muitas das medidas de vigilância que foram impostas para controlar o coronavírus são draconianas, e os cidadãos têm razão em temer sua persistência. Devemos estar extremamente vigilantes sobre como nossos dados estão sendo utilizados. Já há abusos do uso de dados de localização e rastreamento. No Reino Unido, por exemplo, dados de rastreamento de contatos coletados em pubs e restaurantes (e que supostamente seriam utilizados apenas para fins de saúde pública) foram vendidos.[437]

As gigantes da tecnologia estão agarrando a oportunidade de estender seu alcance em nossas vidas. Não se trata apenas de aplicativos de rastreamento de contatos. O *lockdown* foi usado como um laboratório para um futuro permanente e lucrativo, e sem contato.[438] A vigilância digital está ganhando terreno no entretenimento, no trabalho, na educação e na saúde. Bilionários tecnológicos como Eric Schmidt estão fazendo pressão em favor de "parcerias sem precedentes entre governos e a indústria".[439] Palantir, a empresa apoiada pela CIA que ajudou a NSA a espionar o mundo inteiro, está agora envolvida tanto com o Serviço Nacional de Saúde (NHS) do Reino Unido[440] e o Departamento de Saúde e Serviços Humanos dos Estados Unidos quanto com o Centro de Controle e Prevenção de Doenças.[441] O NHS forneceu à Palantir todos os tipos de dados sobre pacientes, funcionários e membros da população, desde informações de contato até detalhes de gênero, raça,

---

[436] MOZUR, Paul; ZHONG, Raymond; KROLIK, Aaron. "In Coronavirus Fight, China Gives Citizens a Color Code, With Red Flags". *New York Times*, 1 mar. 2020.

[437] DAS, Shanti; MARARIKE, Shingi. "Contact-Tracing Data Harvested From Pubs and Restaurants Being Sold On". *Times*, 11 out. 2020.

[438] KLEIN, Naomi. "Screen New Deal". *Intercept*, 8 maio 2020.

[439] KLEIN, Naomi. "Screen New Deal". *Intercept*, 8 maio 2020.

[440] WILLIAMS, Oscar. "Palantir's NHS Data Project 'May Outlive Coronavirus Crisis'". *New Statesman*, 30 abr. 2020.

[441] STATT, Nick. "Peter Thiel's Controversial Palantir Is Helping Build a Coronavirus Tracking Tool for the Trump Admin". *Verge*, 21 abr. 2020.

trabalho, condições de saúde física e mental, filiação política e religiosa, e antigos delitos criminais.[442]

Alguns esperam que a pandemia resulte em uma renovação do bem-estar social e da solidariedade, muito parecido com o que aconteceu após a Segunda Guerra Mundial. Exceto que, desta vez, o bem-estar social está sendo atrelado às empresas privadas e às ferramentas e plataformas digitais de vigilância.[443] O bem-estar social está condicionado à cessão de dados pessoais para vitimar os desfavorecidos. Em fevereiro de 2020, um tribunal holandês decidiu que os sistemas de vigilância da previdência social violam os direitos humanos, e ordenou a suspensão imediata de um programa para detectar fraudes à previdência social.[444] Outros países deveriam prestar atenção. Bons governos não podem aceitar a violação sistemática do direito fundamental dos cidadãos de viverem livres de vigilância. A privacidade não deve ser o preço que temos de pagar para ter acesso a qualquer um de nossos outros direitos – entre eles, educação, saúde e segurança.

O coronavírus matou muito mais nova-iorquinos do que o 11 de Setembro. Será que vamos repetir os erros que cometemos naquela época? Um dos perigos de apelar para ameaças como o terrorismo e as epidemias para justificar invasões de privacidade é que *essas ameaças nunca vão embora*. O risco de um ataque terrorista ou de uma epidemia é eterno. Como vimos, a vigilância em massa não parece nos manter mais seguros do terrorismo. O júri ainda não se decidiu se a vigilância pode nos salvar de novas epidemias. As dúvidas são grandes. Mas mesmo que o fizesse, a que preço? Você estaria a salvo do terrorismo e das epidemias se você se confinasse em seu porão para sempre — mas será que valeria a pena? Até que ponto pequenas melhorias na segurança compensam a perda das liberdades civis? E será que não podemos

---

[442] THOMSON, Amy; BROWNING, Jonathan. "Peter Thiel's Palantir Is Given Access to U.K. Health Data on Covid-19 Patients". *Bloomberg*, 5 jun. 2020.
[443] MAGALHÃES, João Carlos; COULDRY, Nick. "Tech Giants Are Using This Crisis to Colonize the Welfare System". *Jacobin*, 27 abr. 2020.
[444] HENLEY, Jon; BOOTH, Robert. "Welfare Surveillance System Violates Human Rights, Dutch Court Rules". *Guardian*, 5 fev. 2020.

encontrar maneiras de aumentar nossa segurança que não violem nosso direito à privacidade? Proibir a pecuária industrial e os *wet markets* nos quais os animais selvagens são vendidos vivos pode ser muito mais eficaz na prevenção de epidemias — sem mencionar o potencial benefício — para o bem-estar dos animais.

Durante uma crise, é fácil querer fazer o que for necessário para deter a catástrofe que está causando estragos. Mas, além de pensar em como conter um desastre iminente, também temos de pensar no mundo que permanecerá depois que a tempestade passar.[445] Por definição, as crises passam, mas as políticas que implementamos tendem a se manter. Parar um problema agora de uma forma que convide a uma confusão ainda maior no futuro não é solução. Antes de renunciar à nossa privacidade em meio a uma crise, devemos estar absolutamente seguros de que ela é necessária e que temos uma maneira de recuperar o controle de nossos direitos uma vez que a emergência tenha terminado. Caso contrário, poderemos acabar em um buraco mais profundo do que aquele do qual estamos tentando escapar.

A hora é agora

Por mais poderosos e inevitáveis que os gigantes tecnológicos pareçam ser, não é tarde demais para reformar o ecossistema de dados. Muitos elementos da economia ainda não foram digitalizados. No Ocidente, antes da pandemia do coronavírus, apenas um décimo das vendas a varejo acontecia online, e cerca de um quinto das cargas horárias de trabalho eram cumpridas na nuvem.[446] A pandemia nos empurrou ainda mais para o reino digital. Temos de ser cuidadosos. Se permitirmos que os gigantes tecnológicos continuem se expandindo sem estabelecer regras rígidas para o que eles podem transformar em dados, e o que eles podem fazer com esses dados, logo será tarde demais. A hora de agir é *agora*.

---

[445] HARARI, Yuval. "The World After Coronavirus". *Financial Times*, 20 mar. 2020.
[446] "Big Tech's $2trn Bull Run". *The Economist*, 22 fev. 2020.

CAPÍTULO VI
O QUE VOCÊ PODE FAZER

A maior parte das mudanças sociais, econômicas, políticas e tecnológicas cruciais pelas quais as sociedades passaram em algum momento pareceram inconcebíveis para a maioria da população. Isso vale tanto para os desenvolvimentos positivos quanto para os negativos. Os direitos das mulheres. Eletricidade. Democracias liberais. Aviões. Comunismo. O Holocausto. O desastre nuclear de Chernobyl. A internet. Tudo isso parecia impossível. E mesmo assim aconteceu.

O mundo pode mudar rápida e dramaticamente. No início de março de 2020, a rotina monótona da vida parecia suficientemente estável. Pessoas indo e vindo, supermercados totalmente abastecidos, hospitais funcionando normalmente. Em poucas semanas, um terço da humanidade estava completamente trancada devido à pandemia do coronavírus. Muitas viagens internacionais pararam, a compra de alimentos tornou-se uma excursão arriscada, às vezes desafiadora, e os serviços de saúde ficaram sobrecarregados com tantos casos.

A filosofia budista chama a natureza mutável da vida de "impermanência". O potencial de transformação pode ser assustador, porque nos lembra que as coisas podem piorar a qualquer momento. Mas a impermanência também permite que as coisas melhorem — significa que *nós* podemos fazer as coisas melhores. As coisas estão fadadas a mudar, e cabe a nós aproveitar esse fato primordial da vida para fazer o que pudermos a fim de garantir que a mudança aconteça para melhor.

A história dos direitos é, em grande parte, a história do reconhecimento progressivo de que os seres humanos não são recursos a se explorar, mas indivíduos a se respeitar. Os direitos trabalhistas são particularmente relevantes neste contexto, pois sempre existirá alguma pressão econômica para ignorá-los. Primeiro reconhecemos que todos os seres humanos têm direito à autopropriedade, que é inaceitável tratar as pessoas como propriedades. Depois reconhecemos que os seres humanos têm direito a certas condições básicas de trabalho: um ambiente seguro, horários de trabalho decentes, remuneração apropriada, férias, etc.

O fato de que pode ser lucrativo abolir os direitos não importa: os direitos trabalhistas são direitos humanos que constituem linhas que não se podem ultrapassar. Para que o capitalismo seja habitável, e compatível com a democracia e a justiça, temos de limitá-lo. Temos de garantir que as empresas encontrem formas de obter lucro que não impliquem a destruição daquilo que mais valorizamos.

No passado, os movimentos sociais foram cruciais para aprovar leis que reconhecessem direitos e melhorassem a sociedade. As práticas de exploração terminam quando são proibidas por lei, mas são pessoas como você e eu que têm de mudar a cultura para que as leis possam ser aprovadas e aplicadas. Para mudar a perspectiva da nossa privacidade, temos de escrever sobre isso, persuadir outros a proteger a sua e a nossa privacidade, organizar-nos, revelar o funcionamento interno do sistema abusivo que é a sociedade de vigilância, apoiar alternativas, vislumbrar novas possibilidades e recusar-nos a cooperar com nossa própria vigilância.

Qualquer sistema social depende da cooperação das pessoas. Quando as pessoas deixam de cooperar, o sistema se rompe. Frequentemente, a necessidade de cooperação não é óbvia até que ela pare, e com ela toda a maquinaria trave. O comércio de dados pessoais depende da nossa cooperação. Se deixarmos de cooperar com o capitalismo de

CAPÍTULO VI – O QUE VOCÊ PODE FAZER

vigilância, podemos mudá-lo. Se buscarmos alternativas favoráveis à privacidade, elas irão prosperar.

Neste capítulo você encontrará conselhos sobre como proteger com eficácia a sua privacidade e a dos outros, desde os métodos mais fáceis até os mais difíceis. Nem todos farão tudo o que estiver ao alcance para proteger a privacidade. Manter os dados pessoais seguros nesta fase da era digital pode ser inconveniente. O quão longe você está disposto a ir dependerá de quão fortemente você sente que proteger sua privacidade é algo que deve fazer, e de quais são suas circunstâncias pessoais. Se você é um ativista que trabalha em um país não democrático, é provável que você esteja disposto a fazer muito para proteger a sua privacidade. Se você vive em um país seguro, tem um emprego estável, e não está pensando em adquirir uma hipoteca tão cedo, você pode ser menos rigoroso. A escolha é sua. Mas antes de ser muito relapso quanto à sua privacidade, tenha em mente as três considerações a seguir.

Em primeiro lugar, a conveniência é superestimada, mesmo que seja sedutora. Como o prazer, a conveniência é um componente importante de uma boa vida. Ela nos promete uma vida mais fácil. Se não escolhêssemos a conveniência de vez em quando, nossas vidas seriam irremediavelmente desconfortáveis e ineficientes. Mas a conveniência também é perigosa. Ela nos leva a ter estilos de vida sedentários, a comer *fast food*, a apoiar empresas que prejudicam a sociedade, a ter rotinas diárias monótonas e insatisfatórias, a ser incultos e politicamente apáticos. Praticar exercícios, ler, aprender, inventar novas maneiras de viver, interagir e lutar por causas justas são coisas tão inconvenientes quanto significativas. As conquistas mais satisfatórias na vida raramente são as mais fáceis. Uma boa vida exige um grau razoável de luta — o equilíbrio certo entre a facilidade da conveniência e os benefícios de um esforço significativo. Como o prazer, a conveniência tem de ser ponderada em relação ao preço que pagamos por ela, e as consequências que provavelmente se seguirão.[447]

---

[447] VÉLIZ, Carissa. "Why You Might Want to Think Twice About Surrendering Online Privacy for the Sake of Convenience". *The Conversation*, 11 jan. 2017.

Em segundo lugar, as escolhas que você fizer hoje determinarão quanta privacidade você terá no futuro. Mesmo que você pense que –hoje não tem nada a esconder, você pode ter algo a esconder daqui a alguns anos, e até lá pode ser tarde demais — os dados que foram fornecidos muitas vezes não podem ser recuperados. Seu país pode respeitar seus direitos humanos hoje, mas você pode ter certeza absoluta de que continuará assim daqui a cinco ou dez anos?

Em terceiro lugar, o tanto de privacidade que você tem influencia o nível de privacidade de seus entes queridos, seus conhecidos, seus concidadãos e pessoas que são como você. A privacidade é coletiva e política — não se trata apenas de você.

Com estas precauções em mente, aqui estão algumas coisas que você pode fazer para proteger melhor a privacidade.

Pense duas vezes antes de compartilhar

Você é um dos maiores riscos à sua própria privacidade. Os seres humanos são seres sociais, e muitas plataformas virtuais como o Facebook são propositalmente projetadas para parecerem com nossa sala de estar. Mas, ao contrário de nossa sala de estar (sem tecnologias), uma miríade de corporações e governos está nos ouvindo online. Da próxima vez que você postar algo, pergunte-se como isso pode ser usado contra você. E deixe sua imaginação correr solta, porque às vezes é preciso uma boa dose de engenhosidade para visualizar como suas informações ou fotografias privadas podem ser mal utilizadas. Por exemplo, a maioria das pessoas não pensa em nada antes de postar uma fotografia na qual você possa ver partes das mãos ou dos dedos. Mas impressões digitais podem ser lidas a partir de fotografias, e até mesmo clonadas.[448] Tenha em mente que as fotografias também contêm me-

---

[448] WOOD, Chris. "WhatsApp Photo Drug Dealer Caught By 'Groundbreaking' Work". *BBC News*, 15 abr. 2018; KLEINMAN, Zoe. "Politician's Fingerprint 'Cloned From Photos' By Hacker". *BBC News*, 29 dez. 2014.

tadados como localização, hora e data. Faça uma pesquisa sobre como apagar essas informações de suas fotos antes de postá-las em qualquer lugar (o método exato varia de dispositivo para dispositivo). Em geral, quanto menos você compartilhar online, melhor. Às vezes o que você quer compartilhar é suficientemente importante para valer a pena o risco, mas não compartilhe sem refletir.

Respeite a privacidade dos outros

Bons modos de privacidade são importantes. Respeite os direitos das outras pessoas. Antes de publicar uma fotografia de outra pessoa, peça o consentimento dela. Por sua vez, é provável que eles peçam a sua permissão na próxima vez que tiverem vontade de postar algo sobre você. Em tempos mais ingênuos, a maioria das pessoas pensava que era suficiente ter a possibilidade de se "desmarcar" das fotos enviadas por outros. Agora sabemos que o reconhecimento facial pode ser usado para identificá-lo com ou sem a marcação.

Se alguém tirar sua fotografia ou gravá-lo sem o seu consentimento, não hesite em pedir-lhe que não publique esse conteúdo online. Quando comecei a me preocupar com a privacidade, eu era tímida para tais pedidos. Mas as respostas que recebi desde então me deram confiança de que a maioria das pessoas tem empatia com as preocupações com privacidade. Para minha surpresa, a maioria das pessoas não fica irritada nem mesmo indiferente aos meus pedidos por privacidade, mas curiosa sobre minhas razões e chocada com o fato de nunca lhes ter ocorrido que poderia ser falta de consideração compartilhar fotografias de outras pessoas sem antes pedir a permissão delas. À medida que as pessoas se tornam mais cientes dos riscos de compartilhar informações online, torna-se mais comum pedir o consentimento antes de publicar qualquer coisa nas mídias sociais.

Quando convidar alguém para ir a sua casa, avise-o sobre qualquer dispositivo inteligente que tenha. Até mesmo o chefe de hardware do Google, Rick Osterloh, fez essa recomendação quando lhe pediram isso em um evento. "Caramba, nunca tinha pensado sobre isto antes desta maneira", disse ele. Isso nos dá uma ideia de quão alheios os criadores de tecnologia são à privacidade e ao nosso bem-estar de maneira geral. Pelo menos ele foi honesto a esse respeito, e sobre admitir que os donos de alto-falantes inteligentes deveriam informar seus convidados sobre eles.[449] Isso é mais do que pode ser dito sobre muitos chefões da tecnologia.

Seus convidados não são os únicos a merecer privacidade. Tenha em mente que as crianças também devem ter privacidade. Não é correto postar fotos dos filhos de outras pessoas nas mídias sociais sem a permissão dos pais delas. Nem mesmo se eles forem da família.[450] E você também deve respeitar a privacidade dos seus próprios filhos. Os pais de Sonia Bokhari a mantiveram fora das mídias sociais até ela completar treze anos. Quando ela completou idade suficiente para entrar no Twitter e no Facebook, ela percebeu que a mãe e a irmã haviam compartilhado fotografias e histórias sobre ela durante anos. Ela relatou sentir-se "totalmente envergonhada, e profundamente traída".[451] As crianças também são pessoas (mesmo os adolescentes) — e as pessoas têm direito à privacidade. Não compartilhe vídeos de crianças que são ridicularizadas de alguma forma, não importa quão engraçadas eles possam ser. Essas crianças podem sofrer bullying por isso na escola depois, e isso pode mudar a própria maneira como elas se enxergam. Tenha cuidado ao fazer o *upload* de vídeos engraçados de seus filhos, pois eles podem se tornar virais.

Não faça teste de DNA para se divertir. Não bastasse eles serem extremamente imprecisos, você estará colocando em risco não apenas a sua própria privacidade, mas também a privacidade genética de seus pais, irmãos, descendentes e incontáveis outros parentes por gerações futuras.

---

[449] KELION, Leo. "Google Chief: I'd Disclose Smart Speakers Before Guests Enter My Home". *BBC News*, 15 out. 2019.

[450] Nos Países Baixos, um tribunal ordenou a uma avó que excluísse todas as fotos de seus netos que ela postou no Facebook sem a permissão de seus pais. "Grandmother Ordered to Delete Facebook Photos Under GDPR". *BBC News*, 21 maio 2020.

[451] BOKHARI, Sonia. "I"m 14, and I Quit Social Media After Discovering What Was Posted About Me". *Fast Company*, 18 mar. 2019.

CAPÍTULO VI – O QUE VOCÊ PODE FAZER

Não traia a confiança das pessoas. Não ameace publicar mensagens privadas nem fotografias de outras pessoas para que elas façam o que você quer. Isso se chama chantagem ou extorsão, e é tanto ilegal quanto imoral. Não exponha as mensagens privadas nem fotografias de outras pessoas. Expor outras pessoas quando elas lhe deram acesso à sua vida privada é uma traição, e contribui para uma cultura de desconfiança. Não seja cúmplice na exposição. Se alguém lhe mostrar algo que exponha a privacidade de outra pessoa, expresse sua discordância e não compartilhe com outras pessoas.

Crie espaços de privacidade

Os espaços nos quais podemos desfrutar da privacidade encolheram. Precisamos conscientemente criar zonas de privacidade a fim de recuperar algumas áreas nas quais a criatividade e a liberdade podem voar sem obstáculos. Se você quiser dar uma festa particularmente íntima e aconchegante, peça a seus convidados que não fotografem nem gravem vídeos, ou que não os publiquem online. Se você quiser que seus alunos possam debater livremente em sala de aula, estabeleça algumas regras declarando que não é permitido aos participantes gravar ou postar o que acontece na sala de aula. Se você quiser organizar uma conferência acadêmica que incentive a exploração de temas controversos, ou de trabalhos em andamento, desligue as câmeras e microfones. Desligue o telefone quando estiver passando tempo com sua família — deixe-o em outra sala, pelo menos algumas vezes. Há algumas interações que nunca florescerão sob vigilância, e nós as perderemos se não abrirmos espaço para elas.

Diga "não"

Talvez por sermos seres sociais, parece que estamos predispostos a dizer "sim" à maioria dos pedidos, por menores que sejam, que outros possam ter. Quando alguém pergunta por seu nome, não parece ser grande coisa dizer-lhes o nome, e pode parecer bastante antissocial dizer: "desculpe, não". Essa tendência de dizer "sim" se agrava online, quando solicitam nosso consentimento para coletar nossos dados pessoais. O aviso de consentimento parece um obstáculo àquilo que nos propomos a fazer — acessar um site — e a maneira mais fácil de nos livrarmos do obstáculo é dizer "sim". É preciso estar atento para resistir à tentação, mas vale a pena. As perdas de privacidade são como danos ecológicos ou a deterioração da saúde: você jogar lixo no chão uma vez ou fumar um cigarro não causará um desastre, mas a soma dessas atitudes ao longo do tempo pode ser desastrosa. Cada dado que você fornece ou retém faz uma diferença, mesmo que não pareça.

Alguns sites são particularmente ruins em aceitar um "não" como resposta. Em vez de ter um botão para rejeitar a coleta de dados por todos os seus parceiros, eles fazem você dizer "não" a cada um deles, um por um. Se você rejeitar os cookies, esses sites não se lembrarão de suas respostas, então você terá de passar pelo processo a cada vez. É irritante, e injusto, e se você ficar frustrado, basta fechar aquele site e procurar uma alternativa.

Escolha a privacidade

Há muitas maneiras através das quais nossa privacidade está sendo arrancada de nós. A falta de privacidade às vezes pode parecer inevitável, mas nem sempre é assim. Embora existam práticas de coleta de dados que são quase impossíveis de evitar, muitas vezes temos mais opções do que aquelas que são imediatamente óbvias para nós. E sempre que temos uma opção, é importante escolher a alternativa amigável à privacidade — não apenas para proteger nossos dados pessoais, mas também para que governos e empresas saibam que nos preocupamos com a privacidade. A seguir, eu listo algumas coisas a serem consideradas para proteger a sua privacidade ao comprar ou usar produtos e serviços, e algumas alternativas para produtos e serviços dominantes e invasivos. O cenário tecnológico muda tão rapidamente que esta lista provavelmente não incluirá os produtos mais recentes, portanto, seria interessante que você fizesse uma busca rápida por novos produtos. A mensagem mais importante não são nomes de marcas, mas o que fazer para melhor proteger sua privacidade.

Dispositivos

Escolha dispositivos "burros" ao invés de "inteligentes" sempre que possível. Uma chaleira inteligente não é necessariamente uma melhoria em relação a uma boa e velha chaleira, e representa um risco à privacidade. Qualquer coisa que possa se conectar à internet pode ser hackeada. Se você não precisa ser ouvido ou visto, escolha produtos que não tenham câmeras nem microfones.

Pense duas vezes antes de comprar um assistente digital como a Alexa ou o Google Home. Ao convidar microfones para entrar em sua casa, você pode estar destruindo o próprio tecido da intimidade com seus entes queridos. Se você já tem um, você pode desconectá-lo — eles são ótimos pesos de papel. Se você decidir manter um desses espiões, não deixe de pesquisar a fundo as configurações e escolher as opções mais privadas.

É particularmente importante escolher sabiamente quando comprar notebooks e smartphones. Estes dispositivos possuem câmeras e microfones, conectam-se à internet e armazenam algumas de suas informações mais pessoais — todos os motivos para escolher um produto confiável. Ao escolher uma marca, pense no país de origem e nos conflitos de interesse que os fabricantes de aparelhos podem ter (*e.g.*, se o fabricante do telefone ganha dinheiro principalmente através da exploração de dados pessoais, compre um telefone diferente).

Também ajuda a ler as últimas notícias sobre privacidade. Em 2018, os diretores da CIA, FBI e NSA advertiram os americanos contra a compra de dispositivos das empresas chinesas Huawei e ZTE devido à suspeita de que tais produtos contêm *backdoors*[452] controlados por governos.[453] Em 2019, um estudo realizado com mais de 82.000 aplicativos para Android pré-instalados em mais de 1.700 dispositivos, fabricados por 214 marcas diferentes, constatou que tais telefones eram incrivelmente inseguros.[454] Aplicativos pré-instalados são softwares privilegiados que podem ser difíceis de remover se você não for um usuário experiente, e podem estar coletando e enviando seus dados a terceiros sem o seu consentimento. A menos que você seja um entusiasta da tecnologia que saiba como criar configurações de privacidade para o seu telefone, provavelmente é uma boa ideia ficar longe de aparelhos Android. E não fique com nenhum aplicativo de que você não precisa — a segurança de seu telefone é apenas tão forte quanto seu aplicativo mais fraco.

Aplicativos de mensagens

O mais importante sobre os aplicativos de mensagens é que eles oferecem criptografia de ponta a ponta, e que você confia que o provedor não fará mau uso dos seus metadados, ou não armazenará mensagens na nuvem de forma insegura. Mesmo que o WhatsApp forneça tal criptografia, o fato de ser propriedade do Facebook introduz riscos à privacidade. Depois que o Facebook o adquiriu, Brian Acton, um dos cofundadores do aplicativo, admitiu: "Vendi a privacidade dos meus usuários".[455]

---

[452] [N.T.] O termo pode ser traduzido como "porta do fundo", e se refere, na computação, a métodos secretos de contornar a autenticação ou criptografia convencional de dispositivos

[453] SALINAS, Sara. "Six Top US Intelligence Chiefs Caution Against Buying Huawei Phones". *CNBC*, 13 fev. 2018.

[454] GAMBA, Julien et al. "An Analysis of Pre-Installed Android Software". *41st IEEE Symposium on Security and Privacy*, 2019.

[455] OLSON, Parmy. "Exclusive: WhatsApp Cofounder Brian Acton Gives the Inside Story On #DeleteFacebook and Why He Left $850 Million Behind". *Forbes*, 26 set. 2018.

CAPÍTULO VI – O QUE VOCÊ PODE FAZER

A opção mais segura, do ponto de vista das ameaças externas, é provavelmente o Signal. Uma das minhas características favoritas é a capacidade de definir datas de validade em suas mensagens — você pode defini-las para desaparecer depois que forem vistas. O Telegram também é digno de menção. O Telegram tem a vantagem de que ao apagar uma mensagem, você pode apagá-la de todos os telefones, não apenas do seu, a qualquer momento, o que é um grande recurso para protegê-lo contra ameaças internas. Às vezes você percebe que não deveria ter enviado uma mensagem, ou que você confiou em alguém que não era digno de sua confiança. A capacidade de remover nossas mensagens a depender de nossa vontade é algo que todo aplicativo de mensagem deveria ter. O Telegram, no entanto, possui duas enormes desvantagens. A primeira é que os criptógrafos tendem a desconfiar de sua criptografia — provavelmente é menos segura que a do Signal.[456] Além disso, as conversas não são criptografadas *by default*; você tem de escolher a opção "bate-papo secreto". Ambos Signal e Telegram são gratuitos e fáceis de usar. Você ficará surpreso ao ver quantos de seus contatos já têm uma dessas alternativas. Para aqueles que não têm nenhuma, basta pedir-lhes que baixem o aplicativo. Muitas pessoas ficarão felizes em ter um aplicativo de mensagens mais seguro.

E-mail

Os e-mails são notoriamente inseguros. Um e-mail pode parecer tão privado quanto uma carta, mas é mais como um cartão postal sem um envelope. Evite usar seu e-mail de trabalho para fins não relacionados com o trabalho (e algumas vezes também para o trabalho). Seu empregador pode acessar seu e-mail de trabalho, e se você trabalha para uma instituição pública, seu e-mail pode estar sujeito a solicitações relativas decorrentes do acesso à informação. Ao escolher um provedor de e-mail, procure por opções vantajosas para a privacidade,

---

[456] TURTON, William. "Why You Should Stop Using Telegram Right Now". *Gizmodo*, 24 jun. 2016.

como criptografia, e considere o país em que ele está hospedado. No momento, os Estados Unidos têm restrições legais mais fracas acerca do que as empresas podem fazer com seus dados. Algumas opções que podem valer a pena dar uma olhada são ProtonMail (Suíça), Tutanota (Alemanha), e Runbox (Noruega). Se você for paciente e experiente em tecnologia, você pode usar o PGP (*Pretty Good Privacy*) para criptografar seus e-mails.

Não forneça seu endereço de e-mail a todas as empresas ou pessoas que o solicitarem. Lembre-se, os e-mails podem conter rastreadores. Se você for solicitado a fornecer seu endereço de e-mail em uma loja, geralmente é possível recusar educadamente. Se o lojista informar que precisa de um e-mail para vender algo a você, dê-lhes um falso — eles o merecem (mais sobre métodos de ofuscação abaixo). Para defender meu ponto de vista, eu costumo dizer que meu e-mail é algo como naoehdasuaconta@privacidade.com.br.

Se você tiver de compartilhar seu e-mail porque precisa receber um e-mail para clicar em um link, tente usar um endereço alternativo que contenha o mínimo possível de informações pessoais para lidar com terceiros não confiáveis. Para escapar do maior número possível de rastreadores, encontre a configuração em seu provedor de e-mail que bloqueia todas as imagens *by default*. Outra boa técnica é o "e-mail com pegadinha". Suponha que o endereço de e-mail que você tenha aberto para lidar com lixo comercial seja meuemail@email.com. Quando uma empresa irritante pedir seu e-mail, dê a eles seu e-mail seguido de um nome que possa identificar a empresa: meuemail+empresachata@email.com. Você ainda receberá o e-mail, mas você pode bloquear esse endereço se a empresa se tornar muito irritante, e, se o e-mail for vazado, você saberá quem é o culpado.[457]

---

[457] Obrigada a Ian Preston por me ensinar esse truque.

CAPÍTULO VI – O QUE VOCÊ PODE FAZER

Ferramentas de busca

Suas pesquisas na internet contêm algumas das informações mais sensíveis que podem ser coletadas a seu respeito. Você pesquisa coisas que não sabe, coisas que você quer, coisas que o preocupam. Como você pesquisa o que passa por sua mente, suas pesquisas são um vislumbre de seus pensamentos. Pare de usar o Google como seu principal mecanismo de busca. Mude seu mecanismo de pesquisa padrão em seus navegadores para um que não colete dados desnecessários sobre você. Opções amigáveis à privacidade incluem DuckDuckGo e Qwant. Você sempre pode voltar ao Google excepcionalmente se houver algo que você esteja tendo dificuldade para encontrar, mas, na minha experiência, isso está se tornando cada vez menos necessário.

Navegadores

Se você quiser limitar a quantidade de informações que podem ser vinculadas ao seu perfil, é uma boa ideia usar diferentes navegadores para atividades diferentes. Navegadores diferentes não compartilham cookies entre eles. (Um cookie é aquele pequeno dado enviado pelos sites que você visita e que é armazenado em seu computador pelo seu navegador). Os cookies de autenticação são usados pelos sites para reconhecê-lo como um usuário único quando você retorna para visitar a página. Os cookies de rastreamento são frequentemente usados para compilar seu histórico de navegação para que os anunciantes saibam o que mostrar a você. Escolha um navegador para os sites nos quais você precisa fazer login e outro para navegar na web. O Brave é um navegador projetado com privacidade em mente. Uma de suas muitas vantagens é que ele já vem com bloqueadores de anúncio e de rastreamento incorporados; ele também é mais rápido do que outros navegadores. Vivaldi e Opera também são boas opções. Assim como Firefox e Safari, com as extensões apropriadas. O Firefox tem um recurso, chamado *Multi-Account Container*[458], que isola os cookies de

---

[458] [N.T.] "Segmentador multicontas", em tradução livre.

acordo com os segmentos que você configurar.[459] Sites em um segmento não podem ver nada de sites abertos em outro segmento. No entanto, você tem de estar logado em uma conta Firefox para utilizar o recurso.

Use extensões e ferramentas de privacidade

As extensões de privacidade podem complementar seu navegador. Se seu navegador não bloquear automaticamente rastreadores e anúncios, você pode usar uma extensão para cuidar disso.

Os *adblockers*[460] são fáceis de encontrar e instalar. Cerca de 47% dos internautas da web estão bloqueando anúncios.[461] Uma vez que você desfrute da paz imperturbável proporcionada pelos *adblockers*, você se perguntará como já suportou tantos anúncios irritantes saltando e te distraindo por tanto tempo. O uso de *adblockers* também envia uma mensagem clara às empresas e aos governos: não consentimos com este tipo de cultura publicitária. Se você quer ser justo com empresas que se esforçam para mostrar apenas anúncios respeitosos — anúncios contextuais que respeitem sua privacidade e não sejam muito desagradáveis — você pode desabilitar os bloqueadores de anúncios para esses sites.

O *Privacy Badger*, desenvolvido pela Electronic Frontier Foundation, pode bloquear o rastreamento e a espionagem de anúncios. O DuckDuckGo Privacy Essentials também bloqueia rastreadores, aumenta a proteção por criptografia, e oferece uma classificação de privacidade de A a F que permite saber o quão protegido você está quando visita um site. Além de proteger sua privacidade, bloquear ferramentas invasivas pode agilizar sua navegação. O *HTTPS Everywhere* é outra extensão desenvolvida pela Electronic Frontier Foundation que criptografa sua

---

[459] WERTS, Kendall. "Multi-Account Containers Add-on Sync Feature". *Mozilla Security Blog*. Disponível em: https://blog.mozilla.org/security/2020/02/06/multi-account-containers-sync.

[460] [N.T.] Bloqueadores de anúncios, em tradução livre.

[461] MCCUE, TJ. "47 Percent of Consumers Are Blocking Ads". *Forbes*, 19 mar. 2019.

CAPÍTULO VI – O QUE VOCÊ PODE FAZER

comunicação com muitos dos principais sites. Você pode encontrar outras extensões que podem apagar automaticamente seus cookies ao fechar uma aba, ou limpar seu histórico após um certo número de dias.

Lembre-se que há extensões não confiáveis, como sempre. A Cambridge Analytica utilizou extensões que pareciam inofensivas, tais como calculadoras e calendários, para acessar as sessões de cookies do Facebook de um usuário, o que permitiu que a empresa entrasse no Facebook como se fosse esse usuário.[462] Antes de usar uma extensão, faça uma busca rápida para ter certeza de que ela é segura.

Pense na coisa mais privada que você faz online. Para isso, talvez você queira considerar o uso do Tor, um software gratuito e de código aberto que permite que você permaneça anônimo online. Tor direciona o tráfego de internet através de uma rede mundial de milhares de retransmissores voluntários. Quando você solicita acesso a um site através do Tor, sua solicitação não virá de seu endereço IP. Ao contrário, ela virá de um nó de saída (análogo a alguém que passa uma mensagem) no sistema Tor. Tal labirinto de retransmissores faz com que seja difícil rastrear qual mensagem se origina de qual usuário. As vantagens são que os sites que você visita não veem a sua localização, e o seu provedor de serviços de internet não vê quais sites você visita. A maneira mais fácil de usar este software é através do Tor Browser. O navegador isola cada site que você visita para que rastreadores e anúncios de terceiros não possam segui-lo por aí.

Há algumas desvantagens no uso do Tor. Como os dados passam por muitos retransmissores antes de chegar ao seu destino, ele deixa sua navegação lenta. Alguns sites podem não funcionar tão bem. Uma desvantagem adicional é que você pode atrair a atenção de agências de inteligência — mas você pode já ter feito isso lendo este livro, ou qualquer artigo sobre privacidade online.[463] Bem-vindo ao clube. Em-

---

[462] WYLIE, Christopher. *Mindf*ck*: Inside Cambridge Analytica's Plot to Break the World. Profile, 2019. p. 114.
[463] ZETTER, Kim. "The NSA Is Targeting Users of Privacy Services, Leaked Code Shows". *Wired*, 3 jul. 2014.

bora as agências de inteligência talvez não possam ver o que você está fazendo online quando está usando o Tor, elas sabem que você está usando o Tor. Pelo lado positivo, quanto mais pessoas comuns usarem o Tor, menos será considerado um comportamento suspeito pelas autoridades. Proteger sua privacidade não é ilegal; é ultrajante que sejamos obrigados a sentir como se fosse.

As Redes Privadas Virtuais (VPNs) também são uma ferramenta popular de privacidade. Uma boa VPN pode redirecionar seu tráfego de internet através de uma rede privada criptografada e segura. As VPNs são especialmente úteis quando você deseja acessar a internet através de uma rede pública, como o Wi-Fi que você encontra em um aeroporto ou em outros espaços públicos. Uma rede de Wi-Fi pública torna você vulnerável a quem quer que a instale e a outras pessoas que estejam conectadas a ela. Usar uma VPN protege você de todo mundo, exceto da empresa que a criou, que obtém amplo acesso aos seus dados. Certifique-se de que você pode confiar em quem está por trás de uma VPN antes de utilizá-la. Não é fácil saber quem é digno de confiança, mas às vezes é relativamente óbvio saber quem não é. Não é surpreendente, por exemplo, que o Facebook utilize a VPN, Onavo Protect, para coletar dados pessoais.[464] Como regra geral, se a VPN é gratuita, você provavelmente é o produto, então, fique longe.

Altere suas configurações

Você deve supor que todas as configurações de todos os produtos e serviços são, por padrão, pouco favoráveis à privacidade. Certifique-se de alterar as configurações para o nível de privacidade que você pretende atingir. Bloqueie os cookies em seu navegador, ou em alguns de seus navegadores. É especialmente importante bloquear cookies de rastreamento entre sites. Se você escolher configurações mais seguras e

---

[464] O'FLAHERTY, Kate. "Facebook Shuts Its Onavo Snooping App – But It Will Continuite to Abuse User Privacy". *Forbes*, 22 fev. 2019.

CAPÍTULO VI – O QUE VOCÊ PODE FAZER

privadas, isso pode afetar a funcionalidade de alguns sites. Pelo menos alguns desses sites não valerão a pena visitar. Você pode começar com configurações rígidas e modificá-las à medida que você for avançando, de acordo com suas necessidades. Considere usar o navegador em um modo privado (embora lembre-se que tais modos incógnitos excluem somente vestígios de sua atividade online em seu computador; eles não o protegem de rastreamento externo).

Se você quiser ser mais cauteloso, verifique as configurações uma vez por ano — as empresas mudam os termos e condições o tempo todo. As configurações de privacidade apropriadas nem sempre são agrupadas no mesmo lugar, portanto, encontrá-las pode não ser tão fácil quanto parece. Se você estiver com dificuldade para encontrá-las, lembre-se que não é você quem está sendo estúpido, mas eles que abusam do poder. Pode valer a pena fazer uma busca online para saber como alterar as configurações de privacidade quando se tratar dos suspeitos habituais como Facebook e Google.[465] Se você tiver sorte, poderá encontrar um aplicativo para fazê-lo por você (o Jumbo afirma fazer exatamente isso para sua conta no Facebook, e aplicativos similares podem estar em fase de criação).

Não seja um ciberacumulador

Livrar-se de dados de que você não precisa mais é o equivalente virtual a uma faxina bem-feita.[466] Quanto menos dados você acumula, menos risco você acumula. Eu admito que apagar dados é difícil. Há o sentimento incômodo de que um dia você poderá precisar de alguns

---

[465] Aqui estão alguns guias para você começar, mas você pode querer verificar se há outros mais atualizados: "The Default Privacy Settings You Should Change and How to Do It". *Medium*, 18 jul. 2018; RAPHAEL, J. R. "7 Google Privacy Settings You Should Revisit Right Now". *Fast Company*, 17 maio 2019; GRALLA, Preston. "How to Protect Your Privacy on Facebook". *Verge*, 7 jun. 2019.

[466] HERN, Alex. "Are You A 'Cyberhoarder'? Five Ways to Declutter Your Digital Life — From Emails to Photos". *Guardian*, 10 out. 2018.

desses dados, mesmo que não tenha precisado deles em uma década. Uma experiência de lucidez para mim foi perder grande parte dos dados no meu telefone há alguns anos. Na época, pareceu uma catástrofe. Olhando em retrospecto, não senti falta alguma desses dados. Uma solução menos radical é criar um backup dos dados que você tem online, armazenando-os em um disco rígido criptografado e excluindo-os da Internet. Graças ao GDPR, tornou-se mais fácil baixar dados de plataformas, mesmo que você não seja europeu. Por exemplo, é fácil solicitar o download de seus dados nas configurações de sua conta no Twitter e depois usar um aplicativo para apagar seus tuítes antigos.

Apagar definitivamente suas informações digitais de seus dispositivos é, por vezes, um desafio, devido à forma como os computadores funcionam atualmente. Quando você apaga um arquivo de seu computador, embora ele desapareça da vista, ele ainda está lá. Os dados não foram tocados. Ao invés disso, o mapa do computador mudou. O computador finge que o arquivo não está mais lá e marca o espaço como livre. É por isso que você pode usar um software de recuperação. Alguém com habilidades e motivação suficientes poderia encontrar seus arquivos excluídos. Se alguma vez você quiser vender seu notebook, por exemplo, certifique-se de apagar seus arquivos de verdade. A melhor maneira é criptografar seu disco rígido (o que você deveria fazer de qualquer forma), e apagar a chave. Isso o torna criptograficamente inacessível — os dados criptografados parecem rabiscos ininteligíveis.[467]

Escolha senhas fortes

Nunca use "123456", "senha", o nome de seu time favorito ou informações pessoais, como seu nome ou data de nascimento para

---

[467] ORPHANIDES, K.G. "How to Securely Wipe Anything From Your Android, iPhone or PC". *Wired*, 26 jan. 2020.

senhas. Evite senhas comuns.[468] A característica mais importante de uma senha é o comprimento dela. Use senhas longas, com letras maiúsculas e minúsculas, caracteres especiais e números. Não use a mesma senha para todos os sites. O ideal é que você não use a mesma senha para mais de um site. Considere o uso de um gerenciador de senhas confiável que possa gerar senhas fortes e salvá-las para você. Considere o uso de autenticação multifatorial, mas tenha cuidado ao dar seu número de celular para empresas que o utilizarão para outros fins que não a sua segurança. A autenticação de dois fatores ideal é uma chave física, como YubiKey.

Seja evasivo

Se um estranho te para no meio da rua e faz uma pergunta invasiva, você pode se recusar a respondê-la e ir embora. A internet não permite que você permaneça em silêncio. Ela rastreia você e infere informações pessoais sobre você, quer você queira ou não. Tal intrusão é semelhante a alguém que pede seu número em um bar e se recusa a aceitar "não, obrigado" como resposta. Se essa pessoa continuasse a assediá-lo por causa de seu número, o que você faria? Talvez você lhe daria um número errado de telefone. Essa é a essência da ofuscação.

"Ofuscação é a adição deliberada de informações ambíguas, confusas ou enganosas para interferir na vigilância e na coleta de dados".[469] Em um contexto no qual você não pode permanecer em silêncio, às vezes, a única maneira de proteger sua privacidade e manifestar objeção é ser evasivo. É claro que as instituições governamentais, tais como as autoridades fiscais, podem requerer justificadamente suas informações pessoais. Mas as empresas nem sempre têm o direito de obter seus dados

---

[468] Para uma lista das 10.000 senhas mais comuns que você deveria evitar, consulte: https://en.wikipedia.org/wiki/Wikipedia:10,000_most_common_passwords.
[469] BRUNTON, Finn; NISSENBAUM, Hellen. *Obfuscation:* a User's Guide for Privacy and Protest. Cambridge: MIT Press, 2015, p. 1.

pessoais. Considere, quando possível, dar às empresas informações falsas, como nome, data de nascimento, e-mail, cidade, etc. Se você quiser manifestar seu protesto através da ofuscação, você pode escolher nomes e endereços relacionados à privacidade — meuemailehprivado@privacidade.com.

Compartilhar contas ou *gadgets* é mais uma forma de ofuscação. Um grupo de adolescentes nos Estados Unidos estava preocupado com gigantes da tecnologia, administradores escolares, recrutadores universitários e empregadores em potencial de olho em suas mídias sociais. Eles encontraram uma maneira de proteger a privacidade no Instagram — eles compartilham uma conta. Ter uma rede de pessoas que compartilham uma conta torna mais difícil que os olhos curiosos saibam qual atividade pertence a quem.[470] Compartilhar dispositivos é ainda melhor para a privacidade, já que alguém olhando cuidadosamente os dados poderia inferir quais dados pertencem a quem com base em seus dispositivos, e não com base em sua conta.

Opte pelo analógico

Minimizar as interações digitais é uma boa maneira de aumentar a privacidade. Os registros em papel trancados com chave e cadeado são provavelmente mais seguros do que armazenados em seu notebook. Pague usando dinheiro quando possível, ao invés de cartões de crédito ou smartphones. Volte aos livros em papel; compre-os em lojas físicas. Deixe seu smartphone em casa se você não precisar dele. Ao comprar produtos, escolha aqueles que não se conectam à internet. Você não precisa de uma chaleira ou de uma máquina de lavar roupa através da qual possa ser hackeado. Com frequência, inteligente é sinônimo de burro.[471]

---

[470] NG, Alfred. "Teens Have Figured Out How to Mess With Instagram's Tracking Algorithm". *CNET*, 4 fev. 2020.

[471] OSBORNE, Hilary. "Smart Appliances may Not Be Worth Money in Long Run, Warns Which?". *Guardian*, 8 jun. 2020.

CAPÍTULO VI – O QUE VOCÊ PODE FAZER

Compre jornais impressos

A imprensa livre é um dos pilares das sociedades livres e abertas. Precisamos de um bom jornalismo investigativo para nos dizer o que as empresas e os governos tentam esconder de nós, mas não deveriam. Se não fosse a imprensa, poderíamos não saber sobre o funcionamento do capitalismo de vigilância. Mas para que a imprensa funcione bem, ela precisa ser independente, e se ela for propriedade do poder, corremos o risco de ela servir ao poder em vez de servir aos cidadãos. Temos de pagar pela imprensa para que ela trabalhe para nós. Comprar (e ler) jornais. Manter-se bem informado.

A era digital tem sido cruel para os jornais de todo o mundo. As pessoas que recebiam conteúdo "gratuito" online hesitavam em pagar pela assinatura de jornais impressos — deixemos pra lá o fato de que o conteúdo gratuito não era realmente gratuito (seus dados e atenção eram o preço) e a qualidade, questionável. O domínio das redes sociais enfraqueceu a relação entre os jornais e o público. As pessoas estão recebendo cada vez mais notícias das redes sociais. Ao acessar informações através das redes sociais, é mais provável que você seja exposto a conteúdos personalizados e *fake news*. Compre jornais em papel, para que ninguém possa acompanhar o que você lê. A segunda melhor opção é visitar diretamente os sites dos jornais. Receba as notícias da fonte.

Exija privacidade

Exija que as empresas e os governos respeitem seus dados. Vamos começar com os corretores de dados. Há muitos deles para listá-los todos aqui, mas alguns grandes são a Acxiom, a Experian, a Equifax e a Quantcast. A Privacy International tornou este processo muito mais fácil ao fornecer modelos e endereços de e-mail.[472]

---

[472] PRIVACY INTERNATIONAL. "Tell companies to stop exploiting your data!". Disponível em: https://privacyinternational.org/mydata.

Um aviso: é uma provação enviar um e-mail a todas as empresas que têm seus dados. Muitas vezes eles dificultam as coisas para você — eles levam muito tempo para responder, eles pedem mais dados (não os forneça se não parecer razoável), eles podem ser evasivos. Persevere tanto quanto sua paciência e circunstâncias permitirem. Talvez, envie esses e-mails enquanto estiver esperando o ônibus ou na fila do supermercado. E saiba que você pode não ser bem-sucedido. Mas não deixe que isso o desencoraje. Fazer o pedido é o que mais importa. Isso faz com que tenham trabalho e saibam que o público não consente com tais práticas. Isso gera documentação — evidência que os políticos podem usar para multar e regular os abutres de dados.

Exija privacidade de cada profissional com quem você interage e que pede seus dados. Faça perguntas. Tenha cuidado com seus dados médicos. Evite usar aplicativos de saúde desnecessários — eles provavelmente venderão seus dados. Pergunte ao seu médico, dentista e outros profissionais de saúde sobre as práticas de privacidade que eles adotam. Diga-lhes que você não consente que seus dados sejam compartilhados de forma alguma com ninguém.

Para exigir privacidade das empresas e dos governos, é importante conhecer os seus direitos. Leia mais sobre as leis. Se você for cidadão europeu, saiba que tem o direito de ser informado, de acessar seus dados e retificá-los, de pedir que seus dados sejam apagados, de restringir o processamento e de transferi-los para uma empresa diferente, entre outros direitos. Se você tiver uma reclamação e não conseguiu resolver um problema relativo a privacidade com uma empresa, você pode contatar a autoridade nacional de proteção de dados, ou a Autoridade Europeia para a Proteção de Dados (dependendo da natureza da reclamação). Os direitos valem pouco se existirem apenas no papel. Temos de dar-lhes vida.

Entre em contato com seus representantes democráticos. Envie-lhes um e-mail, ligue para eles. Mencione-os em seus tuítes sobre privacidade. Diga-lhes que você está preocupado com seus dados pessoais. Pergunte-lhes sobre seus planos para proteger sua privacidade.

Vote nas pessoas certas. Políticos que violam seu direito à privacidade durante as campanhas são um mau sinal — eles não merecem seu voto.

Quando uma empresa o decepcionar com políticas de privacidade ruins, faça uma avaliação negativa em sites como Trustpilot, e certifique-se de mencionar privacidade em sua reclamação.

Não dependa deles

Depender de qualquer empresa de tecnologia é perigoso. Isso significa que parte de sua identidade está nas mãos deles, e se eles cancelarem sua conta, ou apagarem seus e-mails (isso acontece), você pode ter muito a perder. As empresas de tecnologia querem que você dependa delas, por isso é muito difícil não depender. Às vezes é impossível. Mas tenha isso em mente. Há graus de dependência, e quanto menos você depender de qualquer plataforma ou aplicativo, menos poder eles terão sobre você. Certifique-se de ter seus contatos em mais de um lugar (de preferência em papel), por exemplo. Mantenha suas conexões pessoais vivas de mais de uma maneira, para que a qualquer momento você possa encerrar sua conta em qualquer plataforma sem muita perda.

Você faz parte da tecnologia?

Talvez você trabalhe em uma das grandes empresas de tecnologia que estamos discutindo. Talvez você trabalhe para uma pequena startup. Talvez você esteja projetando seu próprio aplicativo. Seja qual for o caso, se você faz parte da força de trabalho que constrói nossa arquitetura digital, você tem um grande papel a desempenhar, inserindo a privacidade em seus produtos desde o início.

Além de pensar no lucro, aqueles que constroem tecnologias devem se perguntar como querem ser lembrados. Como uma das pessoas que ajudaram empresas e governos a violar o direito das pessoas à privacidade, que colocaram os dados dos usuários em risco até que algo terrível acontecesse? Você quer ser visto como uma das pessoas que arruinou a democracia? Ou você quer ser lembrado como uma das pessoas que ajudaram a corrigir o panorama dos dados pessoais, oferecendo aos cidadãos uma maneira de navegar pela vida na era digital, sem abrir mão de sua privacidade?

Um dos relatos mais arrepiantes sobre como uma empresa de tecnologia pode estar do lado errado da história é o livro "IBM e o Holocausto", de Edwin Black.[473] Ele conta a história de como a IBM contribuiu para o genocídio praticado pelos nazistas através de seus cartões perfurados (ver o quarto capítulo). O cartão perfurado era uma tecnologia poderosa — aumentava significativamente o poder dos Estados de controlar as pessoas através da categorização e contagem delas — mas não era tão poderosa quanto as tecnologias que estão sendo desenvolvidas hoje. O reconhecimento facial e inferências de *big data* podem possibilitar um grau de controle sobre as pessoas que é muito mais forte daquele que conhecemos no passado. Ler aquele livro me fez ter esperança de que nossos netos e bisnetos não tenham de ler um livro semelhante sobre uma das atuais tecnologias e um regime assassino do futuro.[474] Se as empresas de tecnologia quiserem estar no lado certo da história, elas se empenhariam em proteger nossa privacidade. Além de ser uma oportunidade de negócios, a privacidade é também uma oportunidade moral.

Empresas e governos são formados por indivíduos, e enquanto alguns indivíduos têm mais poder do que outros para guiar uma instituição em uma direção ou outra, cada indivíduo é moralmente responsável

---

[473] BLACK, Edwin. *IBM and the Holocaust*. Washington: Dialog Press, 2012.

[474] Em referência à perseguição de Rohingya, o Facebook já admitiu não "fazer o suficiente para ajudar a evitar" que a plataforma "seja usada para fomentar a divisão e incitar a violência offline". Uma missão de averiguação da ONU em Myanmar destacou o Facebook como um "instrumento útil para aqueles que procuram espalhar o ódio". Milhares de pessoas foram mortas (ELLIS-PETERSEN, Hannah. "Facebook Admits Failings Over Incitement to Violence in Myanmar". Guardian, 6 nov. 2018; "Myanmar Rohingya: Why Facebook Banned an Army Chief". *BBC News*, 18 ago. 2018.)

CAPÍTULO VI – O QUE VOCÊ PODE FAZER

por tudo com o que contribui para aquela instituição. Programadores e designers de tecnologia são especialmente importantes na era digital. Eles possuem a expertise para fazer com que as máquinas façam o que queremos que elas façam. Eles fazem a magia acontecer. As instituições cobiçam cientistas da computação, engenheiros, e analistas de dados, o que os coloca em uma boa posição para negociar responsabilidades. Se você trabalha em uma empresa de tecnologia e suspeita que está trabalhando em um projeto que pode prejudicar as pessoas, talvez você considere orientar o seu empregador para projetos mais éticos, ou mesmo largar seu emprego e procurar trabalho em outro lugar (se você puder arcar com isso).

Trabalhadores da tecnologia podem fazer mais diferença se discordarem juntos. Em 2018, os trabalhadores do Google conseguiram que a empresa acabasse com a arbitragem forçada em casos de reclamações de assédio sexual por empregados, e não renovasse o contrato para o Projeto Maven, uma colaboração com o Pentágono.[475] Os dissidentes podem fazer a diferença. Siga sua consciência.

Alfred Nobel lamentou ter inventado a dinamite; Mikhail Kalashnikov desejou não ter criado a AK-47; Robert Propst passou a odiar o que aconteceu com os cubículos de escritório que ele projetou; Ethan Zuckerman lamenta ter inventado anúncios *pop-up*. A lista de inventores que passaram a repudiar suas criações é longa. Não entre nessa lista. Boas intenções não são suficientes; a maioria dos inventores que se arrependeram tinha boas intenções. Como inventor, você deve presumir que alguém tentará abusar de tudo o que você criar, e você tem de ter certeza de que isso não pode ser feito desde a concepção. É uma tarefa difícil.

Pessoas da área de tecnologia podem pedir conselhos para acadêmicos e organizações sem fins lucrativos que se preocupam com a privacidade. Seguir o trabalho de pessoas como Bruce Schneier, Cathy O'Neil (recomendo a leitura de seu livro *Algoritmos de destruição em*

---

[475] POULSON, Jack. "Tech Needs More Conscientious Objectors". *New York Times*, 23 abr. 2019.

massa), e Yves-Alexandre de Mont-joye, entre outras, pode despertar ideias. A Electronic Frontier Foundation, a Privacy International, a European Digital Rights e a noyb (de *"none of your business"*[476]) são boas fontes de informação. Há algumas consultorias de ética às quais você pode recorrer para conselhos; certifique-se de que elas tenham uma boa reputação, e que haja alguém treinado em ética envolvido (parece básico, mas nem sempre é o caso). Há algumas organizações que ajudam startups em fase inicial que oferecem uma assessoria prestada por um comitê de ética como parte de seu projeto.[477]

Se você for alguém que está financiando startups, certifique-se de exigir que as empresas que você financia passem por uma revisão ética de seus produtos. Algumas startups nunca se preocuparão com ética, a menos que sejam incentivadas a fazê-lo. Elas estão muito preocupadas em sobreviver e prosperar, e pensam que a privacidade e a ética são algo que podem acrescentar ao produto final, uma vez que ele esteja pronto. Muitas coisas ruins acontecem com a tecnologia simplesmente porque ninguém parou para pensar como as coisas podem dar errado. Privacidade e ética têm de ser requisitos desde o início de qualquer projeto de tecnologia.

Designers de tecnologia e empresas que são "amigos da privacidade" podem fazer uma enorme diferença. Moxie Marlinspike e o aplicativo de mensagens seguro (e sem fins lucrativos) que ele criou, Signal, tiveram um enorme impacto na forma como pensamos e usamos a criptografia.[478] Pequenas e recém criadas empresas que oferecem privacidade podem roubar os negócios das grandes corporações, e as grandes empresas que aumentam suas apostas na privacidade podem influenciar fortemente para que outras as sigam.[479]

---

[476] [N.T.] "Não é da sua conta", em tradução livre.
[477] No Reino Unido, a Digital Catapult oferece esse tipo de serviço. Uma revelação: atualmente, sou membro de seu Comitê de Ética.
[478] WIENER, Anna. "Taking Back Our Privacy". *New Yorker*, 19 out. 2020.
[479] Se a Apple implementar as proteções de privacidade que prometeu, o Facebook estará sob pressão para mudar algumas de suas práticas de invasão de privacidade.

CAPÍTULO VI – O QUE VOCÊ PODE FAZER

Faça o seu melhor

Fale sobre privacidade com seus amigos e familiares. Tuíte sobre isso. Se você tem um clube do livro, leia sobre privacidade. Na ficção, recomendo "Zed" de Joanna Kavenna, "The Circle" de Dave Eggers e, claro, "1984" de George Orwell.

Desligue os sinais Wi-Fi e Bluetooth em seu smartphone quando você sair de casa. Cubra suas câmeras e microfones com um adesivo. Tome precauções ao passar pela alfândega em países que são conhecidos por serem pouco amigáveis à privacidade.[480] Fique atento às oportunidades para proteger a sua privacidade. E não espere a perfeição.

Todas essas medidas farão a diferença. Todas elas podem salvá-lo de violações do seu direito à privacidade. Mas nenhuma delas é infalível. É muito difícil ter práticas de privacidade impecáveis. Até mesmo os especialistas em privacidade frequentemente vacilam nisso. Se você estiver cansado, com pressa ou distraído, é fácil dar mais informações do que você deseja. Além disso, se alguém tiver a intenção de invadir a sua privacidade, provavelmente acabará tendo êxito.

Mesmo que você não consiga proteger sua a privacidade com perfeição, você ainda pode dar o melhor de si. Primeiro, é capaz que você possa manter *alguns* dados pessoais seguros. Isso, por si só, pode salvá-lo de um caso de roubo de identidade ou exposição. Segundo, é capaz que você possa manter os dados de outra pessoa a salvo, pois a privacidade é uma questão coletiva. Terceiro, mesmo que você fracasse em proteger a sua privacidade, tais tentativas possuem uma importante função simbólica — eles enviam a mensagem certa. Exigir que as instituições protejam nossa privacidade incentiva os legisladores a legislarem pela privacidade e informa os políticos dessa necessidade. A escolha de produtos que protegem a privacidade permite que a indústria veja a

---

GRAHAM, Megan. "Facebook Revenue Chief Says Ad-Supported Model Is "Under Assualty" Amid Apple Privacy Changes". *CNBC*, 6 out. 2020.

[480] GREENBERG, Andy. "A Guide to Getting Past Customs With Your Digital Privacy Intact". *Wired*, 12 fev. 2017.

privacidade como uma oportunidade de negócios, o que a incentivará a inovar em nosso favor e parar de resistir à regulamentação. Os governos e as empresas estão mais preocupados do que você possa imaginar com o que você pensa sobre privacidade. Precisamos deixar claro para eles o quanto nos preocupamos com nossos dados pessoais.

Você não deveria ter de fazer nada disso, e espero que seus filhos não precisem tomar tais precauções no futuro. Assim como é impossível para as pessoas verificar se os ingredientes em tudo o que ingerimos são de fato comestíveis — isso é justamente por isso que temos órgãos reguladores controlando essa questão — é impossível para as pessoas sozinhas resolverem os problemas de privacidade que enfrentamos. Mas cabe a nós motivar as empresas e os governos a proteger nossa privacidade. Nós podemos fazer isso acontecer. E para que nossa cultura comece a se preocupar novamente com a privacidade, você não precisa atingir a perfeição — dar o melhor de si já está bom demais.

Recuse o inaceitável

Tomo emprestada essa frase do livro de Stéphane Hessel, "The Power of Indignation".[481] Hessel sobreviveu aos campos de concentração, foi membro da resistência francesa e, mais tarde, envolveu-se na elaboração da Declaração Universal dos Direitos Humanos. O que Stéphane Hessel, os abstencionistas, Mahatma Gandhi, Martin Luther King, Rosa Parks, Nelson Mandela, Ruth Bader Ginsburg e todos os outros heróis que fizeram do mundo um lugar melhor têm em comum? Eles recusaram o inaceitável. Nossos heróis não são pessoas que convivem confortavelmente com as injustiças. Eles não aceitam o mundo que lhes foi dado quando este mundo é inaceitável. Eles são pessoas que discordam quando é necessário.

---

[481] HESSEL, Stéphane. *The Power of Indignation*. Skyhorse Publishing, 2012.

CAPÍTULO VI – O QUE VOCÊ PODE FAZER

Aristóteles argumentou que uma importante parte do que é ser virtuoso é ter emoções apropriadas às circunstâncias. Quando seu direito à privacidade é violado, é apropriado sentir indignação moral. Não é apropriado sentir indiferença ou resignação.

Não se submeta à injustiça. Não pense que é impotente — você não é. No campus da Microsoft em Redmond, perto de Seattle, há uma sala na qual o Azure, o serviço de computação em nuvem da empresa, é gerenciado. Há duas grandes telas. Uma mostra o *status* do sistema. A outra mostra o "sentimento" das pessoas sobre o sistema, expresso nas redes sociais.[482] Por que uma empresa como a Microsoft se preocuparia tanto com o que as pessoas sentem sobre seu sistema quanto com o funcionamento do próprio sistema? Porque este depende daquele. Toda a economia digital depende de você. Dê sua cooperação e de seu consentimento. Não tolere que seu direito à privacidade seja violado.

A Declaração Universal dos Direitos Humanos é como uma carta daqueles que vieram antes de nós, advertindo-nos a nunca ultrapassar certos limites. Ela nasceu do horror da guerra e do genocídio. É um apelo para que evitemos repetir os erros do passado. Ela adverte que as pessoas serão "compelidas a recorrer, como último recurso, à rebelião", se os direitos humanos não forem respeitados. Existem boas razões para a privacidade ser um direito. Defenda-o.

---

[482] "The Data Economy. Special Report". *The Economist*, 20 fev. 2020.

CONCLUSÃO

Em que tipo de sociedade você gostaria de viver? Dois mundos estão à nossa frente. O primeiro é uma versão mais extrema da sociedade de vigilância em que vivemos hoje. É um mundo em que cada passo, palavra pronunciada, pesquisa online, compra e deslize do dedo em seu smartphone é registrado, analisado e compartilhado com governos e empresas. Drones e satélites observam você de cima. O reconhecimento facial identifica aonde quer que você vá. As autoridades acompanham o que você lê, quando você protesta. A polícia, as autoridades de saúde pública, as agências de inteligência e as empresas de vigilância recebem essas informações. Seus dados são usados principalmente para prevenir pandemias e ataques terroristas, as autoridades afirmam. Mas você sabe que eles também são usados para muito mais do que isso.

    A vigilância não é apenas sobre o que você *faz*, mas sobre o que você *pensa* e *sente* — é a vigilância sob a pele.[483] Seu corpo é escrutinado para inferir tanto suas emoções quanto o estado de sua saúde. Seu ritmo cardíaco, temperatura e condutância da pele (se você está transpirando) são avaliados através de seu relógio, que você pode ser forçado a usar por lei. As empresas de vigilância emocional registram e analisam o

---

[483] HARARI, Yuval. "The World After Coronavirus". *Financial Times*, 20 mar. 2020.

que irrita você quando assiste às notícias, qual conteúdo online te dá medo, e eles compartilham esses dados com as autoridades.

Eles dizem que essa vigilância ajuda a democracia. Dizem que você não precisa mais votar porque o governo pode inferir qual é a sua opinião política através da análise de dados. Seus dados permitem aos poderosos fazer previsões sobre o seu futuro, com base nas decisões que são tomadas sobre como você é tratado em sua sociedade. Se você conseguir um emprego, um empréstimo ou uma doação de órgãos, caso precise de um, são decisões que serão tomadas por meio da vigilância e de algoritmos de predição.

Este é um mundo em que as máquinas administram você. Elas encomendam os alimentos que você precisará para se manter como uma força de trabalho produtiva quando a sua geladeira estiver vazia. Elas cronometram sua eficiência no trabalho, incluindo as pausas para ir ao banheiro. Elas dizem para você meditar quando seus níveis de estresse aumentam. Elas dizem a você quantos passos diários são necessários para se exercitar adequadamente e manter seu direito à assistência médica.

É um mundo em que você se preocupa com a privacidade de seus filhos. Você se pergunta se o futuro deles pode estar comprometido quando jogam jogos online, pois você sabe que as pontuações deles são vendidas a corretores de dados que calculam as capacidades cognitivas. Você se preocupa que eles possam errar, como ficar bêbados na adolescência e serem fotografados, e que por causa disso eles nunca consigam um emprego. Você se preocupa com o quanto eles têm de ser obedientes para ter uma chance de serem bem-sucedidos na sociedade. Você se preocupa com o fato deles nunca sentirem o gosto da liberdade. Esta é uma sociedade preparada para uma tomada de poder autoritária.

Mas esse não é o único futuro disponível para nós. Há um mundo melhor à nossa espera. Um mundo no qual o que é seu não é explorado por governos e empresas. Um mundo no qual os dados em seu smartphone permanecem lá, e ninguém tem acesso a eles, exceto você. É um mundo no qual ninguém pode compartilhar ou vender seus dados, nem mesmo sua família. É uma sociedade na qual você pode ir ao médico e compartilhar seus sintomas sem se preocupar que esse mesmo ato possa

CONCLUSÃO – O QUE VOCÊ PODE FAZER

prejudicá-lo posteriormente. Você pode ter uma conversa privada sem que ela se torne pública. Você pode cometer erros sem que eles definam seu futuro. Você pode pesquisar o que o preocupa *online,* o que te deixa curioso, sem que seu interesse volte para assombrá-lo. Você pode consultar um advogado sem suspeitar que o governo está escutando e sem temer que você possa estar se autoincriminando. Você pode ter certeza de que as informações sobre quem você é, o que passou, o que espera e teme, e o que fez, não serão usadas contra você. Esta é uma sociedade na qual o poder do governo deriva do consentimento de seus cidadãos — não de seus dados. Esta é uma sociedade que dá continuidade e melhora a tradição milenar da democracia.

Um mundo em que a privacidade é respeitada é um mundo em que você pode sair para protestar sem medo de ser identificado. É um mundo no qual você pode votar em segredo. Você pode explorar ideias na segurança de sua mente e de sua casa. Você pode fazer amor sem que ninguém, exceto o seu companheiro ou a sua companheira, rastreie os seus batimentos cardíacos, sem que ninguém te escute através de seus dispositivos digitais. Você pode desfrutar de intimidade — do tipo que só pode florescer entre pessoas que estão sozinhas juntas e que sabem que ninguém mais está observando.

Nem toda tecnologia é ruim. Um mundo no qual podemos desfrutar de privacidade não precisa ser um mundo privado de tecnologia. Só precisamos da tecnologia certa com as regras certas no lugar. A boa tecnologia não te alimenta à força. Ela existe para aumentar sua autonomia, para ajudá-lo a alcançar seus próprios objetivos, e não os objetivos da própria tecnologia. A boa tecnologia é direta — sem letras miúdas, sem roubo de dados às escuras, sem pretextos e sem pedidos de desculpa. A boa tecnologia funciona para você. *Você* é seu cliente. Não os anunciantes, não os corretores de dados, não os governos. Você não é apenas um usuário, e jamais um objeto, mas um cidadão que também é um cliente. A boa tecnologia respeita nossos direitos e nossas democracias liberais. A boa tecnologia protege sua privacidade.

Contrariando as primeiras alegações de que a era digital implicava o fim da privacidade, a privacidade está de volta. A privacidade não acabou. Pelo contrário, o capitalismo de vigilância está com seus dias contados. Será uma batalha feroz, e nunca poderemos ser complacentes e acreditar que a venceremos de uma vez por todas. Direitos têm de ser defendidos todos os dias. Sinais de "PARE" têm de ser repintados de tempos em tempos. Vai demandar algum tempo até que retomemos o controle de nossos dados pessoais. E precisaremos fazer isso juntos. Mas isso pode ser feito, e será feito. Quanto mais cedo, melhor, para nos pouparmos muitos riscos e danos desnecessários.

Seis anos atrás, quando disse às pessoas que estava pesquisando sobre privacidade, a resposta mais comum que recebia era deprimente e cínica. "Oh, então você está estudando história, não filosofia". "A privacidade está morta. Acostume-se. Não há o que se pensar sobre isso". As respostas mais simpáticas incluíam tentativas de fazer colocar os pés no chão, encorajando-me a escolher um tópico de pesquisa com perspectivas mais positivas. De certa forma, naquela época eu era tão pessimista quanto qualquer outro em relação à privacidade — a ferocidade da economia de dados não deixava sobrar muito espaço para a esperança. Mas eu também era uma otimista, pois achava que a natureza e a dimensão do roubo de dados pessoais eram tão terríveis e tão perigosas que a situação era insustentável — então ela tinha de melhorar. Eu estava certa, e agora estou ainda mais otimista. Hoje, as pessoas reagem às menções de privacidade com interesse e preocupação.

Os ventos mudaram. Estamos reaprendendo o valor da privacidade depois de tê-lo esquecido temporariamente, deslumbrados como estávamos pela ascensão da tecnologia digital. Depois do escândalo da Cambridge Analytica, e de nós mesmos experimentarmos casos de humilhação pública ou roubo de identidade, entendemos agora que as consequências da falta de privacidade hoje são tão severas quanto eram antes do surgimento da internet. O roubo de seus dados pode resultar em uma conta tão cara como se sua carteira tivesse sido roubada. E os corretores de dados saberem muito a seu respeito é ainda pior do que quando as empresas perguntavam em uma entrevista de emprego se você planejava ter filhos. Pelo menos no passado eles tinham de olhar você nos olhos, e o que eles faziam era visível para todos.

CONCLUSÃO – O QUE VOCÊ PODE FAZER

Politicamente, ter nossa privacidade comprometida é o que há de mais perigoso. Nunca acumulamos tantos dados pessoais sobre os cidadãos. E permitimos que a vigilância crescesse numa época em que os padrões de segurança cibernéticos são pobres, as democracias são fracas e os regimes autoritários adeptos à ciberpirataria estão em ascensão. A tecnologia digital usou como pretexto a invisibilidade dos dados para corroer nossa privacidade. Mas agora conhecemos os truques deles. Podemos recuperar o controle de nossos dados pessoais.

As consequências da pandemia do coronavírus são um grande desafio à nossa privacidade, mas agora estamos em uma situação melhor do que alguns anos atrás. Sabemos mais sobre nossa privacidade e como ela é explorada, há mais regulamentação sobre o que as instituições podem fazer com nossos dados pessoais, há planos para regulamentar ainda mais os dados pessoais, e há mais pressão sobre as empresas de tecnologia para levar a privacidade a sério. Há alguns anos, ninguém pensava na possibilidade de um GDPR. Apesar de todas as falhas que ele apresenta, é um grande passo na direção certa. E é só o começo.

Atualmente, estamos testemunhando um processo civilizatório semelhante ao que tornou nossa vida offline mais suportável. A regulamentação garantiu que os alimentos vendidos fossem comestíveis, que os clientes pudessem devolver produtos defeituosos, que os carros tivessem cintos de segurança e que os futuros empregadores não pudessem, por lei, perguntar se você planejava ter filhos. O momento histórico atual é crucial se quisermos domar o Oeste Selvagem da internet. As regras fundamentais que estabelecermos agora para os dados pessoais determinarão as perspectivas da privacidade nas próximas décadas. É fundamental que façamos as coisas certo. Devemos isso a nós mesmos e a nossos filhos.

A privacidade é muito importante para que a deixemos atrofiar. Quem você é e o que você faz não é da conta de ninguém. Você não é um produto a ser transformado em dados e alimentar predadores por um preço. Você não está à venda. Você é um cidadão, e a privacidade lhe é *devida*. É um *direito* seu. A privacidade é como vendamos o sistema para que ele nos trate de forma imparcial e justa. É como damos poder aos nossos cidadãos. É como protegemos indivíduos, instituições e sociedades de pressões externas e abusos. É como demarcamos um espaço para nós mesmos no qual podemos relaxar livremente, criar laços com os outros, explorar novas ideias e tomar nossas próprias decisões.

Pode parecer radical pedir o fim da economia de dados. Mas não é. É apenas o *status quo* que faz parecer radical. O que é extremo é ter um modelo de negócios que depende da violação em massa dos direitos. A vigilância generalizada é incompatível com sociedades livres, democráticas e liberais, nas quais os direitos humanos são respeitados. Ela tem de acabar. Não se contente com nada menos. Os abutres de dados vão recuar. A má tecnologia pedirá desculpas e dirá que irá melhorar, enquanto pede mais de seus dados pessoais. Os governos se unirão à má tecnologia e prometerão a você mais segurança em troca de seus dados. Os entusiastas da tecnologia lhe dirão que o progresso será impedido. Mas agora nós estamos mais espertos. Recuse o inaceitável. Recupere o controle de seus dados pessoais e a privacidade prevalecerá.

REFERÊNCIAS BIBLIOGRÁFICAS

ABRAMOWITZ, Michael J. "Democracy in crisis." *Freedom House,* 2018. Disponível em: https://freedomhouse.org/report/freedom-world/2018/democracy-crisis.

ACKERMAN, Evan. "Why you should be very skeptical of ring's indoor security drone". *IEEE Spectrum,* 25 set. 2020. Disponível em: https://spectrum.ieee.org/automaton/robotics/drones/ring-indoor-security-drone.

AJUNWA, Ifeoma; CRAWFORD, Kate; SCHULTZ, Jason. "Limitless Worker Surveillance". *California Law Review,* vol. 105, 2017, pp. 101-142.

ALBA, Davey. "The US Government will be scanning your face at 20 Top Airports, Documents Show". *BuzzFeed,* 11 mar. 2019. Disponível em: https://www.buzzfeednews.com/article/daveyalba/these-documents-reveal-the-governments-detailed-plan-for.

ALLARD, Jody. "How Gene Testing Forced Me to Reveal My Private Health Information". *Vice,* 27 mai. 2016. Disponível em: https://www.vice.com/en/article/7bd5m4/how-gene-testing-forced-me-to-reveal-my-private-health-information-58477fe11aed26026098b31f.

AMBROSE, Jillian. "Lights stay on despite cyber-attack on UK's electricty system". *Guardian,* 14 mai. 2020. Disponível em: https://www.theguardian.com/business/2020/may/14/lights-stay-on-despite-cyber-attack-on-uks-electricity-system.

AMERICAN CIVIL LIBERTIES UNION. "Stingray tracking devices: who's got them?". *ACLU,* nov. 2018. Disponível em: https://www.aclu.org/issues/

privacy-technology/surveillance-technologies/stingray-tracking-devices-whos-got-them. Acesso em: 15 out. 2020.

ANGWIN, Julia, *Dragnet nation*: a quest for privacy, security, and freedom in a world of renlentless surveillance. Nova York: Times Books, 2014.

ANGWIN, Julia; LARSON, JEFF; SAVAGE, Charlie; RISEN, James; MOLTKE, Henrik; POITRAS, Laura. "NSA spying relies on AT&T's 'Extreme Willingness to Help'". *ProPublica*, 15 ago. 2015. Disponível em: https://www.scientificamerican.com/article/nsa-spying-relies-on-at-t-s-extreme-willingness-to-help/.

ASSOCIATED PRESS. "Google records your location even when you tell it not to". *Guardian*, 13 ago. 2018. Disponível em: https://www.theguardian.com/technology/2018/aug/13/google-location-tracking-android-iphone-mobile.

BALKIN, Jack M. "Information Fiduciaries and the First Amendment". *UC Davis Law Review*, vol. 49, n. 4, abril 2016, pp. 1183-1234.

BAMFORD, Roxanne; MACON-COONEY, Benedict; DACE, Hermione; YIU, Chris. "A price worth paying: tech, privacy and the fight against Covid-19". *Tony Blair Institute for Global Change*, 24 abr. 2020. Disponível em: https://institute.global/policy/price-worth-paying-tech-privacy-and-fight-against-covid-19.

BARANIUK, Chris. "Ashley Madison: 'suicides' over website hack". *BBC News*, 24 ago. 2015. Disponível em: https://www.bbc.com/news/technology-34044506.

BASSETT, Laura. "Digital media is suffocating—and it's Facebook and Google's Fault". *The American Prospect*, 6 mai. 2019. Disponível em: https://prospect.org/culture/digital-media-suffocating-and-facebook-google-s-fault/.

BATTELLE, John. "The birth of Google". *Wired*, 1 ago. 2005. Disponível em: https://www.wired.com/2005/08/battelle/.

BAXTER, Michael. "Do connected cars pose a privacy threat?". *GDPR: Report*, 1 ago. 2018.

BECKETT, Lois. "Under digital surveillance: how American schools spy on millions of kids". *Guardian*, 22 out. 2019. Disponível em: https://www.theguardian.com/world/2019/oct/22/school-student-surveillance-bark-gaggle.

BELL, Emily. "Why Facebook's news feed changes are bad news for democracy". *Guardian*, 21 jan. 2018. Disponível em: https://www.theguardian.com/media/media-blog/2018/jan/21/why-facebook-news-feed-changes-bad-news-democracy.

REFERÊNCIAS BIBLIOGRÁFICAS

BHARAT, Krishna; LAWRENCE, Stephen; SAHAMI, Meham. "Generating user information for use in targeted advertising", 2003. Disponível em: https://patentscope.wipo.int/search/en/detail.jsf?docId=WO2005065229.

BIBA, Erin. "How connected car tech is eroding personal privacy". *BBC News*, 9 ago. 2016. Disponível em: http://www.bbc.com/autos/story/20160809-your-car-is-not-your-friend.

BIDDLE, Sam. "For owners of Amazon's ring security cameras, strangers may have been watching too". *Intercept*, 10 jan. 2019. Disponível em: https://theintercept.com/2019/01/10/amazon-ring-security-camera/.

_____. "How Peter Thiel's Palantir Helped the NSA Spy on the Whole World". *Intercept*, 22 fev. 2017. Disponível em: https://theintercept.com/2017/02/22/how-peter-thiels-palantir-helped-the-nsa-spy-on-the-whole-world/.

_____. "In Court, Facebook blames users for destroying their own right to privacy". *Intercept*, 14 jun. 2014. Disponível em: https://theintercept.com/2019/06/14/facebook-privacy-policy-court/

"Big Tech's $2trn Bull Run". *The Economist*, 22 fev. 2020. Disponível em: https://www.economist.com/weeklyedition/2020-02-22.

BILTON, Nick. "Why Google Glass Broke". *New York Times*, 4 fev. 2015. Disponível em: https://www.nytimes.com/2015/02/05/style/why-google-glass-broke.html.

BLACK, Edwin. *IBM and the Holocaust*. Washington: Dialog Press, 2012.

BOKHARI, Sonia. "I'm 14, and I quit social media after discovering what was posted about me". *Fast Company*, 18 mar. 2019. Disponível em: https://www.fastcompany.com/90315706/kids-parents-social-media-sharing.

BOND, Robert M. et al. "A 61-Million-Person Experiment in Social Influence and Political Mobilization". *Nature,* vol. 489, n. 7415, 13 set. 2012, pp. 295-298.

BOOTH, Robert; LAVILLE, Sandra; MALIK, Shiv. "Royal wedding: police criticised for pre-emptive strikes against protestors". *Guardian*, 29 abr. 2011. Disponível em: https://www.theguardian.com/uk/2011/apr/29/royal-wedding-police-criticised-protesters.

BRIN, Sergey; PAGE, Lawrence. "The anatomy of a large-scale hypertextual Web search engine". *Computer Networks and ISDN Systems*, vol. 30, 1998, pp. 107-117.

"British Airways Faces Record £183m Fine for Data Breach". *BBC*, 8 jul. 2019.

BROOKE, Siân; VÉLIZ, Carissa. "Views on Privacy. A Survey". *Data, Privacy & the Individual*, 2020.

BROWN, Kristen V. "What DNA Testing Companies" Terrifying Privacy Policies Actually Mean". *Gizmodo*, 18 out. 2017.

BRUNTON, Finn; NISSENBAUM, Hellen. *Obfuscation:* a User's Guide for Privacy and Protest. Cambridge: MIT Press, 2015.

BRYANT, Ben. "VICE News Investigation Finds Signs of Secret Phone Suveillance Across London". *Vice*, 14 jan. 2016.

BURGESS, Matt. "More Than 1,000 UK Schools Found To Be Monitoring Children With Surveillance Software". *Wired*, 8 nov. 2016.

BURR, Christopher; CRISTIANINI, Nello. "Can Machines Read our Minds?". *Minds and Machines*, vol. 29, 2019.

CARR, Austin; DAY, Matt; FRIER, Sarah; GURMAN, Mark. "Silicon Valley Is Listening to Your Most Intimate Moments". *Bloomberg Businessweek*, 11 dez. 2019.

CARUSO, Jay. "The Latest Battleground Poll Tells Us Democrats are Over-Correcting for 2020—and They Can't Beat Trump That Way". *Independent*, 5 nov. 2019.

CHEN, Angela. "IBM's Watson Gave Unsafe Recommendations For Treating Cancer". *Verge*, 26 jul. 2018.

CHEN, Angela; POTENZA, Alessandra. "Cambridge Analytica's Facebook Data Abuse Shouldn't Get Credit for Trump". *Verge*, 20 mar. 2018.

CHRISTMAN, John. "Autonomy in Moral and Political Philosophy". In: ZALTA, Edward N. (Coord.). *The Stanford Encyclopedia of Philosophy*, 2015.

CLIFFORD, Stephanie; HARDY, Quetin. "Attention, Shoppers: Store Is Tracking Your Cell". *New York Times*, 14 jul. 2013.

COCKBURN, Harry. "The UK's Strangest Laws That Are Still Enforced". *Independent*, 8 set. 2016.

COLDEWAY, Devin. "Grindr Send HIV Status to Third Parties, and Some Personal Data Unencrypted". *TechCrunch*, 2 abr. 2018.

COLE, David. ""We Kill People Based on Metadata". *The New York Review of Books*, 2014.

"Covid-19: China's Qingdao to Test Nine Million in Five Days". *BBC News*, 12 out. 2020.

COX, Joseph. "CBP Refuses to Tell Congress How It Is Tracking Americans Without a Warrant". *Vice*, 23 out. 2020.

COX, Joseph. "I Gave a Bounty Hunter $300. Then He Located Our Phone". *Motherboard*, 8 jan. 2019.

REFERÊNCIAS BIBLIOGRÁFICAS

COX, Joseph. "Revealed: Microsoft Contractors Are Listening to Some Skype Calls". *Motherboard*, 7 ago. 2019.

CRIADO PEREZ, Caroline. *Invisible Women:* Exposing Data Bias in a World Designed for Men. Vintage, 2019.

CURRAN, Dylan. "Are You Ready? Here Is All The Data Facebook And Google Have On You". *Guardian*, 30 mar. 2018.

DANCE, Gabriel J.X.; LAFORGIA, Michael; CONFESSORE, Nicholas. "As Facebook Raised a Privacy Wall, It Carved an Opening for Tech Giants". *New York Times*, 18 dez. 2018.

DANIEL, Caroline; PALMER, Maija. "Google's Goal: To Organise Your Daily Life". *Financial Times*, 22 maio 2007.

DAS, Shanti; MARARIKE, Shingi. "Contact-Tracing Data Harvested From Pubs and Restaurants Being Sold On". *Times*, 11 out. 2020.

"The Data Economy. Special Report". *The Economist*, 20 fev. 2020.

DAVIES, Jessica. "After GDPR, The New York Times Cut Off Ad Exchanges in Europe—and Kept Growing Ad Revenue". *Digiday*, 16 jan. 2019.

DAVIES, Rob. "Former Cambridge Analytica Chief Receives Seven-Year Directorship Ban". *Guardian*, 24 set. 2020.

DE MONTJOYE, Yves-Alexandre, HIGALDO, C. A.; VERLEYSEN, M.; BLONDEL, V.D. "Unique in the Crowd: The Privacy Bounds of Human Mobility". *Scientific Reports,* vol. 3, 2013.

DE MONTJOYE, Yves-Alexandre; RADAELLI, L.; SINGH, V.K.; PENTLAND, A.S. "Identity and Privacy. Unique in the Shopping Mall: on the Reidentifiability of Credit Card Metadata". *Science*, vol. 347, 2015.

DE MONTJOYE, Yves-Alexandre; HOUSSIAU, Florimond; GADOTTI, Andrea; GUEPIN, Florent. "Evaluating COVID-19 Contact Tracing Apps? Here Are 8 Privacy Questions We Think You Should Ask". Computational Privacy Group, 2 abr. 2020. Disponível em: https://cpg.doc.ic.ac.uk/blog/evaluating-contact-tracing-apps-here-are-8-privacy-questions-we-think-you-should-ask/.

DE ZWART, Hans. "During World War II, We Did Have Something to Hide". *Medium*, 30 abr. 2015.

DIGITAL, CULTURE, MEDIA AND SPORT COMMITTEE. "Disinfomation and 'Fake News': Final Report". House of Commons, 2019.

DOUGLAS, Thomas; VAN DEN BORRE, Laura. "Asbestos Neglect: Why Asbestos Exposure Deserves Greater Policy Attention". *Health Policy*, vol. 123, 2019.

DOUGLAS, Tom. "Why the Health Threat From Asbestos Is Not a Thing of the Past". *The Conversation*, 21 dez. 2015.

DREYFUS, Hubert; RABINOW, Paul. *Michel Foucault:* Beyond Structuralism and Hermeneutics. University of Chicago Press, 1982.

DUBOIS, Daniel J. et al. "When Speakers Are All Ears". *Proceedings on 20th Privacy Enhancing Technologies Symposium*, 2020.

DUNN, Will. "Can Nuclear Weapons Be Hacked?". *New Statesman*, 7 maio 2018.

DWOSKIN, Elizabeth. "FTC: Data Brokers Can Buy Your Bank Account Number for 50 Cents". *Wall Street Journal,* 2014.

DWOSKIN, Elizabeth; ROMM, Tony. "Facebook's Rules for Accessing User Data Lured More Than Just Cambridge Analytica". *Washington Post*, 20 mar. 2018.

"Economic Impact of Advertising in the United States". IHS Economics and Country Risk, 2015.

EDWARDS, Douglas, *I'm Feeling Lucky:* The Confessions of Google Employee Number 59. Houghton Mifflin Harcourt 2011.

ELLIS-PETERSEN, Hannah. "Facebook Admits Failings Over Incitement to Violence in Myanmar". *Guardian*, 6 nov. 2018.

ENDRES, Kyle. "Targeted Issue Messages and Voting Behavior". *American Politics Research*, vol. 48, 2020.

ENGLEHARDT, Steven; HAN, Jeffrey; NARAYANAN, Arvind. "I Never Signed Up For This! Privacy Implications of Email Tracking". *Proceedings on Privacy Enhancing Technologies*, vol. 1, 2018.

ESGUERRA, Richard. "Google CEO Eric Schmidt Dismisses the Importance of Privacy". *Electornic Frontier Foundation*, 10 dez. 2009.

EVELETH, Rose. "The Biggest Lie Tech People Tell Themselves—and the Rest of Us". *Vox*, 8 out. 2019.

"Facebook Fined £500,000 for Cambridge Analytica Scandal". *BBC News*, 25 out. 2018.

FEDERAL TRADE COMISSION. "FTC Settlement Imposes Historic Penalty, and Significant Requirements to Boost Accountability and Transparency", 24 jul. 2019. Disponível em: https://www.ftc.gov/news-events/press-releases/2019/07/ftc-imposes-5-billion-penalty-sweeping-new-privacy-restrictions.

FEDERAL TRADE COMISSION. "Privacy Online: Fair Information Practices in the Electronic Marketplace: A Federal Trade Commission Report to Congress", 2000. Disponível em: https://www.ftc.gov/reports/

privacy-online-fair-information-practices-electronic-marketplace-federal-trade-commission.

FLYVBJERG, Bent. *Rationality and Power:* Democracy in Practice. Chicago University Press, 1998.

FOROOHAR, Rana. "Year in a Word: Techlash". *Financial Times*, 16 dez. 2018.

FORST, Rainer. "Noumenal Power". *The Journal of Political Philosophy*, vol. 23, 2015.

FOUCAULT, Michel. *Discipline and Punish*. Londres: Penguin Books, 1977.

FOWLER, Geoffrey. "The Doorbells Have Eyes: The Privacy Battle Brewing Over Home Security Cameras". *Washington Post*, 31 jan. 2019.

FRANCESCHI-BICCHIERAI, Lorenzo. "Russian Facebook Trolls Got Two Groups of People to Protest Each Other in Texas". Motherboard, 1 nov. 2017.

FREDERIK, Jesse; MARTIJN, Maurits. "The New Dot Com Bubble Is Here: It's Called Online Advertising". *Correspondent*, 6 nov. 2019.

FREY, Chris. "Revealed: How Facial Recognition Has Invaded Shops—and Your Privacy". *Guardian*, 3 mar. 2016.

FUNG, Brian. "How Stores Use Your Phone's WiFi to Track Your Shopping Habits". *Washington Post*, 19 out. 2013.

GALDON CLAVELL, Gemma. "Protect Rights at Automated Borders". *Nature*, vol. 543, 2017.

GAMBA, Julien et al. "An Analysis of Pre-Installed Android Software". *41st IEEE Symposium on Security and Privacy*, 2019.

GAN, Nectar. "China Is Installing Surveillance Cameras Outside People's Front Doors ... and Sometimes Inside Their Homes". *CNN Business*, 28 abr. 2020.

GAUKROGER, Cressida. "Privacy and the Importance of 'Getting Away With It'". *Journal of Moral Philosophy* 17, 2020.

GELLMAN, Barton. *Dark Mirror*. Londres: Bodley Head, 2020.

GERSTEIN, Josh. "The Anti-Democratic Worldview of Steve Bannon and Peter Thiel". *Politico*, 29 mar. 2020.

GIBBS, Samuel; HERN, Alex. "Google at 20: How Two "Obnoxious" Students Changed the Internet". *Guardian*, 24 set. 2018.

GLANZ, James; LEHREN, Andrew W. "NSA Spied on Allies, Aid Groups and Businesses". *New York Times*, 21 dez. 2013.

GRAHAM, Megan. "Facebook Revenue Chief Says Ad-Supported Model Is "Under Assault" Amid Apple Privacy Changes". *CNBC*, 6 out. 2020.

GRAHAM, Richard. "Google and Advertising: Digital Capitalism in the Context of Post-Fordism, the Reification of Language, and the Rise of Fake News". *Palgrave Communications* 3, 2017.

GRAMLICH, John. "10 Facts About Americans and Facebook". *Pew Research Center*, 16 maio 2019.

GRASSEGGER, Hannes. "Facebook Says Its "Voter Button" Is Good for Turnout. But Should the Tech Giant Be Nudging Us at All?". *Observer*, 15 abr. 2018.

GRAUER, Yael. "What Are "Data Brokers," and Why Are They Scooping Up Information About You?". *Motherboard*, 27 maio 2018.

GREENBERG, Andy. "A Guide to Getting Past Customs With Your Digital Privacy Intact". *Wired*, 12 fev. 2017.

GREENBERG, Andy. "How Hacked Water Heaters Could Trigger Mass Blackouts". *Wired*, 13 ago. 2018.

GREENBERG, Andy. "New Clues Show How Russia's Grid Hackers Aimed for Physical Destruction". *Wired*, 12 set. 2019.

GROTHAUS, Michael. "Forget the New iPhones: Apple's Best Product Is Now Privacy". *Fast Company*, 13 set. 2018.

GUIMÓN, Pablo. "Brexit Wouldn't Have Happened Without Cambridge Analytica". *El País*, 27 mar. 2018.

HAGEY, Keach. "Behavioral Ad Targeting Not Paying Off for Publishers, Study Suggest". *Wall Street Journal*, 29 maio 2019.

HALPERN, Sue. "Cambridge Analytica and the Perils of Psychographics". *New Yorker*, 30 mar. 2018.

HAMBLING, David. "The Pentagon Has a Laser That Can Identify People From a Distance—By Their Heartbeat". *MIT Technology Review*, 27 jun. 2019.

HAMPTON, Keith et al. "Social Media and the 'Spiral of Silence'". *Pew Research Center*, 2014.

HARARI, Yuval. "The World After Coronavirus". *Financial Times*, 20 mar. 2020.

HARTZOG, Woodrow; SELINGER, Evan. "Facial Recognition Is the Perfect Tool for Oppression". *Medium*, 2 ago. 2018.

HARVEY, Fiona. "Ozone Layer Finally Healing After Damage Caused by Aerosols, UN Says". *Guardian*, 5 nov. 2018.

HEAVEN, Douglas. "An AI Lie Detector Will Interrogate Travellers at Some EU Borders". *New Scientist*, 31 out. 2018.

REFERÊNCIAS BIBLIOGRÁFICAS

HELM, Toby. "Patient Data From GP Surgeries Sold to US Companies". *Observer*, 7 dez. 2019.

HENLEY, Jon; BOOTH, Robert. "Welfare Surveillance System Violates Human Rights, Dutch Court Rules". *Guardian*, 5 fev. 2020.

HERN, Alex. "Apple Contractors 'Regularly Hear Confidential Details' on Siri Recordings". *Guardian*, 26 jul. 2019.

HERN, Alex. "Apple Whistleblower Goes Public Over 'Lack of Action'". *Guardian*, 20 maio 2020.

HERN, Alex. "Are You A 'Cyberhoarder'? Five Ways to Declutter Your Digital Life—From Emails to Photos". *Guardian*, 10 out. 2018.

HERN, Alex. "Facebook 'Dark Ads' Can Swing Political Opinions, Research Shows". *Guardian*, 31 jul. 2017.

HERN, Alex. "Facebook Admits Contractors Listened to Users' Recordings Without Their Knowledge". *Guardian*, 14 ago. 2019.

HERN, Alex. "Facebook Faces Backlash Over Users' Safety Phone Numbers". *Guardian*, 4 mar. 2019.

HERN, Alex. "Google Will Stop Scanning Content of Personal Emails". *Guardian*, 26 jun. 2017

HERN, Alex. "Hackers Publish Private Photos from Cosmetic Surgery Clinic". *Guardian*, 2017.

HERN, Alex. "Netflix's biggest competitor? Sleep". *Guardian*, 18 abr. 2017.

HERN, Alex. "Privacy Policies of Tech Giants 'Still Not GDPR-Compliant'". *Guardian*, 5 jul. 2018.

HERN, Alex. "Smart Electricity Meters Can Be Dangerously Insecure, Warns Expert". *Guardian*, 29 dez. 2016.

HERN, Alex. "UK Homes Vulnerable to 'Staggering' Level of Corporate Surveillance". *Guardian*, 1 jun. 2018.

HERNÁNDEZ, José Antonio. "Me han robado la identidad y estoy a base de lexatín; yo no soy una delincuente". *El País*, 24 ago. 2016.

HESSEL, Stéphane. *The Power of Indignation*. Skyhorse Publishing, 2012.

HICKEN, Melanie. "Data Brokers Selling Lists of Rape Victims, AIDS Patients". *CNN*, 19 dez. 2013.

HILL, Kashmir. "Facebook Added 'Research' To User Agreement 4 Months After Emotion Manipulation Study". *Forbes*, 30 jun. 2014.

HILL, Kashmir. "Facebook Recommended That This Psychiatrist's Patients Friend Each Other". *Splinter News*, 29 ago. 2016.

HILL, Kashmir. "Facebook Was Fully Aware That Tracking Who People Call and Text Is Creepy But Did It Anyway". *Gizmodo*, 12 maio 2018.

HILL, Kashmir. "How Facebook Outs Sex Workers". *Gizmodo*, 10 nov. 2017.

HILL, Kashmir. "I Got Access to My Secret Consumer Score. Now You Can Get Yours, Too". *New York Times*, 4 nov. 2019.

HILL, Kashmir. "'People You May Know:' A Controversial Facebook Feature's 10-Year History". *Gizmodo*, 8 ago. 2018.

HILL, Kashmir. "Wrongfully Accused by an Algorithm". *New York Times*, 24 jun. 2020.

HILL, Kashmir; KROLIK, Aaron. "How Photos of Your Kids Are Powering Surveillance Technology". *New York Times*, 11 out. 2019.

HODSON, Hal. "Revealed: Google AI Has Access to Huge Haul of NHS Patient Data". *New Scientist*, 29 abr. 2016.

HOFFMAN, Anna Lauren. "Facebook Is Worried About Users Sharing Less—But It Only Has Itself to Blame". *Guardian*, 19 abr. 2016.

HOFFMAN, David A. "Intel Executive: Rein In Data Brokers". *New York Times*, 15 jul. 2019.

HOLPUCH, Amanda. "Trump's Separation of Families Constitutes Torture, Doctors Find". *Guardian*, 25 fev. 2020.

HOPKINS, Nick and Stephanie KIRCHGAESSNER. "WhatsApp Sues Israeli Firm, Accusing It of Hacking Activists' Phones". *Guardian*, 29 out. 2019.

"How WhatsApp Helped Turn an Indian Village Into a Lynch Mob". *BBC News*, 18 jul. 2018.

HSU, Jeremy. "The Strava Heat Map and the End of Secrets". *Wired*, 29 jan. 2018.

HSU, Tiffany. "The Advertising Industry Has a Problem: People Hate Ads". *New York Times*, 28 out. 2019.

INFORMATION COMMISSIONER'S OFFICE. "Update Report Into Adtech and Real Time Bidding". Reino Unido, 2019.

ISIKOFF, Michael. "NSA Program Stopped No Terror Attacks, Says White House Panel Member". *NBC News*, 20 dez. 2013.

JENKINS, Holman W. "Google and the Search for the Future". *Wall Street Journal*, 14 ago. 2010.

JOHNSON, Bobbie. "Facebook Privacy Change Angers Campaigners". *Guardian*, 10 dez. 2009.

JOHNSON, Bobbie. "Privacy No Longer a Social Norm, Says Facebook Founder". *Guardian*, 11 jan. 2010.

REFERÊNCIAS BIBLIOGRÁFICAS

JOHNSTON, Casey. "Facebook Is Tracking Your "Self-Censorship"". *Wired*, 17 dez. 2013.

JONES, Rupert. "Identity Fraud Reaching Epidemic Levels, New Figures Show". *Guardian*, 23 ago. 2017.

KAISER, Brittany. *Targeted:* My Inside Story of Cambridge Analytica and How Trump, Brexit and Facebook Broke Democracy. Harper Collins, 2019.

KAISER, Jocelyn. "We Will Find You: DNA Search Used to Nab Golden State Killer Can Home In On About 60% of White Americans". *Science Magazine*, 11 out. 2018.

KANG, Cecilia; ISAAC, Mike. "Defiant Zuckerberg Says Facebook Won't Police Political Speech". *New York Times*, 17 out. 2019.

KANG, Cecilia; VOGEL, Kenneth P. "Tech Giants Amass a Lobbying Army for an Epic Washington Battle". *New York Times*, 5 jun. 2019.

KAYYEM, Juliette. "Never Say 'Never Again'". *Foreign Policy*, set. 11 2012.

KELION, Leo. "Google Chief: I'd Disclose Smart Speakers Before Guests Enter My Home". *BBC News*, 15 out. 2019.

KHAN, Lina; POZEN, David E. "A Skeptical View of Information Fiduciaries". *Harvard Law Review*, vol. 133, 2019.

KHANDAKER, Tamara. "Canada Is Using Ancestry DNA Websites To Help It Deport People". *Vice News*, 26 jul. 2018.

KIM, Tae. "Warren Buffett Believes This Is 'the Most Important Thing' to Find in a Business". *CNBC*, maio 7 2018.

KIM, Tami; BARASZ, Kate; JOHN, Leslie K. "Why Am I Seeing This Ad? The Effect of Ad Transparency on Ad Effectiveness". *Journal of Consumer Research*, vol. 45, 2019.

KLEIN, Naomi. "Screen New Deal". *Intercept*, 8 maio 2020.

KLEIN, Naomi. *The Shock Doctrine*. Random House: 2007.

KLEINMAN, Zoe. "Politician's Fingerprint 'Cloned From Photos' By Hacker". *BBC News*, 29 dez. 2014.

KLEINMAN, Zoe. "Therapy Patients Blackmailed for Cash After Clinic Data Breach". *BBC News*, 26 out. 2020.

KNOEMA. "United States of America – Contribution of Travel and Tourism to GDP as a Share of GDP", 2018.

KOBIE, Nicole. "Heathrow's Facial Recognition Tech Could Make Airports More Bearable". *Wired*, 18 out. 2018.

KOCH, Richie. "Using Zoom? Here Are the Privacy Issues You Need to Be Aware Of", 2020. Disponível em: https://protonmail.com/blog/zoom-privacy-issues/.

KOEPKE, Logan. "'We Can Change These Terms at Anytime': The Detritus of Terms of Service Agreements". *Medium*, 18 jan. 2015.

KOERNER, Brendan I. "Your Relative's DNA Could Turn You Into a Suspect". *Wired*, 13 out. 2015.

KORNBLUH, Karen; GOLDSTEIN, Adrienne; WEINER, Eli. "New Study by Digital New Deal Finds Engagement With Deceptive Outlets Higher on Facebook Today Than Run-Up to 2016 Election". *German Marshall Fund of the United States*, 12 out. 2020.

KOSINSKI, Michal; STILLWELL, David; GRAEPEL, Thore. "Private Traits and Attributes Are Predictable From Digital Records of Human Behavior". *PNAS*, vol. 110, 2013.

KRAMER, Alexis. "Forced Phone Fingerprint Swipes Raise Fifth Amendment Questions". *Bloomberg Law*, 7 out. 2019.

KURRA, Babu. "How 9/11 Completely Changed Surveillance in U.S.". *Wired*, 11 set. 2011.

LAMONT, Tom. "Life After the Ashley Madison Affair". *Observer*, 28 fev. 2016.

LAPOWSKY, Issie. "The 21 (and Counting) Biggest Facebook Scandals of 2018". *Wired*, 20 dez. 2018.

LECHER, Colin. "Strava Fitness App Quietly Added a New Opt-Out for Controversial Heat Map". *Verge*, 1 mar. 2018.

LEE, Jennifer. "Postcards From Planet Google". *New York Times*, 28 nov. 2002.

LEE, Micah; GRAUER, Yael. "Zoom Meetings Aren't End-to-End Encpted, Despite Misleading Marketing". *The Intercept*, 31 mar. 2020.

LEVIN, Sam. "Tech Firms Make Millions from Trump's Anti-Immigrant Agenda, Report Finds". *Guardian*, 23 out. 2018.

LEVITSKY, Steven; ZIBLATT, Daniel. *How Democracies Die*. Penguin, 2018.

LEVY, Steven. *In the Plex:* How Google Thinks, Works, and Shapes Our Lives. Nova York: Simon & Schuster, 2011.

LIEBERMANN, Oren. "How a Hacked Phone maio Have Led Killers to Khashoggi". *CNN*, 20 jan. 2019.

LIU, Xiaoxuan, et al. "A Comparison of Deep Learning Performance Against Health-Care Professionals in Detecting Diseases From Medical Imaging: A Systematic Review and Meta-Analysis". *Lancet Digital Health*, vol. 1, 2019.

LOHR, Steve. "Forget Antitrust Laws. To Limit Tech, Some Say a New Regulator Is Needed". *New York Times*, 22 out. 2020.

LOMAS, Natasha. "A Brief History of Facebook's Privacy Hostility Ahead of Zuckerberg's Testimony". *TechCrunch*, 2018.

LOMAS, Natasha. "The Case Against Behavioral Advertising Is Stacking Up". *TechCrunch*, 20 jan. 2019.

LOUIS, Tristan. "How Much Is a User Worth?". *Forbes*, 31 ago. 2013.

LUKES, Steven. *Power:* A Radical View. Red Globe Press, 2005.

LYNGAAS, Sean. "Hacking Nuclear Systems Is the Ultimate Cyber Threat. Are We Prepared?". *Verge*, 23 jan. 2018.

MACINTYRE, Amber. "Who's Working for Your Vote?". *Tactical Tech*, 2018.

MACLACHLAN, Alice. "Fiduciary Duties and the Ethics of Public Apology". *Journal of Applied Philosophy*, vol. 35, 2018.

MAGALHÃES, João Carlos; COULDRY, Nick. "Tech Giants Are Using This Crisis to Colonize the Welfare System". *Jacobin*, 27 abr. 2020.

MAHDAWI, Arwa. "Spotify Can Tell If You"re Sad. Here's Why That Should Scare You". *Guardian*, 16 set. 2018.

MALIN, Bradley; SWEENEY, Latanya. "Determining the Identifiability of DNA Database Entries". *Journal of the American Medical Informatics Association*, 2000.

MARANTZ, Andrew. "Why Facebook Can't Fix Itself". *New Yorker*, 12 out. 2020.

MARCUS, Gary. "Total Recall: The Woman Who Can't Forget". *Wired*, 23 mar. 2009.

MATSAKIS, Louise. "Online Ad Targeting Does Work—As Long As It's Not Creepy". *Wired*, 11 maio 2018.

MATSAKIS, Louise. "The WIRED Guide to Your Personal Data (and Who Is Using It)". *WIRED*, 15 fev. 2019.

MAXMEN, Amy. "Surveillance Science". *Nature*, vol. 569, 2019.

MAYER-SCHÖNBERGER, Viktor. *Delete:* The Virtue of Forgetting in the Digital Age. Princeton University Press, 2009.

MCCUE, TJ. "47 Percent of Consumers Are Blocking Ads". *Forbes*, 19 mar. 2019.

MERCHANT, Brian. "How Email Open Tracking Quietly Took Over the Web". *Wired*, 11 dez. 2017.

METZ, Rachel. "The Smartphone App That Can Tell You"re Depressed Before You Know it Yourself". *MIT Technology Review*, 15 out. 2018.

MICHEL, Chloé; SOVINSKY, Michelle; PROTO, Eugenio; OSWALD, Andrew. "Advertising as a Major Source of Human Dissatisfaction: Cross-National Evidence on One Million Europeans". In: ROJAS, M. (Coord.) *The Economics of Happiness*. Springer, 2019.

MILES, Tom. "UN Surveillance Expert Urges Global Moratorium on Sale of Spyware". *Reuters*, 18 jun. 2019.

MILL, John Stuart. *Collected Works of John Stuart Mill*. University of Toronto Press, 1963.

MILL, John Stuart. *On Liberty*. Indianapolis: Hackett Publishing Company, 1978.

MIMS, Christopher. "Here Comes 'Smart Dust', The Tiny Computers That Pull Power From The Air". *Wall Street Journal*, 8 nov. 2018.

MISTREANU, Simina. "Life Inside China's Social Credit Laboratory". *Foreign Policy*, 3 abr. 2018.

MOLL, Joana. "The Dating Brokers: an Autopsy of Online Love", 2018. Disponível em: https://datadating.tacticaltech.org/viz. Acesso em: 25 maio 2021.

MOLLA, Rani. "These Publications Have the Most to Lose From Facebook's New Algorithm Changes". *Vox*, 25 jan. 2018.

MOORE, Barrington. *Privacy:* Studies in Social and Cultural History. Armonk: M. E. Sharpe, 1984.

MOZUR, Paul; ZHONG, Raymond; KROLIK, Aaron. "In Coronavirus Fight, China Gives Citizens a Color Code, With Red Flags". *New York Times*, 1 mar. 2020.

MÜLLER, Von Martin U. "Medical Applications Expose Current Limits of AI". *Spiegel*, 3 ago. 2018.

MUNRO, Dan. "Data Breaches In Healthcare Totaled Over 112 Million Records in 2015". *Forbes*, 31 dez. 2015.

MURPHY, Erin E. *Inside the Cell:* The Dark Side of Forensic DNA. Nation Books, 2015.

MURPHY, Hannah. "Facebook to Ban Ads That Aim to 'Delegitimise an Election'". *Financial Times*, 1 out. 2020.

MURPHY, Margi. "Privacy Concerns as Google Absorbs DeepMind's Health Division". *Telegraph*, 13 nov. 2018.

"Myanmar Rohingya: Why Facebook Banned an Army Chief". *BBC News*, 18 ago. 2018.

NAGEL, Thomas. "Concealment and Exposure". *Philosophy and Public Affairs*, vol. 27, 1998.

REFERÊNCIAS BIBLIOGRÁFICAS

NAKASHIMA, Ellen; WARRICK, Joby. "Stuxnet Was Work of US and Israeli Experts, Officials Say". *Washington Post*, 2 jun. 2012.

"Nature's Language Is Being Hijacked By Technology". *BBC News*, 1 ago. 2019.

NAUGHTON, John. "More Choice On Privacy Just Means More Chances To Do What's Best For Big Tech". *Guardian*, 8 jul. 2018.

NEFF, Gina; NAFUS, Dawn. *Self-Tracking*. MIT Press, 2016.

NEWMAN, Lily Hay. "How to Block the Ultrasonic Signals You Didn't Know Were Tracking You". *Wired*, 03 nov. 2016.

NEWTON, Casey. "How Grindr Became a National Security Issue". *Verge*, 28 mar. 2019.

NG, Alfred. "Google Is Giving Data to Police Based on Search Keywords, Court Docs Show". *CNET*, 8 out. 2020.

NG, Alfred. "Teens Have Figured Out How to Mess With Instagram's Tracking Algorithm". *CNET*, 4 fev. 2020.

NG, Alfred. "With Smart Sneakers, Privacy Risks Take a Great Leap". *CNet*, 13 fev. 2019.

NGUYEN, Nicole. "If You Have a Smart TV, Take a Closer Look at Your Privacy Settings". *CNBC*, 9 mar. 2017.

NICAS, Jack. "The Police Can Probably Break Into Your Phone". *New York Times*, 21 out. 2020.

NOBLE, Safiya. *Algorithms of Oppression:* How Search Engines Reinforce Racism. NYU Press, 2018.

O'FLAHERTY, Kate. "Facebook Shuts Its Onavo Snooping App—But It Will Continute to Abuse User Privacy". *Forbes*, 22 fev. 2019.

O'HARA, Kieron; SHADBOLT, Nigel. "Privacy on the Data Web". *Communications of the ACM*, vol. 53, 2010.

O'HARROW JR, Robert. "Online Firm Gave Victim's Data to Killer". *Chicago Tribune*, 6 jan. 2006.

O'SULLIVAN, Donie; FUNG, Brian. "Facebook Will Limit Some Advertising in the Week Before the US Election—But It Will Let Politicians Run Ads With Lies". *CNN Business*, 3 set. 2020.

OBSERVER EDITORIAL. "The Observer View on the Information Commissioner's Cambridge Analytica Investigation". *Observer*, 11 out. 2020

OGILVY, David; *Confessions of an Advertising Man*. Harpenden: Southbank Publishing, 2013.

OLIVER, Myrna. "Legends Nureyev, Gillespie Die: Defector Was One of Century's Great Dancers". *Los Angeles Times*, 7 jan. 1993.

OLSON, Parmy. "Exclusive: WhatsApp Cofounder Brian Acton Gives the Inside Story On #DeleteFacebook and Why He Left $850 Million Behind". *Forbes*, 26 set. 2018.

ORPHANIDES, K.G. "How to Securely Wipe Anything From Your Android, iPhone or PC". *Wired*, 26 jan. 2020.

ORWELL, George. *Fascism and Democracy.* Penguin, 2020.

ORWELL, George. *Politics and the English Language.* Penguin, 2013.

OSBORNE, Hilary. "Smart Appliances maio Not Be Worth Money in Long Run, Warns Which?". *Guardian*, 8 jun. 2020.

PARCAK, Sarah. "Are We Ready for Satellites That See Our Every Move?". *New York Times*, 15 out. 2019.

PARKIN, Simon. "Has Dopamine Got Us Hooked on Tech?". *Guardian*, 4 mar. 2018.

PAUL, Kari. "Zoom to Exclude Free Calls From End-to-End Encryption to Allow FBI Cooperation". *The Guardian*, 4 jun. 2020.

PAUL, Kari. "Zoom Will Provide End-to-End Encryption to All Users After Privacy Backlash". *Guardian*, 17 jun. 2020.

PENNEY, Jonathon W. "Chilling Effects: Online Surveillance and Wikipedia Use". *Berkeley Technology Law Journal*, vol. 31, 2016.

PÉREZ COLOMÉ, Jordi. "Por qué China roba datos privados de decenas de millones de estadounidenses". *El País*, 17 fev. 2020.

PETERSON, Andrea. "Snowden Filmmaker Laura Poitras: 'Facebook Is a Gift to Intelligence Agencies'". *Washington Post*, 23 out. 2014.

PHILLIPS, Dom. "Brazil's Biggest Newspaper Pulls Content From Facebook After Algorithm Change". *Guardian*, 8 fev. 2018.

POOLE, Steven. "Drones the Size of Bees—Good or Evil?". *Guardian*, 2013.

POPPER, Karl. *The Open Society and Its Enemies.* Routledge, 2002.

POULSON, Jack. "Tech Needs More Conscientious Objectors". *New York Times*, 23 abr. 2019.

POWLES, Julia. "DeepMind's Latest AI Health Breakthrough Has Some Problems". *Medium*, 6 ago. 2019.

POWLES, Julia; CHAPARRO, Enrique. "How Google Determined Our Right to Be Forgotten". *Guardian*, 2015.

REFERÊNCIAS BIBLIOGRÁFICAS

POWLES, Julia; HODSON, Hal. "Google DeepMind and Healthcare in an Age of Algorithms". *Health and Technology*, vol. 7, 2017.

PRICE, Rob. "An Ashley Madison User Received a Terrifying Blackmail Letter". *Business Insider* 22 jan. 2016.

QUAIN, John R. "Cars Suck Up Data About You. Where Does It All Go?". *New York Times*, 27 jul. 2017.

RALPH, Oliver. "Insurance and the Big Data Technology Revolution". *Financial Times*, 24 fev. 2017.

RAM, Aliya; BOYDE, Emma. "People Love Fitness Trackers, But Should Employers Give Them Out?". *Financial Times*, 16 abr. 2018.

RAM, Aliya; MURGIA, Madhumita. "Data Brokers: Regulators Try To Rein In The 'Privacy Deathstars'". *Financial Times*, 8 jan. 2019.

RAMSEY, Lydia; LEE, Samantha. "Our DNA is 99.9% the Same as the Person Next to Us—and We're Surprisingly Similar to a lot of Other Living Things". *Business Insider*, 3 abr. 2018.

"Report on the President's Surveillance Program", 2009.

REVELL, Timothy. "How to Turn Facebook Into a Weaponised AI Propaganda Machine". *New Scientist*, 28 jul. 2017.

ROGERS, Kaleigh. "Let's Talk About Mark Zuckerberg's Claim That Facebook 'Doesn't Sell Data'". *Motherboard*, 11 abr. 2019.

ROSENBERG, Eli. "Quote: The Ad Generation". *Atlantic*, 15 abr. 2011.

ROSENBERG, Matthew. "Ad Tool Facebook Built to Fight Disinformation Doesn't Work as Advertised". *New York Times*, 25 jul. 2019.

RUSSELL, Bertrand. *Power:* A New Social Analysis. Routledge, 2004.

SALINAS, Sara. "Six Top US Intelligence Chiefs Caution Against Buying Huawei Phones". *CNBC*, 13 fev. 2018.

SANGER, David E. "Hackers Took Fingerprints of 5.6 Million U.S. Workers, Government Says". *New York Times*, 23 set. 2015.

SANGHANI, Radhika. "Your Boss Can Read Your Personal Emails. Here's What You Need To Know". *Telegraph*, 14 jan. 2016.

SATARIANO, Adam. "Europe's Privacy Law Hasn't Shown Its Teeth, Frustrating Advocates". *New York Times*, 27 abr. 2020.

SAVAGE, Charlie. "Declassified Report Shows Doubts About Value of N.S.A.'s Warrantless Spying". *New York Times*, 24 abr. 2015.

SAVAGE, Charlie. *Power Wars:* Inside Obama's Post-9/11 Presidency. Nova York: Little, Brown and Company, 2015.

SCHILIT, S. L.; NITENSON, Schilit A. "My Identical Twin Sequenced our Genome". *J Genet Couns*, vol. 26, 2017.

SCHNEIER, Bruce. *Click Here to Kill Everybody:* Security and Survival in a Hyper-Connected World. Nova York: W.W. Norton & Company, 2018.

SCHNEIER, Bruce. *Data and Goliath*. Londres: W.W. Norton & Company, 2015.

SCHNEIER, Bruce. "Data Is a Toxic Asset, So Why Not Throw It Out?". *CNN*, 1 mar. 2016.

SCHNEIER, Bruce; WALDO, James. "AI Can Thrive in Open Societies". *Foreign Policy*, 2019.

SEGALL, Laurie. "Pastor Outed on Ashley Madison Commits Suicide". *CNN*, 8 set. 2015.

SELINGER, Evan; HARTZOG, Woodrow. "What Happens When Employers Can Read Your Facial Expressions?". *New York Times*, 17 out. 2019.

SELTZER, William; ANDERSON, Margo. "The Dark Side of Numbers: The Role of Population Data Systems in Human Rights Abuses". *Social Research*, vol. 68, 2001.

SHABAN, Hamza. "Google for the First Time Outspent Every Other Company to Influence Washington in 2019". *Washington Post*, 23 jan. 2018.

SHADBOLT, Nigel; HAMPSON, Roger. *The Digital Ape:* How to Live (in Peace) with Smart Machines. Oxford University Press, 2019.

SHAER, Matthew. "The False Promise of DNA Testing". *Atlantic*, jun. 2016.

SHERMAN, Len. "Zuckerberg's Broken Promises Show Facebook Is Not Your Friend". *Forbes*, 23 maio 2018

SHONTELL, Alyson. "Mark Zuckerberg Just Spent More Than $30 Million Buying 4 Neighboring Houses for Privacy". *Business Insider*, out. 11 2013.

SINGEL, Ryan. "Netflix Spilled Your Brokeback Mountain Secret, Lawsuit Claims". *Wired*, 17 dez. 2009.

SINGER, Natasha. "Data Broker Is Charged With Selling Consumers' Financial Details to 'Fraudsters'". *New York Times*, 23 dez. 2014.

SINGER, Natasha. "Facebook's Push For Facial Recognition Prompts Privacy Alarms". *New York Times*, 9 jul. 2018.

SINGER, Natasha. "Google Promises Privacy With Virus App but Can Still Collect Location Data". *New York Times*, 20 jul. 2020

SMITH, Dave; CHAMBERLAIN, Phil. "On the Blacklist: How Did the UK's Top Building Firms Get Secret Information on Their Workers". *Guardian*, 27 fev. 2015.

REFERÊNCIAS BIBLIOGRÁFICAS

SMITH, David. "How Key Republicans Inside Facebook Are Shifting Its Politics to the Right". *Guardian*, 3 nov. 2019.

SNOWDEN, Edward. *Permanent Record*. Macmillan, 2019.

SOLON, Olivia. "Ashamed to Work in Silicon Valley: How Techies Became the New Bankers". *Guardian*, 8 nov. 2017.

SOLON, Olivia. "'Data Is a Fingerprint': Why You Aren't as Anonymous as You Think Online". *Guardian*, 13 jul. 2018.

SOLON, Olivia. "'Surveillance Society': Has Technology at the US-Mexico Border Gone Too Far?". *Guardian*, 13 jun. 2018.

"Something Doesn't Ad Up About America's Advertising Market". *The Economist*, 18 jan. 2018.

ST. JOHN, Allen. "How Facebook Tracks You, Even When You"re Not on Facebook". *Consumer Reports*, 11 abr. 2018.

"Stalker "Found Japanese Singer Through Reflection in Her Eyes"". *BBC News*, 10 out. 2019.

STANOKVIC, L. et al. "Measuring the Energy Intensity of Domestic Activities From Smart Meter Data". *Applied Energy*, vol. 183, 2016.

STATT, Nick. "Facebook CEO Mark Zuckerberg Says the 'Future Is Private'". *Verge*, 30 abr. 2019.

STATT, Nick. "How AT&T's Plan to Become the New Facebook Could Be a Privacy Nightmare". *Verge*, 16 jul. 2018.

STATT, Nick. "Peter Thiel's Controversial Palantir Is Helping Build a Coronavirus Tracking Tool for the Trump Admin". *Verge*, 21 abr. 2020.

STEHR, Nico; ADOLF, Marian T. "Knowledge/Power/Resistance". *Society*, vol. 55, 2018.

STOKEL-WALKER, Chris. "Zoom Security: Take Care With Your Privacy". *The Times*, 12 abr. 2020.

STONE, Linda. "The Connected Life: From Email Apnea to Conscious Computing". *Huffington Post*, 7 maio 2012.

STOYCHEFF, Elizabeth. "Under Surveillance: Examining Facebook's Spiral of Silence Effects in the Wake of NSA Monitoring". *Journalism & Mass Communication Quarterly*, vol. 93, 2016.

STRICKLAND, Eliza. "How IBM Watson Overpromised and Underdelivered on AI Health Care". *IEEE Spectrum*, 2 abr. 2019.

SUSSKIND, Jamie. *Future Politics:* Living Together in a World Transformed by Tech. Oxford University Press, 2018.

TALISSE, Robert B. "Democracy: What's It Good For?". *The Philosophers" Magazine* 89, 2020.

TANDY-CONNOR, S. et al. "False-Positive Results Released by Direct-to-Consumer Genetic Tests Highlight the Importance of Clinical Confirmation Testing for Appropriate Patient Care". *Genetics in Medicine*, 2018.

TANG, Frank. "China Names 169 People Banned From Taking Flights or Trains Under Social Credit System". *South China Morning Post*, 2 jun. 2018.

TANNER, Adam. *Our Bodies, Our Data:* How Companies Make Billions Selling Our Medical Records. Beacon Press, 2017.

"The Government Uses 'Near Perfect Surveillance' Data on Americans". New York Times, 7 fev. 2020

THOMPSON, Stuart A.; WARZEL, Charlie. "Twelve Million Phones, One Dataset, Zero Privacy". *New York Times*, 19 dez. 2019.

THOMPSON, Stuart; WARZEL, Charlie. "How to Track President Trump". *New York Times*, 20 dez. 2019.

THOMSON, Amy; BROWNING, Jonathan. "Peter Thiel's Palantir Is Given Access to U.K. Health Data on Covid-19 Patients". *Bloomberg*, 5 jun. 2020.

TIKU, Nitasha. "Privacy Groups Claim Online Ads Can Target Abuse Victims". *Wired*, 27 jan. 2019.

Tondo, Lorenzo. "Scientists Say Mass Tests in Italian Town Have Halted Covid-19 There". *Guardian*, 18 mar. 2020.

TRAFTON, Anne. "Artificial Intelligence Yields New Antibiotic". *MIT News Office*, 20 fev. 2020.

TRUMP, Kris-Stella. "Four and a Half Reasons Not to Worry That Cambridge Analytica Skewed the 2016 Election". *Washington Post*, 23 mar. 2018.

TURTON, William. "Why You Should Stop Using Telegram Right Now". *Gizmodo*, 24 jun. 2016.

TYNAN, Dan. "Facebook Says 14m Accounts Had Personal Data Stolen in Recent Breach". *Guardian*, 12 out. 2018.

THE ECONOMIST. "A Manifesto for Renewing Liberalism". *The Economist*, 13 set. 2018. Disponível em: https://www.economist.com/leaders/2018/09/13/a-manifesto-for-renewing-liberalism.

THE ECONOMIST INTELLIGENCE UNIT. "Democracy Index 2019: a Year of Democratic Setbacks and Popular Protest", 2020.

UNITED STATES SECURITIES AND EXCHANGE COMMISSION. "Form 10-K for the fiscal year ended December 31, 2004". Disponível em:

https://www.sec.gov/Archives/edgar/data/1288776/000119312505065298/d10k.htm.

VALDÉS, Isabel. "La Fiscalía investiga el suicidio de una empleada de Iveco tras la difusión de un vídeo sexual". *El País*, 30 maio 2019.

VALENTINO-DEVRIES, Jennifer; SINGER, Natasha; KELLER, Michael H.; KROLIK, Aaron. "Your Apps Know Where You Were Last Night, and They're Not Keeping It Secret". *New York Times*, 10 dez. 2018.

VÉLIZ, Carissa. *Data, Privacy & the Individual*. Madri: Center for the Governance of Change, 2020.

VÉLIZ, Carissa. "Inteligencia artificial: ¿progreso o retroceso?". *El País*, 14 jun. 2019.

VÉLIZ, Carissa. "Privacy Is a Collective Concern". *New Statesman*, 22 out. 2019.

VÉLIZ, Carissa. "Why You Might Want to Think Twice About Surrendering Online Privacy for the Sake of Convenience". *The Conversation*, 11 jan. 2017.

VÉLIZ, Carissa. "You"ve Heard of Tax Havens. After Brexit, the UK Could Become a 'Data Haven'". *The Guardian*, 17 out. 2020.

VÉLIZ, Carissa; GRUNEWALD, Philipp. "Protecting Data Privacy Is Key to a Smart Energy Future". *Nature Energy*, vol. 3, 2018.

VICTOR, Daniel. "What Are Your Rights if Border Agents Want to Search Your Phone?". *New York Times*, 14 fev. 2017.

VINCENT, James. "iRobot's Latest Roomba Remembers Your Home's Layout and Empties Itself". *Verge*, 6 set. 2018.

VOLD, Karina; WHITTLESTONE, Jess. "Privacy, Autonomy, and Personalised Targeting: Rethinking How Personal Data Is Used". In: VÉLIZ, Carissa (Coord.). *Data, Privacy, and the Individual*. Center for the Governance of Change, 2019).

WADDELL, Kaveh. "A NSA Engineer Was Required To Unlock His Phone At The Border". *The Atlantic*, 13 fev. 2017.

WAKABAYASHI, Daisuke. "Google and the University of Chicago Are Sued Over Data Sharing". *New York Times*, 26 jun. 2019.

WALL, Matthew. "5G: 'A Cyber-Attack Could Stop the Country'". *BBC News*, 25 out. 2018.

WALLACE, Gregory. "Instead of the Boarding Pass, Bring Your Smile to the Airport". *CNN*, 18 set. 2018.

WANG, Echo; O'DONNELL, Carl. "Behind Grindr's Doomed Hookup in China, a Data Misstep and Scramble to Make Up". *Reuters*, 22 maio 2019.

WANG, L. et al. "Automated Identification of Malignancy in Whole-Slide Pathological Images: Identification of Eyelid Malignant Melanoma in Gigapixel Pathological Slides Using Deep Learning". *British Journal of Ophthalmology*, vol. 104, 2020.

WANG, Orange. "China's Social Credit System Will Not Lead to Citizens Losing Access to Public Services, Beijing Says". *South China Morning Post*, 19 jul. 2019.

WARZEL, Charlie. "Chinese Hacking Is Alarming. So Are Data Brokers". *New York Times*, 10 fev. 2020.

WARZEL, Charlie; NGU, Ash. "Google's 4,000-Word Privacy Policy Is a Secret History of the Internet". *New York Times*, 10 jul. 2019.

WATSON, Gary. "Moral Agency". *The International Encyclopedia of Ethics*, 2013.

WEBER, M. *Economy and Society*. Berkeley: University of California Press, 1978.

WEINBERG, Gabriel. "What if We All Just Sold Non-Creepy Advertising?". *New York Times*, 19 jun. 2019.

WEISS, Mark. "Digiday Research: Most Publishers Don't Benefit From Behavioral Ad Targeting". *Digiday*, 5 jun. 2019.

WHITTAKER, Zack. "A Huge Database of Facebook Users' Phone Numbers Found Online". *TechCrunch*, 4 set. 2019.

WIENER, Anna. "Taking Back Our Privacy". *New Yorker*, 19 out. 2020.

WILLIAMS, James. *Stand Out of Our Light:* Freedom and Resistance in the Attention Economy. Cambridge: Cambridge University Press, 2018.

WILLIAMS, Oscar. "Palantir's NHS Data Project 'May Outlive Coronavirus Crisis'". *New Statesman*, 30 abr. 2020.

WILSON, James H.; DAUGHERTY, Paul R.; DAVENPORT, Chase. "The Future of AI Will Be About Less Data, Not More". *Havard Business Review*, 14 jan. 2019.

WILSON, Jason. "Private Firms Provide Software and Information to Police, Documents Show". *Guardian*, 15 out. 2020.

WOLFF, Jonathan. "The Lure of Fascism". *Aeon*, 14 abr. 2020.

WOLFSON, Sam. "Amazon's Alexa Recorded Private Conversation and Sent it to Random Contact". *Guardian*, 24 maio 2018.

WOLFSON, Sam. "For My Next Trick: Dynamo's Mission to Bring Back Magic". *Guardian*, 26 abr. 2020.

WONG, Edward. "How China Uses LinkedIn to Recruit Spies Abroad". *New York Times*, 27 ago. 2019.

REFERÊNCIAS BIBLIOGRÁFICAS

WOOD, Chris. "WhatsApp Photo Drug Dealer Caught By 'Groundbreaking' Work". *BBC News*, 15 abr. 2018.

WU, Tim. *The Attention Merchants*. Atlantic Books, 2017.

WU, Tim. "Facebook Isn't Just Allowing Lies, It's Prioritizing Them". *New York Times*, 4 nov. 2019.

WYLIE, Christopher. *Mindf*ck:* Inside Cambridge Analytica's Plot to Break the World. Profile, 2019.

YADRON, Danny. "Silicon Valley Tech Firms Exacerbating Income Inequality, World Bank Warns". *Guardian*, 15 jan. 2016.

YURIEFF, Kaya. "Google Still Lets Third-Party Apps Scan Your Gmail Data". *CNN Business*, 20 set. 2018.

ZETTER, Kim. "How Cops Can Secretly Track Your Phone". *Intercept*, 31 jul. 2020.

ZETTER, Kim. "The NSA Is Targeting Users of Privacy Services, Leaked Code Shows". *Wired*, 3 jul. 2014.

ZITTRAIN, Jonathan. "Facebook Could Decide an Election Without Anyone Ever Finding Out". *New Statesman*, 3 jun. 2014.

ZITTRAIN, Jonathan. "How to Exercise the Power You Didn't Ask For". *Harvard Business Review*, 19 set. 2018.

ZOU, James; SCHIEBINGER, Londa. "AI Can Be Sexist and Racist—It's Time to Make It Fair". *Nature*, vol. 559, 2018.

ZUBOFF, Shoshana. *The Age of Surveillance Capitalism*. Londres: Profile Books, 2019.

A Editora Contracorrente se preocupa com todos os detalhes de suas obras! Aos curiosos, informamos que este livro foi impresso no mês de agosto de 2021, em papel Pólen Soft 80g, pela Gráfica Copiart.